貧困プログラム
行財政計画の視点から

[編著]
神野直彦／山本 隆／山本惠子

[著]
岩満賢次／辻田奈保子／ノーマン・ジョンソン
平野方紹／マーティン・パウエル

関西学院大学出版会

貧困プログラム
　——行財政計画の視点から

はじめに

　本書は、福祉行財政の視点から、豊かな社会の形成を希求して、貧困問題を捉え直すものである。
　雇用システムや社会、家族の在り様が大きく変貌するなかで、生活に困窮し、孤立する人たちが増えている。生活保護を受ける人は200万人を超えており、他方、生活保護を受けずに、経済的に困窮している人たちが数多く存在する。他にも、人間関係がうまく築けずに社会から孤立する人たちが大勢いる。
　また、子どもの貧困問題に直面した日本の社会では、学習支援や子ども食堂などの社会活動の輪が広がっている。特に子ども食堂では、食に事欠く子どもが少なからず存在し、あらためて絶対的貧困という社会問題が私たちに突きつけられている。
　とは言え、一般的な国民感情からは、貧困はまだ見えない存在である。一部には、生活保護バッシングがあり、政府においても貧困・格差問題に本格的に取り組む積極的な姿勢は感じとれない。今まさに、最低生活保障の意味を考え直し、健康で文化的な最低生活の意義を問い直す時期に来ている。
　本書で重視しているのが、福祉事務所機能の低下（ソーシャルワーク機能の後退）である。貧困削減の担い手であるケースワーカーの不足が生じており、職員不足と相談援助のスキルの低下は由々しき問題である。生活困窮者自立支援事業においても、生活保護を受給する前の段階で、どのようにして生活困窮者を支えるのか。相談に訪れた人たちが職場で定着できるのか。検証すべき課題は多い。
　また、行政の役割とは別に、地域コミュニティは生活困窮者をどのように支えていくべきなのか。地域共生社会の構想がうたう地域コミュニティの役割も大切である。国家の責任が問われる貧困問題ではあるが、地域コ

ミュニティの重要なアクターである民生委員、社会福祉協議会、民間福祉団体、NPO、社会的企業、民間営利企業の役割とその貢献もその真価が問われている。

さて、本書の構成は以下の通りである。

序章は、神野直彦名誉教授に執筆していただいた。人間福祉の視座から貧困を捉え直す際に、「豊かな生」を求めて、所有欲求から存在欲求へと追求の幅を広げるべきことが述べられている。

第Ⅰ部においては、貧困と社会扶助、福祉と就労の接合に伴う分権化を扱っている。第1章は山本惠子が担当し、世界の貧困と社会扶助を解説している。第2章は山本隆が担当し、キータームは権限移譲で、日本を含めて海外比較を試みている。第3章はノーマン・ジョンソン名誉教授が担当し、英国、EUの動向に着目して貧困と社会的排除を検討している。なお、結論はマーティン・パウエル教授による加筆になっている。

第Ⅱ部においては、生活保護行政における国と地方の関係をテーマにしている。第4章は平野方紹教授が担当し、生活保護行財政の中央・地方関係について、権限統制・組織統制・財政統制の3つのコントロールから明快に説明しており、第Ⅱ部のコアをなしている。

この平野理論を踏まえて、第5章は岩満賢次が担当し、通知、監査、不服申し立てなどの権限統制、福祉事務所の設置に関する組織統制、地方交付税交付金を通じた財政統制などを詳述している。続く第6章も岩満賢次が担当し、所得保障制度の第二の社会的セーフティネットの行財政を解説している。第7章は生活困窮者自立支援制度の自治体実践例として、川崎市をとりあげている。担当したのは山本隆である。同市の取り組みでは、圧倒的な高い就労率を誇っている。第8章も岩満賢次が担当し、貧困対策と地域福祉計画を解説している。

終章は、山本隆が担当し、「貧困ガバナンス論」を試論として提示している。統治理論の要素である統制・合理化・抵抗がキータームになっており、日英比較の形で問題提起的に述べられている。

貧困・生活保護に関する書物はたくさん出版されている。そのなかで、本

書は行財政という視点からアプローチすることにした。読者の皆様のご意見・ご批判を頂戴したいと思う。

 2018 年 12 月

編者を代表して　山本　隆

目　次

はじめに　i

序章　貧困と福祉行財政
——人間福祉研究からの視座 ………………………… 神野直彦　1

はじめに　1
1　社会福祉から人間福祉へ　2
2　所得貧困と人間貧困　3
3　包括的所得概念からの教訓　6
4　現金給付から現物給付へ　9
5　むすびにかえて——所有欲求から存在欲求へ　12

第Ⅰ部　世界の貧困と社会的セーフティネット

第1章　世界の社会扶助 ……………………………………… 山本惠子　17
1　貧困とは何か？　17
2　貧困と格差　23
3　福祉国家の社会的セーフティネット（social safety net）の国際比較　27
4　国別の社会扶助　32
むすび　38

第2章　社会扶助と就労の接合 …………………………… 山本　隆　41
1　ワークフェアとアクティベーション　41
2　日本　42
3　英国　50
4　アメリカおよびドイツにおける社会扶助と就労との接合
　　　——比較検証として　53
むすび　59

第3章　英国、EUにおける貧困対策プログラム
………………………………… ノーマン・ジョンソン／マーティン・パウエル　61
訳：山本惠子／訳：辻田奈保子

はじめに　61
　1　貧困の定義と測定方法　62
　2　欧州連合の反貧困戦略　68
　3　英国の反貧困戦略　73
　　むすび　82

第Ⅱ部　生活保護の行財政と管理構造

第4章　生活保護行政における国と地方の関係 ……………… 平野方紹　87
　1　生活保護行政の実施責任とその変遷――国と地方の関係　87
　2　福祉事務所の組織・役割・機能とその現状　98

第5章　生活保護行政の政府間関係分析 ………………………… 岩満賢次　107
　　はじめに　107
　1　生活保護制度の歴史と政府間関係　108
　2　権限統制　111
　3　組織統制　122
　4　財政統制　125
　　むすび　141

第6章　第二の社会的セーフティネットの行財政 ……………… 岩満賢次　145
　　はじめに　145
　1　求職者支援制度の行政と財政　146
　2　生活困窮者自立支援制度の行政と財政　151
　3　第二の社会的セーフティネットの特徴　160
　4　所得保障の社会的セーフティネットとはどうあるべき制度なのか　162

第7章　生活困窮者自立支援事業の事例紹介
　　　　――川崎市の取り組み・エンプロイアビリティ養成のフロントランナーとして
　　　　 ………………………………………………………………… 山本　隆　165
　　はじめに　165
　1　川崎市における生活困窮者自立支援事業の取り組み　166
　2　考察　179

第8章　貧困対策と地域福祉計画..岩満賢次　183

　　はじめに　183
　　1　地域福祉計画とは何か　184
　　2　地域福祉計画と生活困窮者自立支援制度の接点　194
　　3　都道府県における地域福祉支援計画の役割　201
　　4　ガバナンスから見た地域福祉計画と生活困窮者自立支援制度　209
　　むすび　215

終章　　貧困ガバナンス..山本　隆　217

　　1　公共ガバナンス論について　217
　　2　貧困ガバナンスのアナロジー──統制・合理化・抵抗の理論　219
　　3　貧困ガバナンスに関する事例　222
　　むすび　234

おわりに　238

索　引　240

序章

貧困と福祉行財政
―― 人間福祉研究からの視座

神野直彦
（日本社会事業大学学長）

はじめに

　本章は「貧困（poverty）」を、人間福祉研究という視座から考察することを課題としている。もちろん、本書の統一テーマは、「貧困と福祉行財政」にある。したがって、当然のことではあるけれども、貧困を人間福祉研究という視座から考察するといっても、福祉行財政との関連で考察することになる。もっとも、筆者は財政学の研究者にすぎないので、こうした課題に財政学からアプローチをすることを、予め断っておきたい。

　「貧困」を「人間福祉研究」という視座から考察すると、課題を設定するにしても、ここで使用する「人間福祉研究」という概念について、説明しておかなければなるまい。筆者は関西学院大学の「人間福祉学部」に創設時から関わってきたけれども、「人間福祉学部」が対象とする学問としての「人間福祉学」は、必ずしも確立された学問分野というわけではない。というよりも、「生きる」ということの新しい意味を求めて、躊躇に満ちた歩みを始めたばかりの学問分野である。

　そのため「人間福祉研究」と表現しても、共通した認識を抱くことは困難かもしれない。したがって、ここでは極く常識的な認識を手掛りにして、考察を進めることにしたい。

1　社会福祉から人間福祉へ

「福祉」は「幸せ」を意味する。「福祉」の「福」は神の賜り物を意味し、「福祉」の「祉」は神が足を止めることを意味する。つまり、「福祉」の「福」も「祉」も「幸せ」を意味し、「福祉」も「幸せ」を意味することになる。

そうだとすれば、「人間福祉」とは人間にとっての「幸せ」であり、「人間福祉研究」とは人間にとっての「幸せ」を考察することだと、常識的には理解できるはずである。これを行政あるいは財政と関連づければ、「人間福祉研究」の視座からの財政とは、人間の「幸せ」をもたらすような財政運営ということになる。

もっとも、「福祉」を辞書で繙くと、「幸福」つまり「幸せ」という意味に加えて、「公的扶助やサービスによる生活の安定、充足」という意味が記されている。それは現在では、「福祉」という言葉自体で、国民の生活の安定を目的とする社会的方策としての社会福祉という意味でも、使用されていることを物語っている。もちろん、「人間福祉」が「社会福祉」とは弁別するために用いられているのも、「人間福祉」の「福祉」は、社会福祉という意味ではなく、「幸せ」あるいは「幸福」という意味で使用されているからである。

社会福祉とは弁別して「人間福祉」の研究が追求されていく背景は、経済成長よりも幸福度を追求する政策運営が台頭してくることと軌を一にしている。国民総生産（GDP）を高める政策運営よりも、国民総幸福（GNH）を高める政策運営を重視することは、1976年にブータンのジグミ・シンゲ・ワンチュク国王が提唱したことに始まるといわれている。幸福度に関わる研究は、アマルティア・セン（Amartya Kunar Sen）やステグリッツ（Joseph Eugene Stiglitz）によって発展され、日本でも2010年に内閣府が「幸福度」調査を実施し、東京都荒川区が2007年に「荒川区民総幸福度（GAH）」という政策目標を掲げている。

このように政策目標として「幸福」への関心が高まってきたのには、「黄金30年」といわれた第二次世界大戦後の高度成長を実現してもなお、充足されることのない人間的欲求の存在がある。しかも、経済成長の実現に

よっては充足されることのない人間的欲求が存在するにもかかわらず、経済成長を求め続けた結果、経済成長が実現できないどころか、格差が拡大し、貧困が溢れ出してしまったからである。

このような「幸福」への関心の高まりが、「人間福祉研究」の展開と密接に結びついていることは間違いない。というのも、「幸福」への関心の高まりは、社会福祉を掲げた福祉国家の行き詰まりを意味しているからである。

「幸福」への関心は、経済成長だけでなく、福祉国家が掲げた社会福祉ではなお、実現できない人間的欲求の存在をも反映しているといってよい。社会福祉とは区分して、「人間福祉」という概念を提起するのも、社会福祉では包摂できず、かつ実現されなければならない人間的欲求の存在を意識しているからである。

さらに「幸福」への関心は、貧困を解消するはずの経済成長の追求が、かえって貧困を溢れ出させてしまったというパラドックスにも起因する。つまり、政策目標を成長から幸福に切り換えなければ、貧困は拡大するばかりだという認識が存在する。

こうした認識も、人間福祉研究でも共有している。強いていえば、人間福祉研究では貧困というよりも、「幸せ」の対概念である「不幸せ」を考察対象としている点が相違するといってもよい。

もっとも、それは社会福祉あるいは社会保障が想定している貧困という概念の再検討だということができるかもしれない。そうだとすれば、貧困という概念を人間福祉研究の視座から再検討をする必要がある。

2　所得貧困と人間貧困

「貧困」を辞書で繙くと、「貧しくて生活が苦しいこと」とある。こうした「貧困」は、現在では国民所得で把握されている。世界銀行などの国際機関が発表する貧困問題では、一人当たりの所得で貧困が捉えられている。最低の生活水準を示す貧困線も、所得で規定されて、貧困線に達しない人口

で、貧困人口が示される。貧困率も生存に必要な最低限の所得を獲得できない国民の割合を示す絶対的貧困率にせよ、国民所得の中央値の半分にも満たない所得しか獲得できない国民の割合を示す相対的貧困率にせよ、所得によって把握されている。

　このように貧困は、現在では、所得の低い状態として理解されている。西川潤教授に従って表現すれば、現在では貧困は「所得貧困」と認識されている。そもそも「貧困」とは、「発想の貧困」などとも使用されるように、「不足」あるいは「欠乏」を意味する。したがって、「貧しくて生活が苦しいこと」という意味での貧困とは、生活に必要な物が不足している、ないしは欠乏している状態を表現していることになる。

　ところが、現在の市場社会では生活に必要な物は、すべて市場で購入可能と想定されている。そのため所得が充分にあれば、生活に必要な物の不足という状態にはならないことになる。それをメダルの裏側から表現すると、所得が不足すれば、つまり低所得であれば、たちまち貧困になってしまうことを物語っている。

　そもそも近代市場社会にならなければ、所得は存在しない。市場社会は生産物市場が存在することを特色とする社会ではない。要素市場が存在する社会が、市場社会なのである。ポランニー（Karl Polanyi）の口真似をすれば、「労働という名のもとに人間が、土地という名の自然が商品化された」社会が、市場社会なのである。

　つまり、市場社会とは生産物市場に加えて、労働、土地、資本という生産要素の生み出す要素サービスを取り引きする要素市場が、存在する社会である。もちろん、要素市場で要素サービスが取り引きされるということは、生産活動が実施される別名である。それは市場社会とは、生産活動を市場原理によって実施する社会であることを意味している。

　要素市場が成立する前提として、労働、土地、資本という生産要素に、私的所有権が設定されている必要がある。労働、土地、資本の私的所有者は、要素サービスを取り引きする対価として、賃金、地代、利子という所得を受け取ることになる。つまり、所得とは、要素市場が成立することによって、

初めて誕生することになる。したがって、「貧困」を「所得貧困」と定義すると、要素市場が存在せず、所得が生み出されない前近代社会では、貧困は存在しないと考えるか、あるいは貧困しか存在しないと考えるかということになってしまうのである。

　もちろん、市場社会が成立すると、貧困は「所得貧困」だと理解されることになる。しかも、「所得貧困」つまり所得が不足する状態は、個人的問題に位置づけられてしまう。要素市場での所得分配が不足するのは、個人的能力の問題で、その個人に責任があると考えられていく。そのため市場社会が形成されていく過程の救貧制度をみれば、疾病や障害あるいは高齢などの理由により、労働能力がない者に限定して、現金を給付するけれども、労働能力のある者は労役院に収容して労働を強制していくのである。

　しかし、19世紀後半になって、社会問題が激化すると、ドイツで財政学が誕生し、「鎮圧主義」から「予防主義」への転換を主張する。つまり、市場社会が形成されていく「市民時代」のように、社会秩序が乱れてから「鎮圧」するのではなく、市場社会が成熟していく「社会時代」になると、あらかじめ貧困を予防して、秩序維持を図る「予防主義」が唱えられていくのである。

　こうして財政学の大成者ワグナー（Adolf Wagner）などの財政学を背景としながら、プロイセンの鉄血宰相ビスマルク（Otto Bismark）が、1883年から1888年にかけて、社会保険三法を成立させて、社会保険が世界で初めて導入されることになる。社会保険とは、疾病、高齢退職、失業などという正当な理由で、賃金を喪失したときに、賃金代替として給付される現金だといってよい。

　社会福祉あるいは社会保障とは、賃金代替の現金給付による社会保険と、救貧制度に端を発する公的扶助を車の両輪にしていると認められる。こうした社会福祉あるいは社会保障をみれば、「所得貧困」の救済あるいは予防を意図していたのである。

　しかし、低所得であっても、「幸せ」な生活は実在する。逆に所得が高くとも、「不幸せ」な生活もある。貧困を考えるときに、西川潤教授の教えに従えば、「所得貧困」とともに、「人間貧困（human deprivation）」を考察する必

要がある。社会福祉と敢えて弁別した「人間福祉」研究では、貧困を「人間貧困」にも光を当てながら省察することになる。

3 包括的所得概念からの教訓

　市場社会では、生活に必要な物が不足している状態としての「貧困」は、「所得貧困」として理解されることは、既に述べたとおりである。このように「貧困」が「所得貧困」として理解されるのは、市場社会とは要素市場が存在する社会であり、要素市場で所得が分配されることによって、人間は生活に必要な財・サービスを生産物市場から購入し、それを消費する生活を営んでいくことができるからである。

　前述のように要素市場で取り引きが実施されるということは、生産活動が実施されていることの別名にすぎない。したがって、所得とは生産活動のために、労働、土地、資本という生産要素が生み出す要素サービスを提供した対価として、受け取る報酬なのである。

　ここで注意をしておきたい点は、要素市場とはレンタル市場、つまり賃貸市場だということである。要素市場とは、生産要素に私的所有権を設定しなければ、成立しない。しかし、近代社会とは人間を解放した社会であり、人間を所有の対象とすることはできない。というよりも、市場社会で所有の主体をヒトと呼び、所有者の客体つまり対象をモノと呼ぶといってもよい。

　そのため要素市場で人間の労働を取り引きするといっても、人間そのものを取り引きすることはできない。そこで要素市場で取り引きされる労働には、一定時間の労働をレンタルする対価として、賃金が支払われることになる。

　土地や資本にも、レンタル市場としての要素市場では、地代や利子などという賃貸価格が支払われることになる。こうして要素市場という賃貸市場で、生産要素の賃貸価格としての所得が発生することになる。

こうした要素所得は、賃金という雇用所得と、地代、利子・配当などの資産所得とに区分される。土地や資本という生産要素には、生産要素の生み出す要素サービスを取り引きする要素市場以外に、土地や資本という生産要素そのものを取り引きする資産市場が存在する。ところが、労働という生産要素については、人間そのものを取り引きする市場は存在しない。近代市場社会では、人間はあくまでも所有の主体であって、所有の対象にはなりえないからである。

　経済学で所得といえば、要素所得を意味する。ところが、財政学では所得は、必ずしも要素所得を意味しない。「貧困」の反対概念は「富裕」である。財政学では「貧困」と「富裕」を視野に取り込んで、社会の構成員の経済力を考えなければならないからである。

　近代市場社会の政府は、生産要素を所有していない無産国家である。それは生産要素が、私的に所有されているからである。それ故に近代市場社会の政府は、私的に所有されている生産要素が生み出す所得の一部を、租税として強制的に貨幣を調達して、統治を行わざるをえない。もちろん、強制的に貨幣を調達する前提として、社会の構成員による共同意志決定という合意を待たなければならない。

　そのためには、租税を社会の構成員の経済力に応じて、公平に課税することが要求される。こうして財政学では公平な課税という観点から、所得に対して二つの概念が提唱されてきたのである。

　一つは、周期説（Periodizitätstheorie）ないし所得源泉説（Quellentheorie）と呼ばれる所得概念である。この所得周期説では、周期的所得のみを所得と考え、一時的所得を所得概念から排除する。つまり、周期説では相続や贈与、宝くじや賭博、キャピタル・ゲインなどの一時的利得は、「所得」から外されてしまう。それは周期説では、基本的には要素市場で決定される要素サービスの報酬、つまり要素所得を「所得」と考えているからである。

　もう一つの所得概念は、純資産増価説（Reinvermögenwachstheorie）である。この純資産増価説は19世紀後半のドイツでシャンツ（Gerog V. Schanz）が提唱し、1920年代のアメリカでヘイグ（Robert M. Haig）とサイ

モンズ（Henry C. Simons）によって発展させられていく。

　この純資産増価説では、所得とは一定期間中における純資産の増価（Zugang von Reinvermogen）と定義され、この説では、要素所得（factor income）だけでなく、相続や贈与、宝くじなどの一時的利得も、資産価値の増価も、さらに帰属所得（imputed income）も、「所得」に含まれることになる。

　純資産増価説は経済力増加説ともいわれる。所得を経済力の増加と結びつけているからである。こうした所得概念は、消費プラス資産純増として定義され、包括的所得概念あるいは三人の主唱者に因み、シャンツ＝ヘイグ＝サイモンズ概念（Shanz Haig Simons definition）と名付けられている。

　包括的所得概念は、支出ベースでいえば、消費プラス資産純増となるが、収入ベースでいえば、要素所得に加え、帰属所得、移転所得、さらにキャピタル・ゲインが含まれる。こうした包括的所得概念は、所得税を課税する際の目指すべき理念型として、広く受け入れられているといってよい。

　しかも、この包括的概念は、「人間福祉研究」の視座から貧困を考察する上で、重要な導き糸となる。包括的所得概念は経済力の増加という観点から所得を定義し、貧困や富裕は単に要素所得が低いか高いかでは規定できないことを教えてくれているからである。

　要素所得が低くとも、移転所得があれば、貧困とはいえない。移転所得には相続や贈与に加え、宝くじや賭博もあるけれども、貧困への政策を考える上では、社会保障における現金給付という移転所得の存在が重要となる。しかも、要素所得も無く、さらには包括的所得概念で定義した、所得が無くとも、貧困どころか富裕といわなければならない場合もあることを、包括的所得概念は教えている。

　包括的所得概念での所得は、消費と資産純増の合計となる。資産の純増によって消費をすれば、包括的所得概念でも所得は無いことになる。つまり、資産を食い潰して、マハラジャのような生活をしていても、所得で貧困を定義すると、貧困となってしまうのである。

　しかし、「人間福祉研究」という視座から着目しなければならないことは、帰属所得である。何百億円もする名画を所有している者は、無収益資産

である名画を収益資産に代えれば、多額な所得を得ているはずなので、名画の所有によって帰属所得を得ていると考えられる。

　持ち家でも、同様に帰属所得を得ていると見做すことになる。同じ要素所得を得ていても、借家の住人よりも持ち家の住人のほうが、経済力が豊かであることは間違いない。

　さらに注目しなければならない帰属所得は、共同体的人間関係が生み出す帰属所得である。家事労働という無償労働によって、食事や衣服を生産してしまえば、食事や衣服を市場から購入している家計よりも、経済力は豊かになる。もちろん、コミュニティや親族による相互扶助や共同作業が活性化していれば、そうでない場合よりも、経済力が豊かとなることは間違いない。

　このように包括的所得概念から教訓を引き出せば、貧困はフローの所得によってのみ考え、「所得貧困」としてのみ理解すべきではないことになる。包括的所得概念に学べば、移転所得や資産をもっている経済力や共同体的人間関係がもたらす経済力をも考慮に入れて、貧困を考察しなければならないことになる。それが「人間福祉研究」の視座から、「所得貧困」から「人間貧困」へと焦点を絞っていく導き星となるはずである。

4　現金給付から現物給付へ

　貧困は「所得貧困」だと理解され、これまでの社会保障は、所得保障の現金給付に焦点を絞ってきた。公的扶助のような生活保障給付にしろ、社会保険のような賃金代替給付にしろ、要素市場による所得分配を、要素市場の外側で、政府が貨幣を給付して再分配することを意味する。もちろん、こうした貨幣給付は、政府が要素市場の分配する所得に課税した貨幣を財源としている。

　しかし、包括的所得概念の教訓に従えば、要素所得が少なくとも、生活が困窮していない場合もある。経済力が豊かか貧しいかは、要素所得だけで

は規定できない。もちろん、フローとしての要素所得だけではなく、土地や資本というストックが持つ経済力を考慮することが、ポイントであることは間違いない。

　しかし包括的所得概念には、経済力を把握する要素として、共同的人間関係の存在がある。包括的所得概念では、資産というストックの持つ経済力を考慮している。そのため要素所得に加え、資産の増価であるキャピタル・ゲインも、資産の所有がもたらす帰属所得も所得としている。

　とはいえ、帰属所得では、家族内やコミュニティの内部での無償労働による相互扶助が重要な要素となる。しかも、包括的所得概念では、要素所得に加えて移転所得をも加えている。移転所得には宝くじや賭博もあるけれども、共同体的人間関係による相続や贈与もある。相続については家族内移転が中心だけれども、贈与についてはコミュニティなどの互酬もある。急いで付言すれば、移転所得では公的扶助や社会保険による社会保障給付が重要であることはいうまでもない。

　というよりも、これまでの社会福祉では、共同体的人間関係が有効に機能していることを、前提にしていたといってよい。要素所得が保障され、要素所得で生産物市場から財・サービスが購入できさえすれば、共同体的人間関係に基づく無償労働によって、生活を安定的に維持できると考えられてきた。生活に必要な口にするものも、食材を購入できれば、家族内における無償労働で食事を可能にすることができたからである。

　そのため「貧困」とは、要素所得を獲得できない状態、あるいは要素所得が極度に低い状態だとして、公的扶助のような生活保障のための現金給付と、賃金を正当な理由で喪失したときの社会保険という賃金代替の現金給付で、「貧困」に対応できると考えてきたといってよい。このように考えることができた前提は、重化学工業を基軸とする工業社会だという経済構造にあった。重化学工業を基軸とする工業社会では、同質の筋肉労働を大量に必要とするため、主として男性が労働市場に進出し、家族内には無償労働を担う主として女性の存在を前提にできたからである。

　ところが、工業社会が行き詰まり、サービス産業や知識集約産業を基軸

とする知識社会に移行するようになると、女性の労働市場への進出が急速に高まる。つまり、家族内での無償労働の担い手が姿を消していく。そうなると、食事も食材を無償労働で加工するのではなく、完成品を購入するか外食になってしまい、生産物市場からの購入が増加する。それは要素所得が増加しても、経済的豊かさが増加するわけではないことを意味する。

　このようにポスト工業社会へのシフトに伴い、共同体的人間関係が弱まっていくと、帰属所得が減少していき、生産物市場からの購入が増加していく。しかし、共同体的人間関係の衰退は、生産物市場から購入することが、困難な財・サービスの不足を、もたらすことに注目しなければならない。

　それは家族内の相互扶助によって担われてきた扶養といってよい。つまり、労働市場に参加する労働能力がまだ身についていない子供や、労働能力を喪失した高齢者への扶養である。人間という生物の種を維持するための、家族内の相互扶助という世代間連帯も、急速に機能不全に陥っていく。

　こうした家族内の相互扶助として担われてきた財・サービスは、市場を通じて提供することは困難である。というのも、市場で提供するということは、購買力に応じて提供することを意味するけれども、相互扶助で提供されてきた財・サービスは、必要に応じて提供されなければならないからである。そのため「人間福祉」という視座からすれば、社会的共同事業として財政を通じて、必要に応じた分配をせざるをえないのである。

　もっとも、共同体的人間関係に基づく相互扶助には、家族内相互扶助だけではなく、コミュニティ内の相互扶助もある。ヨーロッパでいえば教会などをシンボルとして担われてきた、教育・医療・福祉などのサービス給付である。こうした相互扶助は、医療や教育などを見れば容易に理解できるように、早くから専門家集団に財・サービスの生産を委ねざるをえなかったから、家族内相互扶助からコミュニティ内相互扶助へと移されていく。もちろん、このような相互扶助も共同体的人間関係の衰退に伴い、供給が不足するのであれば、それを代替し公共サービスとして提供されることが、「人間福祉」の視座からは必要となる。

　人間の幸福という「人間福祉」の視座からいえば、「貧困」を「所得貧困」

と把握して、現金給付による社会保障だけでは不十分である。社会保障は現金給付にとどまらず、現物給付へとシフトさせていかなければ、「貧困」は克服できないということになる。こうした現金給付と現物給付の体系を、共同体的人間関係と結びつけて図示しておけば、図1のようにまとめることができる。

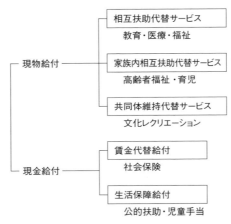

図1　現金給付と現物給付
出典：筆者作成

5　むすびにかえて
——所有欲求から存在欲求へ

　共同体的人間関係の機能は帰属所得や移転所得を生み出すため、その衰退は経済力の低下をもたらすというだけでは、「人間福祉」の視座から「貧困」を考察するには不充分である。経済力という視座からでも「貧困」を克服するためには、共同体的人間関係の機能の衰退に伴い、それを代替したり、克服したりする現物給付が必要であることは、既に述べたとおりである。

しかし、人間の「幸せ」を追求する「人間福祉」という視座からいえば、人間的紐帯そのものの形成が重要となる。スウェーデンでは子供たちに、人間の欲求には所有欲求と存在欲求があると教えている。「所有欲求」とは、ハビング（having）つまり持つことの欲求であり、外在する事物を所有したいという欲求である。これに対して存在欲求とは、ビーイング（being）つまり人間と人間の関係で充足される欲求である。人間と人間とが調和したいという人間と人間の触れ合いのうちに、充足される欲求だといってよい。

　人間は物質を所有することで充足される所有欲求で「豊かさ」を実感する。人間と人間との触れ合いのうちに調和したいという存在欲求は、愛し合いたいという欲求だといってもよい。愛の欲求である存在欲求が充足されると、人間は「幸福」を実感することになる。

　工業社会とは存在欲求の犠牲において、所有欲求を充足してきた社会である。これに対して、ポスト工業社会つまり知識社会とは、人間が幸福を実感できる存在欲求を追求できる社会である。つまり、工業社会では貧しさが解消されず、所有欲求を充足するために、存在欲求が犠牲にされてきたのに対し、知識社会では人間の人間的欲求である存在欲求そのものを追求できるようになったのである。

　それは「貧困」を「人間福祉」の視座から把握すべき時がきたことを物語っている。より多く所有することを求める時代から、より「豊かな生」を求める時代が到来したからである。

参考文献

カール・ポランニー、吉沢英成・野口建彦・長尾史郎・杉村芳美訳（1975）『大転換——市場社会の形成と崩壊』東洋経済新報社
神野直彦（2002）『財政学』有斐閣
神野直彦（1998）『システム改革の政治経済学』岩波書店
神野直彦（2010）『「分かち合い」の経済学』岩波書店
西川潤（2011）『グローバル化を超えて　脱成長期 日本の選択』日本経済新聞出版社
正村公宏（2000）『福祉国家から福祉社会へ——福祉の思想と保障の原理』筑摩書房

第Ⅰ部

世界の貧困と社会的セーフティネット

第1章

世界の社会扶助

山本惠子
(神奈川県立保健福祉大学教授)

1　貧困とは何か？

　日本で、生活保護を受ける人の数は、200万人をゆうに超えている(厚生労働省　2017)。世界で最も豊かな国の1つと思われている日本で、その繁栄に取り残された人々がいる。

　歴史を振り返れば、高度経済成長で多くの人々が豊かになるなかで、不安定就労者など貧困にあえぐ人が現れた。経済が右肩上がりの時代には、人々は貧困が過去の問題と信じていた。バブル経済の終焉後に景気後退が生じ、2000年代に入ると、リーマン・ショックに端を発して世界不況が起こり、失業者が続出した。

　政権交代が起こると、2009年に、国は1965年を最後に途絶えていた貧困のデータを公表することになった。貧困の基準は後述する相対的貧困率である。それはOECD(経済協力開発機構)と同様の計算方法で算出した数字で、私たちは貧困率16％という数字の高さに驚いた。日本の貧困は、時代を通して蔓延していたのである。

　今では、不安定就労者は非正規労働者に置き換わっている。非正規労働者の数はすべての労働者のおよそ4割に達している。形を変えて、不確実な社会が続いており、貧困と格差が明らかになっている(厚生労働省　2018)。

(1) 貧困の定義

　貧困とは何だろうか。人によって様々な貧困観がある。戦後から「生活困窮」という言葉が生活保護の法制でも使われてきたように、それは、住まいがなく、または家賃を支払えなかったり、子どもに必需品を買えないといった窮乏の状態を意味する。貧困に陥れば、生活の見通しは立たず、日々不安な気持ちにとらわれる。貧困が引き起こすストレスは、感情面にも影響を与え、また社会的参加の道も閉ざされる。

　貧困研究で有名な英国のジョセフ・ラウントリー財団（Joseph Rountree Foundation, JRF）の文献を読めば、以下のような記述がある（図1）。

　　「「貧困とは、個人の資源（主に物質的な資源）が社会参加を含む最低限のニーズを満たすのに十分ではない」と定義できる。また世界銀行は、栄養失調、教育の欠如、病気などのより具体的な事柄を明記して、「人間としてのディーセンシー（尊厳）」を重視している。」(Coudouel et al 2002)[1]

　もちろん経済先進国よりも発展途上国においてその貧困度は厳しい。しかしながら経済先進国においても、貧困状態で暮らす人たちの死亡率の高さや教育を受ける機会が少ないといった問題がある。

　貧困の定義には、「絶対的貧困（absolute poverty）」と「相対的貧困（relative poverty）」の二つがある。絶対的貧困とは、食糧、安全な飲料水、衛生設備、健康、避難所、教育、情報を含む基本的な人間のニーズが充たされない状態を指す。所得だけでなく、福祉を中心としたサービスの整備にも左右される。このように絶対的貧困とは、人間としての基本的なニーズ（いわゆるヒューマン・ニーズ）が欠如している状態を指す。アフリカなどでみられる貧困は、その多くが「絶対的貧困」で定義される。世界銀行は、1日1.9ドル以下で生活する人たちを「絶対的貧困」と定義している（UNDP 1995）。

　一方、相対的貧困とは、所得の中央値の半分を下回っている状態を指す。

OECDは、「等価可処分所得」という言葉を使って、すべての人口の中央値の半分未満の世帯員を相対的貧困者とみなしている。等価所得とは、世帯員の生活水準をより実感覚に近い状態で判断するために、家計の可処分所得を世帯員数の平方根で割ったものである。[2] 相対的貧困は、個人が生活する「社会」の観点から測定される基準であり、したがって国や時代によって異なってくる。所得の基準についてだが、国によっては、世帯の規模と住居の費用を調整した後に、家計所得の中央値の60％未満の基準を用いている。

貧困の過程はまさに「動態的（dynamic）」である。多くの人は貧困を体験することはないかもしれない。それでも失業すれば、人々は貧困に陥ることになり、その結果、低所得の人たちは長い期間にわたって生活苦を経験することになる。社会階層の視点からは、不安定所得層は貧困線以下に陥りやすく、また貧困の期間が長期化する。そして、一部の人たちは最下層に沈澱していく。このような貧困の動態的なサイクルを理解しておくことが重要である。

かつては家族、親戚や地域住民による相互扶助がセーフティネットの役割を担っていた。しかし、近年では地域コミュニティの解体により、地域からの支援が得られないだけでなく、家族機能そのものが低下し、身内の援助も受けられない状況がある。これにより、貧困状態に陥ると貧困の悪循環となり抜け出すことが困難になる。

非正規などの不安定就労においては収入も不安定であり、解雇は同時に住居も失うことになりかねない。住居の喪失は再就職の機会を縮小させるとともに、健康状態の悪化、さらには労働意欲の低下を起こし、貧困状態からの脱出を困難にしていく。

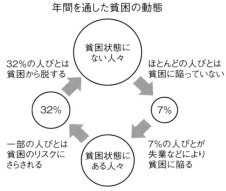

図1　英国における貧困の能動的なサイクル
出典：JRF [3]

(2) タウンゼンドとセン

　貧困の概念を把握するために、二つの理論を紹介しておきたい。それは、「相対的剥奪（relative deprivation）」と「ケイパビリティ（capability、潜在能力）」である。前者はピーター・タウンゼンド（Townsend, P.）、後者はアマルティア・セン（Sen, A.）が理論化したものである。

　タウンゼンドは、「相対的剥奪」という概念を提示して、相対的な捉え方で貧困を定義している。「剥奪（デプリベーション）」という言葉は私たちにはなじみにくいが、それは権利として保障されるはずの生活状態が奪われていることを意味する。彼は「相対的剥奪」を以下のように説明している（図2）。

　　「貧困は、主観的よりは、むしろ客観的なものとして理解されている。個人、家族、集団は、その所属する社会で慣習化し、少なくとも浸透し、普通になった食事をとり、または社会的な活動に参加し、生活条件や快適さを保つために必要な資源を欠くとき、すべての人々のなかでその人は貧困の状態にある。貧困な人たちの資源は、平均的な個人や家族が自由にできる資源に比べて、きわめて劣っているために、通常社会で当然とみなされている生活様式、慣習、社会的な活動から事実上締め出されることになる。」(Townsend　1979：31)

　「剥奪」の概念は、貧困を社会全体の不平等な構造のなかで捉えようとするもので、困窮状態にある個人、家族、集団の状態を示すものとされている。不平等の基準は、人々が保障される正当な最低限としての生活水準や社会規範を前提に設定される。この最低基準は平均的な社会の他の構成員の状態と比較して、単に肉体的な生存を維持するだけの所得だけではない。それは教育、住宅、健康、労働条件、社会的・政治的な権利などを含めて広く設定されるものである。[4] したがって、「剥奪」は、広い貧困概念であり、政策概念でもある。[5]

さらにタウンゼンドは、彼の貧困調査研究において、生活様式のなかから60項目の指標を設定した。大項目としては、社会生活の視点から「食事」「被服」「光熱」「家具」「住宅条件の快適さ」「職場関係」「健康」「教育」「環境条件」「家庭環境」「休養」「社会的環境」の12項目を挙げていた。

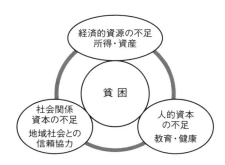

図2　貧困と3つの資源の欠如との関係
CPAGの資料（ウェブサイト）から筆者作成

個人や世帯に該当する項目数を数値化し、それらの該当項目を合計したうえで、その数値が高いほど貧困状態にあるとした。

　一方、センは、所得や商品の代わりに人間の持つ「ケイパビリティ（潜在能力）」の観点から、貧困を定義している。ケイパビリティとは、ある人が価値を見出し選択できる「機能」の集合のことであり、その人に何ができるかという可能性を表している。彼は以下のように主張している。

　　「貧困はケイパビリティの領域における絶対的な概念であるが、しばしば、それは商品やその特性から相対的な形態をとる。」（Sen　1983）

　センは、すべての人間が貧困とみなされないように固定した（すなわち社会や時代において不変の）ケイパビリティ群を想定している。貧困は、価値のある人生を生きる自由の指標であり、人間の可能性を実現するもので、健康、教育、自由を含む幅広い権利の総体が不十分であることによる結果であると指摘している（セン　1999）。したがって、現金だけではなく、公的に生産された財が重要になる。センのケイパビリティ論は、ロールズ（1971）の「無知のベール」とそれに関連する「基本財」に通ずるところがある。さらに、貧困を防ぐために必要な物的なニーズや資源の水準は、社会全体にわたって変化すると述べている。貧困はそれを解消する手段が状況に

左右されるが、その充足が貧困を特徴づける非物質的な目標には左右されないという。[6]

ただし、センのアプローチの課題としては、ケイパビリティの幅広い定義を測定することは困難である。また、ケイパビリティが個人レベルでの議論とみなされるために、センは社会自体が決定する政治的問題であると主張するものの、どの能力が重要であるのかという判断が見えづらい。

では、貧困はどのように測定できるのだろうか。例えば相対的貧困は、前述のように家計規模の中位値の60％に設定されることがある。またOECDは、国際比較のために中央値の50％を使用している。したがって貧困線はより低くなる。こうした所得の水準に応じた測定値は毎年変化することになる。

このような点を踏まえて、OECDのデータを見てみたい。OECDは、年齢層別に貧困を把握しており、子どもの貧困（0-17歳）、就労年齢層の貧困、および高齢者（66歳以上）の貧困を表示している。図3を見てみると、日本の全世帯の相対的貧困率は16.1％（2012年）で、コスタリカ、メキシコ、トルコに次いで高くなっている。

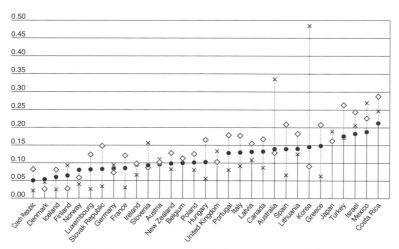

図3 Poverty rates in OECD Countries as of 2015

世界の貧困率　●全体、◇0-17歳、× 66歳以上 (2012)
https://data.oecd.org/inequality/poverty-rate.htm

日本の貧困の背景には、高齢者の相対的貧困率が高く、後期高齢女性の相対的貧困率が特に高い。所得の格差も影響している。相対的貧困率は国民の所得格差を示す指標であり、所得格差は同一年齢・同一性における所得格差、年齢別所得格差、男女別所得格差としてみる必要がある。日本では、年齢別所得格差と男女別所得格差が海外と比べて大きいといわれている。

2　貧困と格差

(1) 世界の国々のジニ係数と所得格差

相対的貧困からさらに視点を広げれば、「貧困と格差」という問題につながってくる。世界的に資産や所得の格差が広がるなかで、格差、つまり不平等（inequality）が拡大している。所得がその国の中でどのように分布しているのかを示す数値が、ジニ係数（Gini coefficient）である。ジニ係数は不平等を測定でき、家計所得の分布を通して、数値が高いほど不平等が高くなる。すべての世帯が総所得の均等分を占める場合、ジニ係数は0になる。

OECD諸国の所得格差について、図4によれば、2010年以降、トルコで約2ポイント近く縮小している。その理由は、主に勤労所得の伸びを反映したからである。これ対し、エストニアでは3ポイント以上拡大している。全体

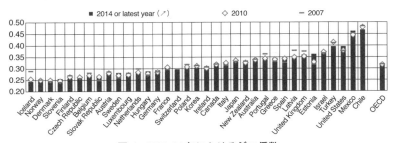

図4　2007-14年におけるジニ係数

INCOME INEQUALITY UPDATE（November 2016）© OECD 2016

的に 2007 年以降の変化を見ると、格差はスロバキア共和国、スペイン、スウェーデンで 2 ポイント以上も増加し、アイスランドとラトビアでは縮小している。これまでのところ、景気回復が所得格差を縮小させたという証拠はない。

(2) 日本の貧困率と格差

　日本の相対的貧困率の推移はどうなっているのか。図5は、すべての世帯員と年齢階級別の相対的貧困率の年次推移を見たものである。『国民生活基礎調査』によれば、すべての世帯員の相対的貧困率は、1985 年以降 2012 年までは上昇傾向にあった。ただし、2015 年は若干低下している。それでも、15％という数字は高い。

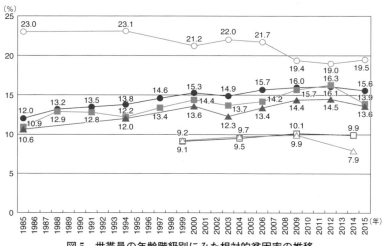

図5　世帯員の年齢階級別にみた相対的貧困率の推移

● 年齢計(国民生活基礎調査)　　■ 子ども(17歳以下)の貧困率(国民生活基礎調査)
▲ 18〜64歳　　　　　　　　　　○ 65歳以上
□ 年齢計(全国消費実態調査)　　△ 子ども(17歳以下)の相対的貧困率(全国消費実態調査)

資料：厚生労働省政策統括官付世帯統計室「国民生活基礎調査」及び総務省統計局「全国消費実態調査」より厚生労働省政策統括官付政策評価官室作成[7]
出典：『平成 29 年版厚生労働白書』

年齢別の相対的貧困率をみると、17歳以下の貧困率（子どもの貧困率）と、18～64歳の相対的貧困率は1985年以降上昇傾向にある。ただし最近では、児童のいる世帯の所得の増加を背景に、いずれも低下している。子どもの貧困率は2015年には13.9％、18～64歳の相対的貧困率は2015年には13.6％で、高い数字となっている。一方、高齢者の相対的貧困率は他の年代よりも特段に高い。

(3) 日本の格差

図6は、日本の不平等を表したもので、すべての世帯員のジニ係数の年次推移を示している。「等価当初所得」のジニ係数は、1992年以降一貫して上昇傾向にある。世帯員というカテゴリーで注目してみると、現役世帯に比べて年金以外の稼働所得等の少ない高齢者世帯と単独世帯が増加している（厚生労働省政策統括官付政策評価官室「所得再分配調査」）。

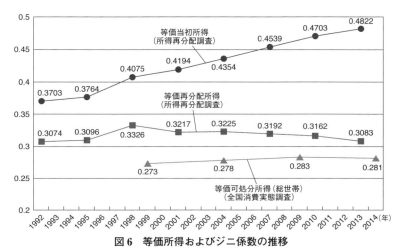

図6　等価所得およびジニ係数の推移

資料：厚生労働省政策統括官室付政策評価官室「所得再分配調査」、総務省統計局「全国消費実態調査」
出典：『平成29年版厚生労働白書』

最後に、所得再分配後である「等価再分配所得」のジニ係数をみておきたい。中期的なスパンでは、1998年の0.3326がピークで、2014年では0.3083になっている。社会保障や税などの再分配の効果によって、「等価当初所得」の格差の拡大は多少抑制されているのが確認できる（平成29年版厚生労働白書）。

　図7は、世帯員の年齢階級別のジニ係数について、1995年と2013年でみたものである。「等価当初所得」では、若年世代より高齢世代のジニ係数は大きい。特に高齢世代において格差が大きくなっている。一方、「等価再分配所得」は、どの年齢階級においても「等価当初所得」のジニ係数よりも低くなっている。現役世代では「等価当初所得」のジニ係数は上昇しているものの、「等価再分配所得」のジニ係数はあまり変化していない。60歳以上の世代をみると、「等価再分配所得」のジニ係数は1995年から2013年には低下している。「等価再分配所得」でみる限り、高齢世代では格差が縮小傾向にあり、年金制度の成熟化と関係がみてとれる。

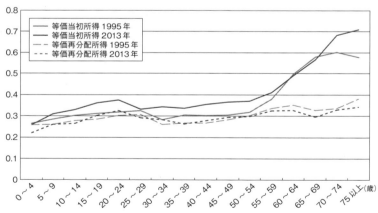

図7　世帯員年齢階級別等価所得およびジニ係数（1995年、2013年）

資料：厚生労働省政策統括官室付政策評価官室「所得再分配調査」（2014年）及び厚生労働省政策統括官室付政策評価官室委託「統計データで見た少子高齢社会」（2010年）
出典：『平成29年版厚生労働白書』

3 福祉国家の社会的セーフティネット(social safety net)の国際比較

(1) 社会的保護からみた財政状況

　OECD諸国の社会的セーフティネットについて、対GDP比率でみた支出を比較してみたい。発展途上国と比べてみると、OECD諸国は「社会的保護(social protection)」と呼ばれる社会保障項目の支出が大きい。社会的保護は、高齢者年金、障がいまたは要扶養者、失業、疾病、妊娠による一時的な雇用の喪失という社会的リスクに対応する制度である。

　世界銀行の調査資料から確認してみると、OECD諸国は社会的保護を通じて大規模な再配分を実行している。対GDPの比率は、EUがGDPの19%、アメリカが9%となっている。平均してみると、社会的保護の支出の85%は社会保険で構成されている。

　一方、非拠出制（すべて税金で賄われる）の社会扶助制度は、各国でかなりの相違があるものの、合計では15%を占めている。EU15か国では、社会扶助制度の支出は平均してGDPの3%に相当する。アメリカでは、ミーンズテストを伴う福祉制度はGDPの2.2%を占めるが、これには低所得世帯向けの健康保険の費用も含まれている。「メディケイド」に関連する費用を加えると、福祉制度の総計は4.4%に達する。ミーンズテストとは、社会扶助の申請者が要件を満たすかどうかを判断するために行政が行う資力調査で、所得と資産が調べられる。

(2) 社会的セーフティネットの仕組み

　社会的セーフティネットの規模と役割は、社会的保護以外の制度と関係する。つまり、年金、失業手当が社会扶助と代替することもある。OECD諸国の社会的保護の支出レベルと構成という観点から、世界銀行の調査資料「福祉国家の社会的セーフティネット」は、「アングロ・サクソンモデル」と

「ヨーロッパ大陸モデル」という2つのタイプに大きく分けている。

■「アングロ・サクソンモデル」

アングロサクソンの国々においては、非拠出制の支出の比率が相対的に大きい。その特徴は、社会保険方式（年金、医療、失業保険）を中心とするのではなく、貧困な人たちへの支援に絞った制度を中心にして社会的セーフティネットが構成されている。「アングロ・サクソンモデル」は、アメリカ、オーストラリア、ニュージーランド、カナダでみられる。

■「ヨーロッパ大陸モデル」

アングロサクソンの国々と比較すると、大陸ヨーロッパは支出レベルがより高く、その規模と範囲は貧困と不平等の大幅な削減につながっている。その特徴は、社会保険方式により実施される役割が大きく、普遍的／寛大な家族給付などで構成されている。もちろん残余型の社会的セーフティネットはヨーロッパ大陸でもみられる。

社会支出を財源面から支えるのが、租税と社会保険料である。社会支出の増加に伴って、その財政規模も増加する。日本の場合は社会保険中心であるため、大部分の財源は社会保険料負担で占められてきた。ただし最近では、消費税の引き上げに伴い、公費負担比率は上昇している。

アレシナとグリーサーは、アメリカとEUにおける福祉国家——公的財源で支えられた教育、医療、社会的保護の支出レベルの違いを分析している。税引き前の不平等、税システムの効率化、社会的移動からみた福祉国家の支出の違いは、経済的要因とは関係がないという知見を見出している。

では、福祉国家の支出の違いは、どのような要因から生まれるのだろうか。それは政治組織の違いに起因するという。つまり、政治代表の種類、連邦主義に対峙する国民国家、チェック＆バランスのシステム、民族的な分断、そして国民が抱く貧困観——機会の欠如を強調する貧困・社会的排除論と、個人の怠惰を強調する自己責任論が福祉国家の支出の違いをもたらしているのだとしている（Alesina and Glaeser 2004）。

(3) 社会的セーフティネットの種類

　OECD諸国においては、社会的セーフティネットのプログラムの仕組みが国ごとに大きく異なる一方で、大部分の国は以下の社会的移転を実施している。ナショナル・ミニマム——国家が国民に対して保障する最低限の生活水準からみた社会的セーフティネットをみておきたい[8]。

【最低所得保証】政府は、生活資源を持たない人々に対して、金銭的な援助として最低所得を給付する。最低所得保証は全国または広域自治体において一定の基準を設けており、家族または個人の所得を保障する。
【住宅手当】様々な住居費用への援助で、現金給付、他の金銭的援助（例えば低利ローン）、現物給付（例えば住宅助成金）などがある。
【家族手当（普遍的手当、ミーンズテスト付き手当）】扶養児童のいる家庭へ向けられた給付で、受給基準を満たした家族の生活を支える給付である。
【一人親への給付】一人親世帯の貧困リスクを減らす給付である。生計費の補足、子どもの養育や家事への支援、稼得能力の機会を増やすための給付がある。現金給付または税負担の軽減という形をとる。
【就労条件付きの給付】就労するインセンティブが保たれることを条件にしながら、給付の受給者が資格を放棄せずに、再就職して得た所得総額に課税しない形で、受給者が一定の労働時間で働くことを認めている。現金給付、給付つき税額控除（tax credit）、社会保険料の軽減という形をとる。
【児童手当】養育を必要とする幼い子どもを抱える家族への金銭的な援助である。直接手渡す現金給付や、租税優遇措置、施設利用料の助成金がある。

(4) 社会的セーフティネットの課題

　各国の政府は社会的保護の改革を政策アジェンダに挙げている。OECD諸国で共通した議論は、就労インセンティブおよび家族構成の変化という

問題である。

就労インセンティブ

　失業の増加は、社会扶助の見直し議論につながる課題である。就労につかないという「不就労（workless）」が広がった際に、就労可能な失業者が受給の見直しの対象となる。いわゆる「ワークフェア（workfare）」が政策化されるのである。ワークフェアとは、社会扶助の受給者に対して、一定の就労を義務づけ、その精神的自立を促す政策理念である。就労を通じて、経済的自立の基礎となる技術・技能を身に着けさせようとする改革制度である。

　多くの政府は、これまで「福祉の罠（welfare trap）」に対して懸念の声をあげてきた。「福祉の罠」とは、社会扶助の受給者が自分たちの判断で、労働市場に参入しないという現象をいう。政府は、経済の生産性を重視して、社会的保護の改革に圧力をかけている。国は、失業者に多くの給付が支給されるほど、労働力として労働市場に再参入するインセンティブは弱まると考えている。ワークフェアの議論は、給付レベル、支給期間、給付要件に関係してくる。

　こうした議論は、人口統計学上の変化、家族構成の変化という背景の下で生まれている。一人親世帯と単身の若者世帯の増加は、児童ケアの支援と婚姻へのインセンティブの問題を生み出しており、就労インセンティブをめぐる政策論争が加熱している。

（5）就労インセンティブに関する争点

【受給期間】社会保険給付には「期限」がある。給付期間が過ぎれば、その後は社会扶助の受給につながっていく。若者の社会扶助の受給に期限を設けている国は、OECD諸国ではオーストリア、デンマーク、イタリアなどである。

【給付喪失の条件】受給者が給付を失うルールが様々な形で変更されている。一部の国は、申請権を失わずに、受給者が就労することを認めてい

る。他方で、給付の受給を伴うパートタイムの就労を認めない国もある。
【求職要件】多くの国は、受給者が積極的に求職するものと想定して、求職活動を審査する厳格なテストを課している。他方、一部の国では、子どもが特定の年齢に達するまでは、一人親が給付を受け取る際に就労を求めない。このような違いがあるなかで、アメリカの一部の州は、就労条件を満たさない場合、就労可能な単身成人または子どもがいない夫婦には給付を支給しない。
【給付レベル】アメリカのテキサス州やギリシャなどは、低額の現金給付を支給している。他方、英国などの国は、低額の現金に追加的な給付を設けている。オーストラリアなどは比較的高いレベルの現金給付を支給している。
【税制の構造】多くの国において、労働力として労働市場に再参入する受給者は、「限界税率（marginal tax rate）」——労働市場への再参入に際して給付を失う額——の対象となり、稼得の額に影響を及ぼすことになる。

(6) アクティベーション（activation）

　一部のOECD諸国は、「アクティベーション」と呼ばれる積極的労働市場政策を促すために、社会保険と社会扶助の違いを明確にしている。アメリカでは、失業保険と障がい保険は、貧困家庭一時扶助（TANF）、障がい者のための補完的保障所得（SSI）のような社会扶助よりも、高い割合で支出されている。後で述べるように、文化的な要素からも2つの給付を区別しており、スティグマ（烙印）という要素は社会扶助の受給に結びつく。
　政府が職業訓練の機会を設けることは重要な政策テーマである。スウェーデンなどの国は、失業者に対して集中型の職業訓練とインサーション（労働市場への参入）のプログラムを提供している。社会扶助の改革を積極的に進める国は、新しい職業訓練の機会を設けており、そのほとんどは受給の継続を認めている。社会扶助の受給が就労への抑制につながるという意見があるが、大部分は実証されていない。全体として、多くの国々の間

では、就労強化に沿った改革は社会扶助への依存を和らげ、受給者を積極的に労働市場に送り出すという共通した政策の流れがみられる。

4　国別の社会扶助

　自らの努力で貧困から抜け出す人たちがいるが、貧困に陥った際、社会扶助の果たす役割は大きい。社会扶助とは、「十分な資力のない個人にとって、最低生活保障としての金銭的支援」をいう。

　通常、その国の基本的な生活ニーズを反映して設定され、貧困対策の主たる手段としての機能を持つ。したがって、社会扶助は拠出を伴わない所得支援制度であり、通常給付額は就労歴や従前の所得とは関係なく、一律である（OECD Benefits and Wages）。ただし、社会扶助は拠出を伴わないことから、救貧的なニュアンスを伴い、スティグマの問題を引き起こすという本質的問題がある。

　エスピン・アンデルセンは、労働市場からの退出が制度的に保障されることを脱商品化（decommodification）と呼び、社会保障給付水準や資格などの寛大性からその程度を測った。その結果、先進諸国は、脱商品化の高いグループ、中位のグループ、低位のグループに大きく分かれることを見出し、各々を社会民主主義、保守主義、自由主義と呼んだ（Esping-Andersen1990）。以下では、英国、フランス、スウェーデン、ドイツ、アメリカといった国別の社会扶助の仕組みをみておきたい。

(1) 英国

　従来の社会扶助は、主に所得補助（Income Support）および求職者給付（Jobseeker's Allowance）である（表1）。所得補助の対象者は16〜59歳で、生活費は現金給付となっている。注意を要するのは、所得補助が社会的セーフティネットのすべてではなく、他にも住宅・介護・医療のサービス

表1　英国の従前の社会扶助

従前の制度	所管庁	就労の有無
所得補助	雇用年金省	不就労
求職者手当（所得連動型）	雇用年金省	不就労
雇用支援手当（所得連動型）	雇用年金省	不就労
子どもの税額控除	内国歳入庁	就労および不就労
就労税額控除	内国歳入庁	就労
住宅手当	地方自治体	就労および不就労

出典：筆者作成

があり、他の制度が社会扶助を補完している点である。所得補助は就労時間が週当たり16時間未満とされ、収入・資産が一定の生計費に満たないことを要件としている。

　所管は労働年金省（Department of Work and Pension, DWP）で、給付実施機関はジョブセンター・プラス（Jobcentre Plus, 国の機関）である。全額国庫負担で運営され、社会扶助の基準は全国統一的なもので、地域差はない。また所得調査および資産調査がある。

　就労の扱いについては、就労支援の実施機関がジョブセンター・プラスで、福祉関連給付と個別の就労支援を一体的に行っている。求職者給付は、就労能力があり、求職活動を積極的に行い、週16時間以上の仕事に従事せず、一定額以上の貯蓄を持っていないことなどが要件となっている。年齢、配偶者や子どもの数に応じて給付が支給される。給付額は、16〜24歳の場合は週57.90ポンド、25歳以上は週73.10ポンドである（2016年度）。

　これまで稼働年齢にある低所得者向け給付は社会保険を原則とし、その受給権がない者に限って所得補助を支給する仕組みを取ってきたが、制度が複雑化してきたことから「ユニバーサル・クレジット（Universal Credits）」という一本化された制度が実施され始めた。ユニバーサル・クレジットは、数十年間にわたる就労給付に向けた大きな改革で、既存の6つの給付に代わって、単一のミーンズテストを伴う給付制度になっている。

ユニバーサル・クレジットの仕組み

ユニバーサル・クレジット（表2）は高いレベルの所得保障として期待されている。低所得の人が受給でき、所得が就労手当の閾値（threshold）を超えた場合、それ以下の額に引き下げられる。この新制度の下では、短時間の就労をするインセンティブが強化されているのが特徴である。ひとり親が就労給付付き税額控除（Working Tax Credit）を受けた場合、「16時間労働」という要件があるため、急増することはないとみられている。

ユニバーサル・クレジットの利点は、税務署や地方自治体にではなく、一つの機関であるジョブセンター・プラスに申し込むだけで済む。ただし地方税の払い戻しは、地方レベルで処理される。ユニバーサル・クレジットは、旧制度にあった厳格で恣意的な阻害要因は弱くなるが、就労と受給との行動予測は、よく分かっていない。

表2　ユニバーサル・クレジットと従前の制度との比較

	ユニバーサル・クレジット	従前の制度
支給の頻度	毎月	毎週、2週間また4週間ごと
対象者	カップルのうち一人	カップルが選択できる
賃貸住宅	受給者に対して直接	家主に対して直接
求職の条件	短時間就労の家族のすべて、または予定よりも少ない稼得	週16時間未満就労のJSA受給者
個人業種	「最小限の所得下限」の受け入れ	就労税額控除の適格者
保育	費用の85%	費用の70%

出典：JRF[9]

(2) フランス

フランスの社会扶助は、積極的連帯収入（RSA）である。対象者は25歳以上の者および18歳以下の低所得者で、ひとり親または一定期間就労している者である。生活費・住宅費は現金給付で、医療・介護はサービス給付とし

てみなされている。

　所管庁は連帯・社会団結省である。給付の実施機関は、全体の管理が県で、支払い事業が家族手当金庫および農業社会共済となっている。財源は県が負担する。社会扶助の基準は全国統一的なもので、政府が基準を改定し、地域差はない。所得調査があるが、資産調査はない。

　就労については、就労支援の実施機関が県と雇用局（国の機関）となっている。県と受給者が社会参入契約を結び、就職関連の活動を義務づけている。契約内容を遵守しない場合には保護は停止される。県の意向に応じて、職業紹介を所管する雇用局や、他の社会復帰支援機関などの協力機関が支援する。

　社会復帰希望者に対する複雑な支援を一本化し、従来の扶助の対象となっていなかった低所得労働者に補足給付を支給するため、2009年に新制度に移行している。また、金銭的な援助をしながら、生活困窮者を労働市場に組み入れることが優先課題とされている。

(3) スウェーデン

　社会民主主義福祉国家の典型は北欧諸国、とりわけスウェーデンである。そこでは市民権に基づいて福祉を提供する普遍主義原則が強くみられ、市民権に基づいた社会保障プログラムが存在する。

　スウェーデンの社会扶助は、極めて分権化された形になっている。社会サービス法の下でコミューン（基礎自治体）が社会保障の最終責任を負っていることから、社会扶助はコミューンが運営している。社会扶助の対象者は18〜64歳で、スウェーデンに1年以上居住する者とされている。公共職業安定所に求職登録したうえで、就労能力のある者は求職活動が求められる。シングルマザー世帯が3分の1以上を占め、若年世代の比率が高い。平均支給期間は6.4か月である（年間）。

　所管省は社会省、給付実施機関はコミューン（市）、財源もコミューンの一般財源である。生活費、住宅費は現金給付で、医療・介護は他のサービス

で対応する。

食費、医療費相当は全国統一基準で、住宅費、電気代相当は各コミューンが設定する。給付額は申請者の資産と所得を総合的に勘案した額と、政府が定める全国基準をベースに各コミューンが決めた基準額との差額になっている。

所得調査および資産調査がある。就労については、就労支援の実施機関がコミューンになっている。

（4）ドイツ

保守主義に属するのは大陸ヨーロッパ諸国であり、代表例はドイツである。ドイツでは伝統的な職域団体による相互扶助制度が発展しており、これを基に1880年代に社会保険を導入した。したがって、社会保険は職域的に分立しており、全国民を一元的にカバーする制度とはなっていない。職域別社会保険制度は、市場における位置、職業的地位の違いを反映するという特徴を持つ。

ドイツの社会扶助は、集権と分権が混ざりあった形になっている。社会扶助の対象者は、生活に困窮する者で、年齢制限はない。親族などからの支援がなく、かつ就労が無理な生活困窮者に給付される社会扶助（社会法典第12編）がある。給付は、生活費および住宅費は現金給付で、医療・介護のサービスも提供される。

所管省は連邦労働・社会省（BMAS）で、給付の実施機関は、州、郡、市になっている。財源は、州（15.5％）および郡・市（78.5％）である（2008年実績）。高齢期および稼得能力の弱まったときの基礎保障は、2014年以降、連邦政府が100％負担し、段階的に地方自治体に対する連邦負担が引き上げられている。連邦政府が全国基準を設け、州・市が独自の基準を設定するという二重構造になっている。

所得調査および資産調査がある。就労については、就労支援は実施機関が雇用エージェンシー（旧連邦雇用庁）である。申請者は雇用エージェン

シーと統合協定を結び、職業相談、職業訓練などの就労支援サービスや現金給付を受ける[10]。

(5) アメリカ

　福祉国家の中で「脱商品化」が最も低い自由主義の典型は、アングロサクソン系諸国、とりわけアメリカである。アメリカのように、左の政治勢力が弱く市場主義的個人主義の強い国では、社会権思想が弱く、福祉国家の発展は必要最小限に止まる。唯一の全国的社会保障といえる公的年金を見ても、給付額は低く、標準的被用者の老後保障は、公的年金の他に企業年金や個人貯蓄と併せ持つことで実現する。

　アメリカの社会扶助は、ワークフェアの典型的な形になっている。日本の生活保護制度のような、中央政府による包括的な社会扶助はない。高齢者、障がい者、児童など対象者の属性に応じて各制度が分立している。主なものは、貧困家庭一時扶助（TANF）と高齢者、障がい者を対象にした現金給付である補足的保障所得（SSI）である。他には、低所得者を対象とした医療扶助であるメディケイド、補足的栄養支援、一般扶助がある。TANFは概ね18歳未満の児童や妊婦のいる貧困家庭を対象にしている。給付形態（現金給付、所得税額軽減）や給付水準は、州によって異なる。

　所管省は連邦保健福祉省で、給付実施機関は州である。財源は連邦および州の一般財源（連邦は州に補助金を交付する）で、基準設定は連邦が基本的枠組みを定め、制度の詳細は州が決定する。資産調査は州が独自基準を設定するが、オハイオ州は資産制限を設けていない。連邦政府は州政府に権限を移譲しており、州の自由度を認めていることから、給付額にはかなり差異がある。

　就労支援は実施機関が連邦および州である。TANF自体が就労促進目的を有しており、給付開始から2年以内の就労義務、60か月の受給制限、受給者の就職関連活動の義務がある。

むすび

　人々は特定の社会階層に帰属して社会生活を営んでいる。その階層が貧困層であれば、その周辺の社会階層の人々と交流し、貧困状態も再生産される傾向が生まれてくる。いわば貧困は生活の連続の中に存在するものである。

　現代の貧困の様相として特徴的なものは、失業や不安定就労と社会保障制度の不備がある。自助努力では解決できない生活困難の問題とこの状況に合致しない社会保障制度のあり方が、貧困をより深刻化させている。

　また、加齢に伴い就労の機会は減少する。就労が困難となれば、収入源は公的年金に頼るほかなく、低年金の高齢者は貧困のリスクにさらされる。公的年金制度は長期の拠出期間を満たさなければならず、雇用の安定なしには成り立たない。

　日本では、憲法第25条で、「健康で文化的な最低限度の生活を営む権利」を国民に保障している。しかし、社会保障制度としての生存権は十分には実現されていない。人々のなかには、貧困問題を個人の問題として捉える傾向がある。社会の共通の利益として、貧困なき社会が本当は暮らしやすい社会であるとの認識を広めていく必要がある。

注

1　貧困の定義については、Davis, E. P. and Miguel Sanchez-Martinez, M.（2015）を参照している。
2　等価可処分所得の考え方は、厚生労働省のホームページで記載がある。厚生労働省「国民生活基礎調査（貧困率）よくあるご質問」。
　http://www.mhlw.go.jp/toukei/list/dl/20-21a-01.pdf
3　貧困の動態的なサイクルについては、ジョセフ・ラウントリー財団クリス・ゴールデン研究員の講演「英国の貧困」の資料から引用した（2017年10月13日開催於関西学院大学）。
4　Peter Townsend, Poverty in the United Kingdom Penguin Book（1979），413.
5　高山武志（1981）「教育と貧困」江口英一編著『社会福祉と貧困』法律文化社 115-117.

6 日本の文献では、アマルティア・セン（鈴村興太郎訳）(1988)『福祉の経済学　財と潜在能力』岩波書店でケイパビリティの説明がある。
7 「18〜64歳」「65歳以上」の数値は、「国民生活基礎調査」から厚生労働省政策統括官付政策評価官室が作成したもの。国民生活基礎調査に関する1994年の数値は兵庫県を除いたもので、国民生活基礎調査に関する2015年の数値は熊本県を除いたものである。貧困率はOECDの作成基準に基づいて算出したもので、等価可処分所得金額不詳の世帯員は除いている。出典は『平成29年版厚生労働白書』。
8 Social Safety Nets in OECD Countries（2006）を参照している。
9 クリス・グールデン研究員の講演「英国の貧困」の資料からの引用したもの。
10 ドイツの記述では、布川を参照している。山田篤裕・布川日佐史・『貧困研究』編集委員会編（2014）。

参考文献

Alesina, A. and Glaeser, E.（2004）*Fighting Poverty in the US and Europe：A World of Difference*, Oxford：Oxford University Press
Fighting Poverty in the U.S. and Europe：A World of Difference
　　　http://siteresources.worldbank.org/SAFETYNETSANDTRANSFERS/Resources/281945-1123255153992/1525234-1123255179743/Glaeser_FightPovUS.pdf
Child Poverty Action Group, What is poverty？（website）
　　　http://www.cpag.org.uk/content/what-is-poverty
Coudouel. A. Hentschel. J. S. and Wodon, Q. T.（2002）'Poverty Measurement and Analysis', Poverty Reduction Strategy Papers Sourcebook, Washington D. C., World Bank
　　　https://siteresources.worldbank.org/INTPRS1/Resources/383606-1205334112622/5467_chap1.pdf
Davis, E. P. and Miguel Sanchez-Martinez, M.（2015）Economic Theories of Poverty, the Joseph Rountree Foundation
　　　https://www.jrf.org.uk/report/economic-theories-poverty
Esping-Andersen, G.（1990）The Three Worlds Of Welfare Capitalism Polity Press
　　　https://lanekenworthy.files.wordpress.com/2017/03/reading-espingandersen1990pp9to78.pdf
OECD（2016）Income Inequality Remains High in the Face of Weak Recovery
　　　https://www.oecd.org/social/OECD2016-Income-Inequality-Update.pdf
Sen, A.（1983）Poor, Relatively Speaking Oxford Economic Papers 35 153-169
　　　https://milescorak.files.wordpress.com/2012/05/poor-relatively-speaking-sen.pdf
World Bank（2006）Social Safety Nets Primer Notes Social Safety Nets in OECD Countries
　　　http://siteresources.worldbank.org/SAFETYNETSANDTRANSFERS/Resources/281945-1124119303499/SSNPrimerNote25.pdf

Townsend, P.（1979）*Poverty in the United Kingdom*, London, Allen Lane and Penguin Books
UNDP（1995）HumanDevelopmentReport 1995, Oxford UniversityPress
　　http://hdr.undp.org/sites/default/files/reports/256/hdr_1995_en_complete_nostats.pdf
厚生労働省（2017）『平成 29 年版厚生労働白書』
厚生労働省（2017）「生活保護制度の現状について」社会保障審議会生活困窮者自立支援及び生活保護部会（第 1 回）平成 29 年 5 月 11 日、資料 4
　　http://www.mhlw.go.jp/file/05-Shingikai-12601000-Seisakutoukatsukan-Sanjikanshitsu_Shakaihoshoutantou/0000164401.pdf
厚生労働省（2018）「非正規雇用の現状と課題」
　　http://www.mhlw.go.jp/file/06-Seisakujouhou-11650000-Shokugyouanteikyokuhakenyukiroudoutaisakubu/0000120286.pdf
厚生労働省「国民生活基礎調査（貧困率）よくあるご質問」
　　http://www.mhlw.go.jp/toukei/list/dl/20-21a-01.pdf
アマルティア・セン（鈴村興太郎訳）（1988）『福祉の経済学　財と潜在能力』岩波書店
山田篤裕・布川日佐史・『貧困研究』編集委員会編（2014）『最低生活保障と社会扶助基準　先進 8 ヶ国における決定方式と参照基準』明石書店
ロールズ、ジョン（2010）『正義論（改訂版）』川本隆史、福間総、神島裕子訳、紀伊國屋書店

第2章

社会扶助と就労の接合

山本　隆
（関西学院大学教授）

1　ワークフェアとアクティベーション

　福祉と就労との接合には、生活保護などの受給者に対して、一定の就労を義務づけ、精神的自立を促し、就労能力の基礎となる技術・技能を身に着けさせようとする理念が込められている。

　一般に福祉国家プログラムは、「受動型（パッシブ）」プログラムと「積極型（アクティブ）」プログラムがある。失業給付や社会扶助の給付は受動的プログラムであるのに対し、職業訓練や雇用サービスは積極的な労働市場政策である。

　福祉と就労との接合という観点でみると、ワークフェアまたはアクティベーション（積極的労働政策）という積極型の事業が実施されている。ワークフェアとは就労（ワーク）と福祉（ウェルフェア）の合成語で、職業訓練を前提とした社会扶助の給付システムである。社会扶助の受給者は職業訓練の受講や求職活動を証明できなければ、給付は打ち切られる。つまりワークフェアは、対象者に対して懲罰的な色彩を持つ。

　一方、アクティベーションは単に職業紹介サービスを提供するだけでなく、対象者の"雇用される能力（エンプロイアビリティ）"を高めることで、就労や社会参加の促進を図ることを目的としている。アクティベーション

は職業訓練に重点を置きつつも、給付と就労とのリンクをワークフェア施策ほど厳格に求めるものではない。アクティベーションは対象者に福祉から就労へと導くプロセスを重視する。1990年から2009年の期間において、アクティベーション政策をとる国が増えたが、アクティベーション政策に対する支出の増加は、受動型プログラムの予算を圧迫しているといわれている。[1]

2　日本

　日本の生活保護における就労支援の取り組みをみておきたい。厚生労働省は都道府県、指定都市、中核市に対して、「就労および就職状況把握通知」（2002年）を発して、生活保護の実施機関に対して、就労可能な被保護者の稼働能力の活用状況を把握するために、就労・求職状況管理台帳を整備することを求めている。続いて、「自立支援プログラム基本方針」（2005年）を出して、福祉事務所が被保護世帯の自立を組織的に支援するための個別の自立支援プログラムを策定・実施し、これによる自立支援に積極的に取り組むことを求めている。

(1)生活保護受給者等の就労支援事業(ハローワークとの連携事業)

　生活保護受給者等の就労支援事業は、福祉事務所（地方の機関）とハローワーク（公共職業安定所・国の機関）が連携してチームを組み、就労支援プランを策定し、各種の就労支援メニューを実施する事業である（表1）。福祉事務所における就労支援員を活用した就労支援プログラムでは、福祉事務所に配置された就労支援員が、ハローワークへの同行訪問、履歴書の書き方や面接の練習などを行い、就労を支援している。
　ハローワークについて説明しておくと、それは地域の総合的雇用サービス機関として、雇用のセーフティネットとして中核的な役割を果たしてい

る。その機能は幾つかの業務からなり、①仕事を探している人（求職者）と人材を探す会社（求人者）を結びつける職業相談・職業紹介業務を行う。②労働者が失業した場合の失業等給付を支給する雇用保険業務を行う。③障がい者・高齢者などの就職促進（雇用対策業務）などの業務を一体的に実施している。

表1　生活保護受給者に対する就労支援

	対象者	事業内容	費用
①生活保護受給者等就労支援事業（ハローワークとの連携事業）	就労能力を持ち、就労意欲が高く、就労阻害要因がなく、早期に適切な就労支援を行うことにより、自立の可能性が見込める者	福祉事務所とハローワークが連携してチームを組み、就労支援プランを策定し、各種の就労支援メニューを実施する事業で、全国で実施されている	各種支援を実施するためのハローワークの予算
②福祉事務所における就労支援員を活用した就労支援プログラム	就労能力・就労意欲はある程度あるが、就労するにあたってサポートが必要な者	福祉事務所に配置された就労支援員が、ハローワークへの同行訪問、履歴書の書き方や面接の練習などを行い、就労を支援する事業	就労支援員の配置に要する費用は、全額国庫補助
③福祉事務所における②以外の就労支援プログラム	生活保護受給者等就労支援事業を活用できない者または就労支援員を配置していない福祉事務所の被保護者など	福祉事務所が組織的に就労指導を行うためにプログラムを組み、就労支援に関する様々な支援を実施する	事業実施のために専門職員等を雇う場合の費用は、全額国庫補助

出典：厚生労働省「生活保護受給者に対する就労支援」
　　　http://www.mhlw.go.jp/stf/houdou/2r9852000000689k-img/2r985200000068d1.pdf

(2) 国と地方の機関の接合

ハローワークとの連携による生活保護受給者等就労支援事業は次のようなフローで展開されている。

①福祉事務所からは、社会生活自立に関するプログラム（ボランティア活動等）を実施する。

②福祉事務所とハローワークをつなぐ合同編成としての就労支援チームは、就労支援チームによる面接と就労支援プランの策定を行う。

③ハローワークからは、採用条件に係る求人者指導を念頭に置いて、就労支援ナビゲーターが、就職活動の条件整備および就労支援メニューを促進する。

参考　厚生労働省による就労可能な被保護者に対する就労支援事業

【支援事業】
福祉事務所とハローワーク（公共職業安定所）が連携して就労支援プランを策定し、各種就労支援メニューを実施する。
【就労支援員等を活用した就労支援プログラム（支援員活用プログラム）】(図1)
・福祉事務所に配置された就労支援員（専門職員）が、ハローワークへの同行訪問、履歴書の書き方などの指導を行い、就労を支援する。
・就労に関する相談・助言や履歴書の書き方、求職活動の同行などを実施する就労支援を進める。
・稼働能力の検討、就労支援プログラムの選定などに当たり、複数の専門的知識を有する者で構成する稼働能力判定会議を開催する。
・保護の受給者の就労支援に関する課題を共有し、求人開拓を円滑に実施できるように、関係機関や企業が参画する就労支援の連携体制の構築を行う。

資料：前掲　厚生労働省「生活保護受給者に対する就労支援」

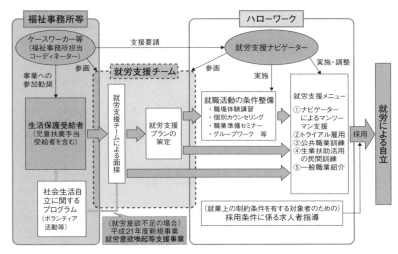

図1 就労支援員による就労支援の概要
出典：厚生労働省「生活保護受給者に対する就労支援」

(3) 就労支援事業による保護廃止への効果

　総務省(2014)は、2008〜2012年で、廃止理由別の保護廃止世帯数を明らかにしている。調査対象となった102の福祉事務所のうち、84の福祉事務所の推移が示されており、「働きによる収入の増加・取得」による保護廃止世帯数の保護廃止世帯総数に占める割合は、2008年9.5％から2012年14.2％へと増加している（表2）。

(4) 就労支援事業の達成率

　同事業の達成率はどのような結果になっているのだろうか。総務省調査によれば、2012年に支援事業または支援員活用プログラムを実施した101の福祉事務所における達成率は、支援事業の実施率が86の福祉事務所の平均で48.9％、支援員活用プログラムが82の福祉事務所の平均で40.5％で

表2 廃止理由別保護廃止世帯数の年次推移（2008～2012年）

単位：世帯、％

年度		平成20年	平成21年	平成22年	平成23年	平成24年
廃止世帯数		22,444 100.0%	26,281 100.0%	27,775 100.0%	29,561 100.0%	29,390 100.0%
廃止理由の内訳	傷病治癒	2,295 10.2%	424 1.6%	310 1.1%	229 0.8%	165 0.6%
	死亡	6,728 30.0%	7,306 27.8%	8,120 29.2%	8,394 28.4%	8,499 28.9%
	失踪	2,194 9.8%	2,703 10.3%	3,010 10.8%	2,895 9.8%	2,729 9.3%
	働きによる収入の増加・取得	2,140 9.5%	2,495 9.5%	3,019 10.9%	3,792 12.8%	4,167 14.2%
	働き手の転入	192 0.9%	146 0.6%	162 0.6%	152 0.5%	166 0.6%
	社会保障給付金の増加	934 4.2%	1,406 5.3%	1,403 5.1%	1,262 4.3%	986 3.4%
	仕送りの増加	131 0.6%	126 0.5%	151 0.5%	153 0.5%	173 0.6%
	親類縁者等の引取り	607 2.7%	630 2.4%	717 2.6%	735 2.5%	859 2.9%
	施設入所	347 1.5%	376 1.4%	429 1.5%	426 1.4%	392 1.3%
	医療費の他法負担	92 0.4%	92 0.4%	112 0.4%	129 0.4%	102 0.3%
	ケース移管	2,908 13.0%	3,767 14.3%	4,004 14.4%	4,350 14.7%	4,092 13.9%
	その他	3,876 17.3%	6,810 25.9%	6,338 22.8%	7,044 23.8%	7,060 24.0%

出典：総務省（2014）p.112

あった。実施率は事務所によって様々に異なり、複数年度にわたり低調のものがある。今後、十分な事業の見直しが必要な状況となっている。

(5) 福祉事務所とハローワークとの連携状況

102の福祉事務所の支援事業におけるハローワークとの連携状況をみると、「支援事業の対象者の捉え方が異なる」「地域協議会が開催されていない」など、両者の連携が不十分なことが原因となって、支援事業の実施が困

難となっているものが6事例あった。

(6) 就労支援事業に関する現業員の意識

同事業に携わる現業員の意識について、102の福祉事務所の現業員に対して実施した意識調査の結果では、「現在実施されている被保護世帯の経済的な自立を目指す支援事業を始めとした各種事業・取り組みは、十分な効果を上げていると思いますか」という問いに対して、「そうだと思う」と回答した者は45.0％、「そうだとは思わない」と回答した者は52.7％であった。就労支援事業に関する現業員の意識は二分されている。

また、「そうだとは思わない」と回答した現業員で、効果が上がっていると思わない部分に関する意見は、①就労意欲が低い者への就労支援に関するもの、②ハローワークなどの関係機関等との連携に関するもの、③生活保護の制度・仕組み・手続きに関するものとなっており、この中には、評価の指標として、就労者数が妥当か疑問であり、そこを検討しないと就労支援の効果があるかどうかは分からないとする意見もあった。

(7) 厚生労働省の見解

厚生労働省は、就労支援事業の現状をどのように捉えているのだろうか。同省は、就労支援事業の見直しとその改善を図る観点から、次の措置を講ずる必要があるとしている。

【主要な就労支援事業】
　国、福祉事務所における適切な効果の検証や的確な見直しが可能となるように、事業効果を検証するための指標の内容、検証結果に基づく見直しの手順・方法等について、その目安を保護の実施機関に示すこと。

【支援事業の実績が低調な福祉事務所】
　ハローワークと十分な連携が図られていない場合、都道府県労働局とハローワークの管轄区域内にある福祉事務所を管理する保護の実施機関

に対して、地域協議会の活用等により、公共職業安定所と福祉事務所との間の日常的な連携の確保に向けた取り組みが行われるように指導すること。
(総務省行政評価局 (2014)「生活保護に関する実態調査結果報告書」)

このように、国としても、ワークフェアの効果をあげたい意向がにじみ出ている。次に、大阪市のワークフェアの取り組みを紹介して、その実態をみてみたい。

[事例] 大阪市の生活保護受給者等への就労支援

大阪市の生活保護率は、2016年現在、5.4％と全国で最も高い。生活保護受給者の数は14万6,000人で、約11万6,500世帯にのぼる。同市では、2008年のリーマンショックを契機に生活保護受給世帯が急増した。特に稼働年齢層（16～65歳）の失業が生活保護に直結し、受給者が急増してきた。

稼働年齢層には、最後の社会的セーフティネットである生活保護制度ではなく、その前の段階の雇用・労働施策で支える方針を立てている。稼働年齢層の生活保護受給者が早期に自立できるように、「総合就職サポート事業」を実施しており、大阪市版ワークフェアの実践がみられる。

同事業は、きめ細やかで総合的な就職支援を行うため、民間事業者のノウハウを最大限に活用している。職場定着まで一貫して支援する内容で、2011年から全区で実施している。事業費の4分の3は、国からの国庫負担金で賄われている。

事業の対象者は、同市の生活保護を受給中で、働く能力を持ち、保健福祉センターが事業の対象者として適当であると認めた者、さらには生活保護を申請中で、働く能力を持ち、保健福祉センターが対象者として適当であると認めた者、自立相談支援機関によるアセスメントを経て、対象者として適当であると認められた者、住居確保給付金受給者である。

同事業の特徴は、図2が示す通りであり、以下が主な項目になっている。

①ハローワークの管轄を基本にして、24区を7支援地域（ハローワーク

の管轄）に分け、地域ごとに生活保護受給者等に対する就労支援を民間事業者に委託している。
②支援地域ごとに支援事業者を一本化することにより、区保健福祉センターとの連携強化を図り、事業者が持つ専門性、ノウハウを活用した就労支援を実施している。
③生活保護を受給中の者だけでなく、生活保護申請中の者に対する早期の就労支援を強化している。
④ビジネススキル向上に向けたグループワークの開催、ハローワークへの同行などの求職活動支援、求人案件の開拓、職場定着支援などの総合的な就労支援を実施している。

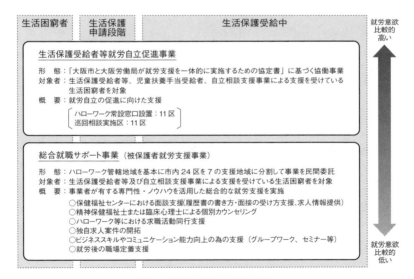

図2　大阪市就労支援全体像
http://www.city.osaka.lg.jp/fukushi/cmsfiles/contents/0000144/144804/shuurousien.pdf

大阪市の就労支援は民間委託を軸に展開している。同市は、民間業者を選定する際に公募を基本としており、企画提案後に選考するという方法を

採っている。7区域を2社の事業者が担当し、行政と民間とのネットワークを重視している。行政と民間企業との契約期間は2年間である。

　民間企業をパートナーとする強みとして、受託企業への見学や職業体験を実施しており、対人関係のスキルなどの研修を行っている。給与はなく、ボランティアとしての参加である。生活保護の受給期間中は支援が継続されるが、求職活動をやめた場合、生活保護が打ち切られる。「働くための福祉」の発動である。

　「定着支援」においては対象者の悩みを聞き、人間関係の調整をしている。一部には「生活保護を受けている方が楽だ」という声があるため、いかに受講者の就労意欲を引き出していくかが課題になっている。職種は主に介護や清掃が多く、クリーニングやタクシードライバーの仕事もある。

　同市は、就労支援の成果について、給付や扶助費などの動向、公費の節減で判断され、事業費（5億5,000万円）を上回る財政効果が確認できたとしている[2]。

3　英国

(1) 福祉をめぐる中央と地方の政府の役割の変化

　基礎的な受給資格について、所得移転（income transfer）は包括的で全国で統一された制度となっている。それは一般租税と国民からの保険料（雇用者と労働者の拠出）を通じて財源が調達され、またある場合には資産テストを行うことがある。

　福祉給付や雇用サービスは集権化された制度となっており、労働年金省（Department of Work and Pension, DWP）が全般的な責任を負っている。若者や成人に向けた雇用法と職業技能はビジネス・イノベーション技能省（BIS）が所管している。

　映画「私は、ダニエル・ブレイク」で知られるようになったジョブセンター・プラス（Jobcentre Plus, 公共職業紹介所）は、失業給付と求人情報を

管理する重要な機関で、700 ものジョブセンターのネットワークを運営している。政府は、民間の営利および非営利部門に雇用サービスを外部委託しており、公共機関と民間事業者が幅広いネットワークの下で雇用プログラムを実施している。

　ジョブセンター自体は 1910 年に設立された職業紹介所（Labour Exchange）で、2001 ～ 2004 年に、福祉給付を扱う事務所とジョブセンターがジョブセンター・プラスとして統合され、就労と福祉に関するオンラインを備えた「デジタルジョブセンター」として知られている。ジョブセンター・プラスの活動は多岐にわたり、電話による対応、対面式の相談、給付の情報、福祉給付の申請受付、給付の調査、E チャンネル、相談サービス、就労に特化したサポート、求人検索、求人募集、雇用主ディレクト、CV 銀行など様々なサービスを提供している。

　ジョブセンター・プラスは戦略的パートナーシップを構築しており、雇用者と地元住民、特に若者や社会的に恵まれない人たちに向けて、雇用と技能訓練に関する仲介を行い、地域の労働条項（labour clauses）にも配慮している。

(2)「働くための福祉」におけるガバナンス

　英国では、失業者やその他の稼働年齢の人たちが必要な準備と就職活動を行うために国家の給付を申請するが、その際に福祉と就労の要素が組み合わされる。いわゆるワークフェアであり、「働くための福祉」と呼ばれている。その特徴は、国が給付や給付付き税額控除（Tax Credit）を管理／削減しようとする一方で、就労重視型の給付や雇用サービスシステムを浸透させている点である。

　福祉改革の背景には、緊縮財政とそれに伴う赤字削減プログラムがある。つまり、現金給付と福祉プログラムに対して、大規模な削減計画が断行されている。改革プログラムとして、アクティベーションとユニバーサル・クレジット（単一の稼働年齢の給付）が実施の段階に入っている。

　長期失業者と障がい者の給付プログラムは、出来高払い（payment by

result, PbR）を採用している。また中央政府のコントロールから、地方自治体や現場のマネジャーへの権限移譲などを目指す戦略とローカリゼーション（地方化）が進んでいる。

現場を担当する地方自治体は、雇用の拡大と住民へのサポートといった課題に向きあっており、その役割は広がっている。都市、社会住宅、沿岸のまち、工業／鉱業地域などの貧困地域を抱えるところで、貧困対策と就労促進を念頭に置いて、重点的に開発を手がけている。

「働くための福祉」は、高度に集権化された国家プログラムである。ただし最近では、地方の意見をとり入れる試みがあり、地域のステークホルダー（利害関係者）との協働関係を奨励する動きがある。

(3) 経済成長と貧困対策との関係

「働くための福祉」政策は、貧困地域における貧しい住民の雇用や、所得に繋がる経済活動を増加へと転換する重要な役割を演じている。

2010年以降、地域経済の再活性化に向けて、「都市協定（City Deal）」「成長協定（Growth Deal）」「権限移譲協定（Devolution Deal）」が交わされている。

「都市協定」は、都市の経済成長促進を狙いとする都市と政府の合意で、その内容は、政府から都市への権限と資金の移譲を梃子として、都市の経済成長の支援を目的とする取り決めである。「都市協定」の締結主体は、「地域企業パートナーシップ（Local Enterprise Partnership, LEPs）」である場合が多い。

地域企業パートナーシップは、地域の経済開発の促進を目的とした地方自治体と民間企業のパートナーシップで、政府と協働して行う交通網等のインフラ整備や就業支援、高成長産業の育成支援などが主な業務として想定されており、地方主導で発案するとされている。

国が地域企業パートナーシップの承認条件としているのは、「産業界からの支援」「経済圏からみて自然な地理的条件」「地方自治体からの支援」「付加価値と熱意」の4つの要件で、構成メンバーのうち少なくとも50％以上は

企業が占めることと、代表者が企業出身者とすることが必須条件となっている。いずれも「技能と雇用」を通じた権限移譲が、地域経済の成長に焦点を当てた要素の1つになっている。

「働くための福祉」をめぐっては、雇用と福祉サービスを充実させるために、権限移譲を進め、より分権化されたシステムを模索している。こうした動向はサービス提供に対して重要な課題を提起しており、協力と緊張が生じている[3]。

4 アメリカおよびドイツにおける社会扶助と就労との接合
―――比較検証として

(1) 社会扶助と就労の接合と分権化

ワークフェアに伴う権限移譲は国際的な傾向であり、相互に他の国の制度を参考にしている。一般的に参照されるのは、アメリカ、ドイツである。権限移譲の形式は、国情によって異なる。

それは国情に左右され、その国の伝統や社会経済状況に応じて実施されている。また、中央・地方の財政関係と業績評価を反映した政府間の協定が結ばれている。国際的な比較をする際に重要な点は、行財政の地方分権（decentralisation）の態様である。国は地方の機関に対して国の目標を達成するように求めるが、同時に、地方の運営に一定の自由度を与えようとする。

経済的分権化（economic decentralisation）は、国や地方の機関が民間の営利や非営利の機関と委託契約を交わし、事業の外部化を進める。これに対し、政治的分権化（political decentralisation）は、財政当局が地方政府（広域自治体や基礎自治体）に事業を委託し、事業の設計、実施の両面で中心的な役割を果たす。これらの分権化の過程において、地方の優先事項は中央政府の目標に従属するため、地方の柔軟性をめぐって地方の利害関係者から反発が生じることがある。

ワークフェアの権限移譲のタイプには、まず連邦制（federalism）に基づ

く権限移譲がある。カナダ、アメリカなどは、連邦政府が州政府に権限を移譲し、運営を任せている。

次に、基礎自治体・狭域化（municipalisation）に基づく権限移譲がある。ドイツやオランダでは、雇用サービスが基礎自治体にまで権限移譲されている。デンマークでは、すべての求職者を対象にして完全に権限移譲されている。

最後に、広域自治体・広域主義（regionalism）に基づく権限移譲がある。ベルギー、イタリア、スペインでは、雇用サービスの権限移譲が広域レベルにとどまり、広い自治体圏域で実施されている。

このように権限移譲は、サービス提供や財源規模に応じて、国ごとに権限移譲の差異がみられる。移譲の対象となる事務に着目すると、①資産テストを伴った社会扶助給付、②公共雇用サービスの機能、③広域政府および地方政府の役割、④雇用主の役割（コーポラティスト、雇用主の理事会）、⑤業績連動型の協定および中央・地方の費用分担がアジェンダとなる[4]。

(2) アメリカ

アメリカで社会扶助と呼ばれるのはTANF（「貧困家庭一時扶助」、the Temporary Assistance for Needy Families）である。この制度は1996年の福祉改正法によって策定され、1997年から施行されている。まさに「福祉から就労へ」というワークフェアを具体化したもので、救済的な制度から、就労と自立を要件とした受給時限つきの制度になっている。

連邦政府は、ガイドラインで州政府をコントロールすることが可能で、連邦政府は労働参入率などの数値目標を設定して、成果次第で補助金の増減をするというインセンティブを設けている。

ただし、TANFは目的別補助金で運営され、ブロック補助金（包括補助金）であることから、実際の運営では州政府は一定の裁量を認められている。制度の目的に合致する内容であれば、受給資格・給付内容などは州に任されている。

通常は、TANFの給付は生涯で累積60か月、継続で24か月に限定されている。ただし、現金給付が切れる受給者には、社会サービス一括補助金、州独自の財政負担によるサービス、またはバウチャーを給付することができる。生涯上限5年に関する例外が認められるのは、世帯員の一人が虐待を受けた被害者である場合、または各州が独自に定める基準を満たす場合である。身体および知的障がい者、障がい者のケアをする者、家庭内暴力の被害者などは多くの州で例外と認められている。

このようにTANFには「適用除外（waivers）」があり、自由度が認められている。また、州／地方自治体の雇用者主導の「マンパワー投資委員会」への権限移譲が認められている。さらに、求職者と雇用主のための「ワンストップセンター（Jobcentres）」が設置されており、多数のプログラムの調整が義務づけられている。地方政府の雇用サービス提供における柔軟性を評価すれば、アメリカは「中／高」のレベルにある。[5]

［事例］ハワイ州の社会扶助における政府間関係

ハワイ州は、2015年に、TANFのプログラムにおいて、連邦および州の財源で約2億8,800万ドルを支出している。この資金の70％は、基本扶助、就労活動とそのサポート、保育を含む福祉改革の主要な活動に支出された。

福祉改革の影響の一つであるが、ハワイ州で要扶養児童を抱える貧困家庭について、100を指数として、TANFの現金援助を受けたのは、2001年で111であったのに対し、2015年には40へと大幅に減少している。2001〜2015年の間で、貧困線の50％未満の要扶養児童を抱える貧困家庭の数は大幅に増加している。ハワイ州は、社会扶助の支出を大幅に削減したことになる。

連邦政府のTANFのブロック補助金は、創設以来凍結されており、インフレーションにより1997年から2015年の間に約3分の1の価値を失ってきた（表3）。ブロック補助金の残額は次の年度に引き継ぐことができるため、州は連邦ブロック補助金を配分額よりも多く、または少なく支出することがある。2015年では、ハワイ州は連邦政府のTANF資金で8,100万ドルを

支出している。

　毎年度、各州政府は、州の財源から、要扶養児童を抱える貧困家庭の支出の少なくとも80％を支出しなければならない。ただし場合によっては、環境省の要件として、75％まで削減することができる。2015年には、ハワイ州は環境省の支出として2億800万ドルを請求している。[6]

表3　ハワイ州におけるTANFの配分額とMoEの義務的経費（年間）

TANFのブロック補助金の額	9,900万ドル
80％規定の環境省の義務的経費	7,600万ドル
75％規定の環境省の義務的経費	7,100万ドル

資料：U.S. Department of Health and Human Services and the Center for Law and Social Policy DataFinder and TANF Spending Analysis
出典：Hawaii TANF Spending
※注：MoE（事業継続の努力評価、Maintenance of Effort）

コラム　アメリカにおける福祉の中央地方関係

　アメリカでは、分権主義、州権主義または生活の個人責任主義という伝統的理念により、これらの問題にあたる行政責任を州政府以下の自治体または民間に任せてきた。しかし、20世紀初頭には、連邦政府も態度を転換せざるを得ない状況となり、1933年に就任したフランクリン・D・ローズヴェルト大統領は、ニューディール政策を打ち出し、その柱の1つとして社会保障法を制定した。1935年に成立した同法により、連邦直営の老齢年金、州営の失業保険への連邦助成、州営の公的扶助すなわち老人扶助、盲人扶助、母子扶助、さらに社会福祉サービス等への連邦助成が行われることとなった。アメリカでは、州が政策提案を行うが、それを受けて連邦政府が法制化するという中央地方関係が成立している。

資料：アメリカ　自治体国際化協会　州政府の公的扶助
http://www.clair.or.jp/j/forum/forum/articles/jimusyo/084NY/INDEX.HTM

(3) ドイツ

 ドイツは連邦制を採っており、貧困対策では連邦政府、地方自治体の役割分担となっている。連邦政府は所得政策、労働市場政策を担当し、地方自治体は社会扶助の給付を担当している。
 政府間の分担体制とはいっても、連邦政府の制度で失業や貧困などの社会問題の発生を防げない場合、地方自治体が貧困対策を講じることになる。1990年代後半までは、連邦労働行政機関と地方自治体の関係は、雇用創出や就労促進において、負担の押しつけあいになっていた。
 労働行政による失業手当給付日数の短縮や、失業手当・失業扶助給付の代替率の引き下げは、社会扶助給付者の増加という形で、地方自治体にしわ寄せされていた。
 それに対抗する形で、地方自治体は就労扶助を活用し、稼働能力のある要扶助者の負担を連邦労働行政に押し返していた。
 1990年代末から、転機が訪れた。連邦政府と地方自治体の負担の押しつけあいは、協同へと変化していった。2010年に憲法が改正され、求職者基礎保障（Grundsicherung für Arbeitsuchende）の実施に当たっては、連邦政府、州、自治体が共同の組織において協力することが憲法で位置づけられた（表4）。
 求職者基礎保障は「一つの手からの援助」を目指した労働市場政策としての最低生活保障制度で、失業扶助は廃止されて、社会扶助から就労可能な人とその家族を一手に引き受けている。同保障制度は、基本的には国の労働市場政策の手段と位置づけられ、現金給付と就労支援の基本部分は、国（連邦雇用エージェンシー）が担っている。ただし、世帯単位に最低生活を保障する制度で、自治体が住居費や福祉サービスを提供する。その意味で、最低生活保障と就労支援を地域ごとの特性に応じて実施できるかは、地方自治体の能力にかかっている。
 国と地方の協同型の公共雇用サービスは、連邦機関の下にあるものの、協力的なパートナーシップを形成している。地方予算には柔軟性が認めら

れており、事業の組み合わせは基礎自治体で決定できる。資金の10％は革新的なプログラムに充当できるのもその例である。雇用対策では地方政府に一定の柔軟性が認められているものの、最終的には国の公共雇用サービスに従うことになっている。地方政府の柔軟性に関する評価は、「低い」レベルである。[7]

表4 アメリカとドイツの分権化の比較

	アメリカ	ドイツ
分権化のタイプ	□広域政府中心（連邦制：50州） □連邦政府―州―基礎自治体のパートナーシップ	□法定型 □約430の協同型の公共雇用サービス―基礎自治体または基礎所得の受給者を対象にした完全に移譲された保険型基礎所得のエージェンシー □保険適用の失業者に向けた国の公共雇用サービス
分権化された事務	□すべての失業者および「一時援助」受給者のための雇用サービスと給付	□長期失業者に向けた雇用サービスと給付
分権化の根拠	□連邦主義 □柔軟かつ地域的な実施システム。マルチレベルのガバナンスにおける地域での協力／ワンストップショップの円滑化	□社会扶助の受給者のアクティベーション；雇用サービスの統合
広域自治体または基礎自治体の雇用サービス提供における柔軟性	□中／高のレベル □プログラムの設計と実施の際の柔軟性と雇用サービスに向けて資金配分 □国の適格基準、成果、報告、管理上の要件 □保険対象または失業者のマンパワー投資法と比較した、貧困家庭のための一時扶助（社会扶助）の下での柔軟性の強化	□低いレベル □（協同機関）公共雇用サービスは、高度に集権化した国の機関で、強力なパートナー □地方予算には柔軟性があり、プログラムの組み合わせは基礎自治体で決定される □資金の10％は、革新的なプログラムに使用することが可能 □作業組織の柔軟性はあるが、公共雇用サービスに従う

出典：Finn, D.（2015）p.49

むすび

権限移譲された事務の整理

様々な国で多様な権限移譲が行われている。権限移譲の項目をもう一度まとめてみると、以下のように列挙できる。

①地域の実情にみあったサービスを設計し、国の事業、規則、目標を地域のニーズに適合させる能力

②サービス提供、人材の確保、管理運営を扱う組織

③受託事業者との契約の形態、その委託方式

④予算の柔軟性(例えばブロック補助金からの財源、予算からの財源調達)

⑤余剰金の保留、業績評価から生まれる報酬と罰則

⑥現金給付を設定する際の自由度(受給資格、給付額、決定方式)

就労に関する最大の問題は、雇用拡大を目的に経済発展を図ったとして、その利益をどのように貧しい人たちに分配できるかということである。地域経済の成長と貧困削減との関係はまだ明確になっていない。

鍵は、一般労働市場における雇用の有無と雇用における競争性である。成長戦略による貧困削減の成果は、賃金のレベルと労働条件にかかってくる。また職場で定着するには、スキルの獲得を目指した職業訓練の中身と職場で孤立しない寄り添い型のサポートは欠かせない。

注

1 エンプロイアビリティは、employ(雇用する)と ability(能力)を組み合わせた言葉で、個人の"雇用される能力"を意味する。厚生労働省はエンプロイアビリティについて、①職務遂行に必要となる特定の知識・技能などの顕在的なもの、②協調性、積極的等、職務遂行に当たり、各個人が保持している思考特性や行動特性にかかわるもの、③動機、人柄、性格、信念、価値観などの潜在的な個人的属性に関するものといった3つの要素を表している。

2 2017年10月12日に、大阪市福祉局生活福祉部保護課のヒアリングを行い、専門的知識を得た。

3 2016年6月11日に、ポーツマス大学ダン・フィン(Dan Finn)名誉教授による講

演会『「働くための福祉」に伴う権限移譲と「ワンストップ」サービスの実施──英国の経験と他の OECD 諸国からの教訓』を開催し、専門的知識を得た。会場は龍谷大学梅田キャンパス。
4　Finn, D.（2015）
5　Finn, D.（2015）
6　2018 年 3 月 27 日に、ハワイ州立大学ジン・グウォウ（Jing Guo）准教授を訪問し、ヒアリングを行った。アメリカの社会保障に関する専門的知識を得た。
7　Finn, D.（2015）

参考文献

Dean H.（2008）Activation Policies and the Changing Ethical Foundations of Welfare, LSE Research Online
　　http://eprints.lse.ac.uk/3784/1/activation_policies_（LSERO）.pdf
Delsen, L.（2017）Activation Reform in the European Welfare States and Lessons from Dutch Flexicurity, Institute for Management Research, Radbound University
　　https://www.google.co.jp/search？ei=uG4SW6yxAZSkmAWA-6jIDw&q=welfare+activation&oq=welfare+activa&gs_l=psy-ab.1.0.0i30k1j0i5i30k1l3j0i8i30k1l4.9830.19493.0.26770.76.24.0.3.3.0.486.3559.0j17j0j1j1.19.0....0...1c.1.64.psy-ab..61.14.2055...0j0i67k1j0i4k1j0i131k1j0i10k1j0i19k1.0.4m25ngQTyfc
Finn, D.（2015）Welfare to Work Devolution in England, Joseph Rountree Foundation.
Handler, J.F.（2002）Social Citizenship and Workfare in the United States and Western Europe：From Status to Contract, Draft Paper, Basic Income European Network, 9th International Congress
　　http://www.ilo.org/public/english/protection/ses/download/docs/handler.pdf
─── （2004）*Social Citizenship and Workfare in the United States and Western Europe：The Paradox of Inclusion*, Cambridge University Press
Walker, R. and Wiseman, M.（2003）Making Welfare Work：UK activation policies under New Labour, International Social Security Review, vol.56
　　https://onlinelibrary.wiley.com/doi/pdf/10.1111/1468-246X.00147
厚生労働省「生活保護受給者に対する就労支援」
　　http://www.mhlw.go.jp/stf/houdou/2r9852000000689k-img/2r985200000068d1.pdf
『生活保護の手引き』各年版、第一法規
総務省（2014）『生活保護に関する実態調査 結果報告書』総務省行政評価局
布川日佐史（2002）『雇用政策と公的扶助の交錯』御茶の水書房
山田篤裕・布川日佐史・『貧困研究』編集委員会編（2014）『最低生活保障と社会扶助基準　先進 8 ヶ国における決定方式と参照目標』明石書店

第3章

英国、EUにおける貧困対策プログラム

ノーマン・ジョンソン ／ マーティン・パウエル
（ポーツマス大学名誉教授）　　（バーミンガム大学教授）

訳：山本惠子 ／ 訳：辻田奈保子
（神奈川県立保健福祉大学教授）　（元関西学院大学助手）

はじめに

　本章では、英国およびEUの貧困対策を解説する。問題点としては、加盟国数（現在は28か国）と、加盟国間の大きな相違を指摘しているが、これらは最近になって生じたものではない。国家間の相違を示す一例として、ドイツとギリシャの2か国を挙げてみよう。両国を産業発展の視点から比較すると、ドイツでは年間の成長率が1.2％であるのに対し、ギリシャはマイナスの数値になっている。また人口規模では、マルタ島は約43万人、ルクセンブルグは約56万2,000人に対し、ドイツは8,100万人以上、フランスは6,700万人で、国の間で大幅な開きがある。これらの数値が、貧困レベルや貧困対策に影響を及ぼすことは明白である。

　様々な国の状況について仔細に検討することは無理なことから、主にEUの制度、つまりEUが貧困対策プログラムをどのように考案し推進してきたのか、またプログラム施行時に、いかに助言をし、管理を行ってきたのかに焦点を当てて論じていく。EU加盟国間で比較ができ、その内容が参考になるのであれば、幾つかの事例を挙げてみたいと思う。

1　貧困の定義と測定方法

　英国とEUが行っている貧困対策を解説する前に、「貧困」とは何を意味し、どのように測定され、どれくらいの範囲と深刻さであるのかについて定義する必要がある。ピーター・タウンゼンドは、英国の貧困をまとめた大著において、以下のように論じている。「貧困は客観的に定義することが可能である。またこの用語は、相対的貧困という概念に対してのみ、一貫して利用することができる（Townsend 1979：31）」とし、以下のように説明をしている。「ある程度の食事をし、活動に参加し、ある一定の生活水準を保ち、習慣的な娯楽を享受するうえで必要な資源がない場合、その個人、世帯や集団は貧困状態にあるといえる。資源が、平均的な個人や世帯よりも著しく低い水準であれば、普通の生活様式、習慣や活動から排除された状態となる。」(Townsend 1979：31)

　この定義は、特にヨーロッパで大きな影響を与え、今日においてもEUで貧困の定義の基礎となっている。貧困と社会的排除が密接に関係していることはEUでは自明のことである。2004年の社会的包摂（ソーシャルインクルージョン）に関する合同報告書において、委員会は以下の定義を提示した。この定義には、タウンゼンドが旧版で挙げた貧困の主な特徴のうち、多数の項目が取り入れられていた。すなわち、「社会で十分な生活水準を維持できないほど収入や資源が不足している場合、貧困状態であるといえる。多くの場合、社会的に排除され、置き去りにされており、他の人々にとっては当たり前な（経済的、社会的、文化的な）活動への参加が妨げられている。」(European Commission 2004)

　この定義は2004年に設けられたものであるが、今もEUで一般的に用いられている。しかし、貧困とはどのように測定される事象なのだろうか？タウンゼンドは相対的貧困を測定するうえで、考慮すべき12の主領域を明らかにすることから始めた。これらの領域は、後に人々の生活様式に関する60の指標へと分類された。EUでは、貧困や社会的排除を測定する際に、「所得の貧困」「深刻な物資不足」「きわめて低い労働の集約度（labour intensity)」の3つの形態に分類している。

　英国並びにEUでは共通の測定基準として、中位所得の60％以下という基準を設定している。しかしタウンゼンドが主張するように、貧困の研究では、所得よりも考慮に入れなければならない項目がある。具体的には、食事、住宅の水準や住居費、燃料や電気、就労可能な状態、世帯規模や構成、衣服、他と異なる地区の住民らが生活し、就労するうえでの環境や施設といった項目も重要である。また、教育や衛生に関する様々な基準も検討すべきである。低所得者はこれらの基準から外れてしまう可能性があるのだ。

　複数の統計資料も必要である。対応すべき問題の規模や深刻さを考慮せずして、貧困対策を分析することにはほとんど意味がない。プログラムの効果や欠陥が評価できる場合にのみ、意味があるのである。

　新政策研究所（New Policy Institute）がジョセフ・ラウントリー財団（JRF）の下で実施した調査によれば、2013年から2014年に、英国で貧困状態にあった人口は1350万人だったことが明らかとなった。これは総人口の21％に相当し、2002年から2003年の数値とほとんど同じ割合である（Tinson et al 2016a）。極限状態にある人々は、貧困状態に陥ったり、そこから脱却したり、再度貧困状態に戻る可能性がある。アレン（Allen 2016）は自身の記事の中で、公共統計委員会（Public Accounts Committee）の数値を引用しつつ、その数値から、英国が他のEU国家と比べ、貧困状態にある人々や脱却した人々の異動率が比較的高いことを示している。この事実は、「短期間だけでも貧困状態に陥ったことのある人々の割合が高い」結果を示している。「2011年から2014年の間に、英国の人口の32.5％が、少なくとも1回は相対的貧困を経験している」とも述べている。

　このような不安定な生活状態の背景には、複数の原因が働いている。一点目として、家族構成の変化の可能性が挙げられる。例えば、子どもが成人になり、幸運にも就労先を見つけることができた場合がそれに該当するだろう。他の変化としては、失業やパートナーとの破局、また家族の構成員が精神的または身体的な障がいを持ったり、消耗性（debilitating）の疾患を患ったり、死亡する場合も挙げられるだろう。二点目の原因としては、必需

品の価格が変動した場合が挙げられる。住宅はその典型例だろう。多くの人々、特に低所得者層は、民間賃貸住宅の家賃の変動の影響を受けやすい。所得5分位の最下位の人々の73％は、所得の3分の1以上の家賃を払っている。このような状況下で、民間住宅の家賃の値上げは、人々を極度の困窮状態に導き、貧困者数を増加させることは明白である。貧困状態にあり、民間賃貸住宅を借りている人々は、2004年から2005年で220万人だったのに対し、2014年から2015年では450万人となり、この10年間で2倍に増加している。

ユーロスタット（Eurostat）が2016年に公表した文書によれば、貧困または社会的排除にさらされるリスクがある人々が、EU内で1万2,230人存在する。これは全人口の24.4％に相当する。予想されるように、各国の数値には、かなりの差異がある。かなり深刻度が高い国では、ルーマニアが挙げられ、貧困や社会的排除のリスクにさらされている比率が40.2％となっている。次いで、僅差でブルガリア（40.1％）、ギリシャ（36.0％）が続いている。反対に低い国は、チェコ（14.8％）、オランダ（16.5％）、スウェーデン（16.9％）とフィンランド（17.3％）である。

この文書では貧困や社会的排除の種類として、「金銭的な貧困」「深刻な物資不足」「極めて低い労働の集約度の世帯で暮らしているかどうか」という3つの項目が列挙されている。

金銭的または所得の貧困とは、主に賃金や様々な福祉給付を足した所得が不十分であることを意味する。深刻な物資不足とは、通常は購入できるはずの物資9項目のうち最低4つを買えるだけの財源がない状態を意味する。低い労働の集約度とは、世帯内の成人が能力の20％以下しか労働に活かすことができていない場合に生じる。

EU内の人口14.5％が所得の貧困による影響を受けている。これは、この貧困形態に該当する人々の可処分所得が、国内の貧困リスクの基準値以下であることを意味する。この基準値が、所得の中央値によって、かなりの差異が生じることはいうまでもない。EUでは、所得の貧困が貧困形態として最も多く、次いで低い労働の集約度（11.2％）と物資不足（9％）が続いてい

る。貧困や社会的排除のリスクを減らすために、EU加盟国が実施した取り組みの結果は様々であり、リスクを60％まで減らせた国もあれば、15％しかリスクを減らせなかった国もあった。EU全体としては、貧困のリスクの平均減少値は35％であった。

　特に貧困のリスクに脅かされている人々がいる。英国およびEUで貧困のリスクの下にある個人や世帯に顕著な特徴は、就労していないという点である。委員会作成の文書は、「調査対象の全グループのうち、貧困や社会的排除のリスクに最もさらされている失業者の割合は2014年で66.7％であった」と記載している。ヨーロッパ人の10％が誰も就労していない世帯で暮らしているのである。英国の場合、連立政権時代に発行された最も初期の報告書によれば、「英国内で失業状態の世帯で育った子どもの割合は、他のEU加盟国と比べて高かった」。また、「英国で就労しておらず、教育や職業訓練を受けていない若者の割合が、ほとんどのEU加盟国よりも高い数値となっている」ことにも言及している（Cabinet Office 2010）。

　貧困の高リスク群として、ひとり親家庭が挙げられる。ひとり親家庭は問題に対処する際、苦難を強いられる。親であることは充足感を得られる一方で、ストレスがかかることもあり、助けてくれる人が身近におらず、自分だけで物事に対処をしなければならない場合、ストレスは高まる。仕事と家庭でしなければならないことのバランスをとることは難しく、他の家族の構成員が、いつもすぐに助けてくれるとは限らない。他の貧しい人々と同じように、予期せぬ支出が発生し、負債の増加が原因で問題が生じることもあるだろう。富裕層にとっても仕事と家庭のバランスをとることが問題となるが、貧困層と比べれば、大した決断ではない。現在支援策が制度化されており、バーナードという民間団体は大規模な家族支援プログラムを実施している。他に子どもの貧困行動グループ（CPAG）のような団体も、利用者のニードにそった活動や、援助資源に関する相談事業を行っている。

　ひとり親であることが、貧困の主たる原因になる可能性は高い。これは英国に限らず、EUにおいても同様である。ユーロスタットの文書は太字

の見出しで、「ひとり親世帯は貧困や社会的排除の高リスクに直面している」と打ち出している。「2014年では、一人以上の被扶養児童を持つひとり親の48.3％が、貧困や社会的排除に陥るリスクがあった」という内容も、これを裏づけるものである。この数値は他の世帯形態の平均のほぼ2倍、またはそれ以上に相当する。英国は他の西ヨーロッパ諸国よりもひとり親の人口が多い。英国の世帯のうち18.4％がひとり親世帯である（90％以上が母子家庭）。英国の数値と近いのが、ドイツ（12.7％）、フランス（14.4％）、イタリア（15.9％）である。最も低い数値だったのはオランダ（10.6％）であった。一方、ラトビアではひとり親世帯の割合が33.4％と驚くべき数値になっている。

　英国とEUの場合、25歳以下の若者も、貧困や社会的排除の高リスク群として挙げることができる。新政策機構による調査は、英国に住む14歳から24歳の若者900万人のうち約270万人が貧困状態にあることを明らかにしている。この数値は、所得が貧困基準値よりもかなり下回る若者190万人も含めている。同報告書では、貧困基準値より若干所得が多い若者は74万人だと記している（Bom and Aldridge 2015）。ユーロスタットによれば、18歳から24歳の若者の30％以上、18歳以下の若者の27.8％が貧困、社会的排除のリスクにさらされていることが判明している。以上の内容から、若者が「新しい貧困」として対象化されていることが理解できるだろう。これとは対照的に、65歳以上で貧困や社会的排除のリスクの下にある人々の割合は、最近の統計資料によれば、英国、EUいずれにおいても減少している。

　女性は男性よりも貧困、社会的排除の状態に陥るリスクは高い。ヨーロッパ全体の性差は、1.7ポイントであるが、国の間でかなりの差異がある。この差が最も大きいのがバルト諸国、チェコ共和国とオーストリアである。興味深いのはラトビアの性差が3.8ポイントで最も大きく、おそらく膨大なひとり親世帯数と関連していることが推測される。貧困や社会的排除のリスクを負う大多数が女性ではない国は2か国のみである。それは、性差の状態が逆であるスペイン、そして男女ともに等しくリスクを負うポーランドである。同委員会によれば、EUでは、貧困下にある女性の人口

が、男性よりも1,200万人多いと記している。

　貧困対策を評価する重要な要素として、住宅が挙げられる。住宅市場は長い間、混乱状態にある。ユニゾン（公共部門の労働組合）によれば、「極めて深刻な住宅不足が生じている。国内の安価な住宅の供給危機によって、特に公営住宅や手ごろな価格の住宅（低所得者層向け住宅）の賃料や価格が高騰している」。省管轄外だが、コミュニティ地方自治省が後援している公共団体、住宅コミュニティ局を通じて、政府による住宅政策が実施されている。2017年3月29日には、新しく4名がスタッフとして任命された。住宅コミュニティ局の職務では、特に予算20億ポンドの住宅建設プログラムの促進が求められている。より多くの安価な住宅の建設が、プログラムの主な目的である。

　心身の障がいや、長期に渡る疾病も貧困の大きな原因の一つである。これらは、正規のフルタイムに就いたり、教育や職業訓練を受ける能力を阻むことになる。また家族や社会的関係にも悪影響を及ぼし、孤立状態に繋がる恐れもある（Tinson, A. et al 2016b）。障がいがあると余分にコストがかかり、貧困につながることも留意すべきだろう。

　貧困は世代間で継承されるが、特に低学歴と関連がある場合に連鎖につながりやすい。ラウントリー財団の調査は、貧困状態にある子どもの学業成績が振るわない理由を説明するうえで、両親や子どもの熱意や態度、行動が重要となる点を強調している。貧困な子どもの場合、学校に通うようになるずっと以前から、教育上の不利な状態が顕在化し始めており、3歳までには、将来の学業面の状態がほぼ予想できる。貧困状態にある子どもたちは、裕福な家庭の子どもよりも、家庭内の豊かな学習環境を経験する可能性は少ない。小学校入学後は、その差が開き、子どもが10代になってしまえば、逆転の機会は減ってしまう。

　グッドマンらは以下のように指摘している。「裕福さと不利な状態は、教育の到達度の様々な面に影響を及ぼす。この研究では、幼少期に影響を受ける『熱意、態度、行動』の3つの点に対する多数の要因に焦点を当てたい」（Goodman, A. and Gregg, P. 2010）。

本節を終えるに当たって、小括を設けておきたい。
- 都市部や郊外に住む人々よりも、田舎に住む人々の方が、貧困や社会的排除に陥るリスクが高い。しかしEU加盟国間の数値には、かなりの差異がある。
- 「短期間の貧困状態」と、現在貧困状態にあり、かつ過去3年のうち2年間は貧困状態であった「永続的な貧困状態」とを区別することが重要である。なぜなら貧困状態の期間が長いほど、悪い影響が強く、状況を変化させることがさらに難しくなるからである。
- 貧困や社会的排除に陥るリスクが高くなる行動様式がある。例えば、薬物乱用、アルコールの過剰摂取や犯罪行為が挙げられる。
- EUに居住しているが、生まれはEU加盟国外である人々が、貧困や社会的排除に陥るリスクは40.1％である。
- ロマの人々などの特定集団が、特に貧困や社会的排除にさらされやすい。3人に2人は失業しており、子どもは全体の15％しか中等学校を終了していない。

2　欧州連合の反貧困戦略

　EUでの貧困対策プログラムは、少々複雑な内容となっている。理由の一つに、加盟国の数と、国家間の大きな差異が挙げられる。また、政策決定や実施における、EUと加盟国との関係性によってより複雑になっている。協調や調整は不可欠であるものの、実現は難しい。
　それでは、政策調整の年間サイクルから検討していこう。まず委員会は11月に翌年に取り組むべき優先課題とガイドラインを提示し、2月に各EU加盟国の経済的、社会的政策の評価報告書を発表する。3月から4月までは、加盟国が国内改革プログラムや集約プログラムを提示する。5月から7月までは、各国が経済、財政政策の修正勧告を受け、その内容を8月から10月までの間に翌年の改革案や財政に反映させる。以上のプロセスは円滑

で問題がないように思えるが、若干問題点もある。

　重要な戦略会議が2000年にロンドンで開催され、EU加盟国すべてから代表者が出席した。加盟国の目的は、EUを「持続的な経済成長、より良い雇用の創出、社会的団結の強化を可能にすると共に、世界的に最も競争力があり、強力な知識集約型経済にすること」であり、強い熱意が込められていた。リスボン戦略実施時に作成された中間報告書が2005年に発表されたが、内容は著しく期待に反するものであった。

　戦略に関して若干の修正があったが、委員会は、戦略の目的が引き続き経済成長や雇用創出促進に焦点を当てることを述べている。委員会は、経済成長や雇用創出の促進は、環境並びに社会的課題と十分に一貫したものであると主張していたが、いくつかの加盟国は特に経済政策を重要視し続けた。この問題については後述する。

　ブリュッセルで開催されたハイレベル会議から、2つの政策開発が2010年に実施されることとなり、それによって現状は幾分改善された。第1段階として実施されたのは、貧困や社会的排除のリスクの下にいる人々を2020年には2,000万人に減らす取り組みである。これを促進するため、ヨーロッパ社会基金（European Social Fund）の20％を貧困や社会的排除の削減に充当することについて、2010年の2回目の政策開発において委員会が決定した。この2つの開発では、社会的課題が経済面の課題と同等に扱われていた。委員会によれば、2020年の戦略は、「EUをスマートかつ持続可能で、インクルーシブな経済体にすることを目的とし、高い雇用率、生産性、社会的団結によって特徴づけられる」とされた。

　これらの意欲的な開発を実施、強化するために、貧困、社会的排除対策に関する欧州プラットフォームが2010年に設立され、2020年まで活動が継続される予定である。このプラットフォームは、EU加盟国が2020年の目標到達に貢献できるよう支援することを目的としており、以下の5つの方針に基づいている。

- 労働市場、教育、最低所得の補助、医療サービス、住宅、銀行口座の利用を含め、政策全体を網羅するように促す。

- ソーシャルインクルージョンを支えるためにEU基金をうまく活用する。
- 改革実施前に、何が効果をもたらし、もたらさなかったかに関する確たる証拠を用いるように促す。
- 貧困を経験している人々を含めた市民社会と協力していく。
- 政策調整の向上に努める。

　代表者会議は毎年行われているが、労働組合、ボランタリー・コミュニティセクター、社会的企業、一般企業、貧困を経験した人々等の関係者を可能な限り多く参加させるために、期間中は特定の議題に絞った会議を開催している。

　EUがネットワークの範囲を拡大したのは、国民国家（national states）を広く網羅する必要があったためである。これによって、国家間の相互学習や、成功例および失敗例を明らかにできた。

　本章で取り上げた課題に直接関係するネットワークは、欧州貧困対策ネットワーク（European Anti-Poverty Network, EAPN）である。EAPNとはブリュッセルに拠点を置く独立型ネットワークで、ボランタリー・コミュニティ機関（NGOと呼ばれる）や、EU内の貧困、社会的排除への対策に関する様々な機関との国際的なネットワークによって成り立っている。また、貧困対策を目的とした様々な活動に従事しており、EUによる政策を監督し、政府の政策に応じて貧困対策案を講じる責任を持つ。さらに、最近設立されたインクルージョン戦略グループや貧困同盟と共に業務に当たっている。貧困同盟とは活動機関であるが、他の機関を支援し、研修を実施することもあり、自らを「NGOであり、欧州国家における貧困、社会的排除の問題に取り組む団体」による独立した同盟と説明している。

　貧困の主な原因として、失業も重要な課題であることは既に述べた。2020年の目標に到達するためには、雇用水準を引き上げる必要があったことから、2012年に雇用対策が開始された。その目的は、「迅速に、持続可能で、インクルーシブな成長」を支援することである。その対策は、EU諸国が経済面で雇用を増やし、技術投資を行うことによって、労働市場のダイナミクスの復興を促すものだった。労働者の流動性に関する法的、実質的

障害が排除されるといった、ヨーロッパ市場に向けた動きもあった。調整の向上は従来通り、不可欠な課題としてみられていた。つまり多くの人々を雇用に導くには、標準的な生活を営むのに十分な賃金が就労によって得られるようにすることが重要である。この観点から、最低所得ネットワークは意義があるといえる。英国では、可能な限り多くの人々を福祉を利用する状態から、雇用に繋げるようにする動きがある。EUもそれに追従し、類似した方針を掲げている点は興味深い。

ただし就労していれば、貧困状態には陥らないとは限らない。この事実を示すエビデンスが増えている点を認識する必要がある。EAPNが作成した「就労者の貧困（2013）」という報告書において、ユーロスタットの数値が引用されており、EUでの労働人口の約9.5％（1,500万人以上）が貧困状態にあると記されている。これは2010年以降、8.4％から上昇している。

本章のはじめにおいて、特に若者が貧困のリスクにさらされやすいと述べた。若者の失業や社会的排除の水準が許容しがたい状態であるため、委員会はEU加盟国に対し、改善に向けた取り組みの実施を勧告している。欧州理事会や欧州議会から遠大な計画案が提示されたが、その内容は25歳までの若者すべてに良質な仕事や教育、職業訓練を提供することを保証するものであった。委員会もそれを支援する予定で、ヨーロッパ社会基金からの資金提供もその取り組みの一つである。この動きはまさに賞賛に値するものである。ただ一点問題なのは、やはり就労している人々でも貧困状態にあるというエビデンスが挙げられていることである。この問題は再度、英国での現状と絡めながら検討していきたい。

また、ヨーロッパ社会基金は、教育の提供を改善させるためにも活用されている。貧困や社会的排除の問題に取り組むうえで教育改革以上に重要なものは見出し難い。委員会はこの点について、次のように述べている。「EU域内では、ヨーロッパ社会基金を通して教育や職業訓練の改善に取り組んでおり、若者が教育を修了し、労働市場で競争できるような技術を獲得できることを保障するために、率先して資金を提供している。退学率を減らすことは、職業や高等教育の改善と同様に、優先して取り組むべき事

項の一つである。」

　ヨーロッパ社会基金は、学校だけでなく、保育園や生涯教育のための学校や大学等といった領域を含め、教育提供の改善を支援している。特に、若者自らが選択したキャリアに進む準備ができるように、カリキュラムの見直しに力を入れている。

　教育の改善と関係が深いのは、「子どもへの投資」という表題が付けられた政策群である。EUの統計資料によれば、子どもの方が一般の人々よりも、貧困や社会的排除にさらされるリスクが高いことが明らかとなっている。リスクの下にある人々が全体の24.2％であるのに対し、子どもの場合は全体の27.1％を占めている。委員会では、以下の3つの領域における活動が必要となると述べている。一点目は、就労意欲を減退させる要因をなくすこと、二点目は、子どもや家族に対して支給されている福祉給付では効果が低く、額も不十分であるため、今後改善すること、三点目は、効果的なサービスに容易にアクセスしやすくすることである。

　前述においては、EUが多くの貧困対策プログラムを創設しているように見えるが、果たしてそのプログラムに効果があるのかといった疑問が生じる。EAPNは「ヨーロッパにおける社会的前進とは？」という表題の報告書において、プログラムの成功に対して、いくつかの疑問点を投げかけている（Jones, S. et al 2016）。同報告書は2016年6月に実施された31か国のネットワークの討論の結果に基づいて作成されており、国家改革プログラムに対する評価もなされている。

　報告書では、財政縮小を進める国家の数が減少している点に安堵する一方で、4か国中3か国が緊縮財政の手法として、社会的費用を削減し、多くの貧困を生み出しかねない改革プログラムに重点化している点を危惧している。もう一つ懸念されるのは、市民社会（civil society）の参加があまり良い状態ではない点がある。参加の重要性について積極的に言及される機会が増えているにもかかわらず、である。ここでは以下のように述べられている。「EUは危機的状態にある。通常のビジネス（business as usual）は十分な状態にはなく、現在の計画案では顕著な変化は現れないであろう。」問

題点の一つとしては、「開かれた調整」として知られている、加盟国間の「話し合いによる」共同システムが採用されていることが挙げられる。少々暗い話になってしまったので、論点を英国の状況に切り替えたいと思う。

3 英国の反貧困戦略

　英国とは、北アイルランド、スコットランド、ウェールズを含む点に注目することが重要である。各地域には独自の議会があり、検討課題に対する高度な独立した裁量権を持っている。

　2016年、キャメロン元首相は貧困と、貧困に取り組むうえで必要な活動に関する演説を行い、「ライフチャンス計画」という名の貧困対策案を示した。彼の主張によれば、これまでは貧困の根本原因よりも、貧困の兆候に対処する傾向があった。彼の目的は不平等を減らすことであり、それを達成するには、不遇な状況下にある人々の人生のチャンスを改善させることであった。貧困の主な原因の一つとして失業が挙げられ、就労は貧困から脱却するうえで最も信頼性の高い方法であった。これは、経済改革や社会改革と密接に関連することを意味していた。当該計画は、①経済開発、②教育改革（就労経験を得る機会も含める）、③保健、④文化事業（貧困状態にある子どもが「文化的に権利を奪われている」という主張があった）といった方針を幅広く網羅している。キャメロン氏はライフチャンス計画について、「この計画は、貧困状態にある人々が厄介者ではないという基本的信念に基づいている。個人は貴重な人材であり、人間の可能性は育まれるものである」と述べている。人生を強固で、豊かな状態で始められることは、貧困世帯の子どもにとって必要なことである。キャメロン氏は、2016年春に、ライフチャンス計画をより詳細に発表する予定だったが、国民投票と、その後の首相辞任により、延期となってしまった。

　彼の後任として、5年間内閣の閣僚を務め、当時内務大臣であったテレサ・メイ氏が首相に就任した。彼女は首相就任演説において、英国社会を特

徴づける問題「著しい不公正（burning injustices）」に取り組むことを誓った。キャメロン氏の主な功績は、経済政策ではなく、著しい不平等をもたらした格差社会を是正する政策を考案したことであった。メイ首相は、英国を、一部の特権階級だけでなく、すべての国民のために働く「ひとつの国民のための政府（one-nation government）」にしていくことを誓ったが、その目的は、より公平な社会を創り出すことであった。メイ首相は、公平さを推進するために、キャメロン氏の「大きな社会」構想よりも、国家により広い役割を担わせようとし、それに伴ってキャメロン氏の考えから離れていった。一部の者は、彼女がキャメロン氏のライフチャンスアプローチに若干の修正を加えただけだと考えたかもしれない。ライフチャンスアプローチは、メイ首相と類似した目的によって、動機づけられているように見える。当初、メイ首相もライフチャンス計画を支持していた。しかし、変革を起こすための公文書の作成に要する時間がさらに必要となることが明らかとなり、2年の延期を経て、2016年12月に計画は中止となった。その代わりとなったのが、社会正義に関する『緑書』である。最近ではそれに関する言及はほとんどないが、政府やマスメディアがブレグジット交渉に深く関与していることが理由であろう。もちろん、『緑書』にも議案に関する記載があるが、後に特別法案を含む白書がこれを引き継ぐと考えられる。『緑書』が待望されている間、何らかの前向きな動きが講じられるまでには、時間がかかるだろう。

　2017年1月のチャリティ委員会において、メイ首相は再度『共有された社会（Shared Society）』を取り上げ、健康問題を抱え、普段の活動や社会関係から排除されている人々に関して言及した。彼女は「社会やすべてのライフステージにおける精神保健の問題への対応方法を改善するために、政府の力を活用したい」と述べ、特に若者の精神保健を重視した。若者を対象にした精神保健のサービス改善は、より広いアプローチの第1段階としてみなすことができる。政府は、学校や大学が地域の国民保健サービスとさらに密に連携できるような方法を試行する予定である。他に試験的に導入する案は、学校や大学の教職員を対象にして、心の応急処置に関する研修を

提供することである。子どもに対するサービスの現状を把握するため、全国調査を実施すべく、ケアの質委員会、教育水準局によって調査を開始する案も出ている。この案は子どもや若者の精神保健に関する『緑書』に引き継がれるだろう。

　歴代政府は、子どもの貧困を優先課題としてきた。子どもの貧困の主な問題点の一つとして、貧困状態が大抵成人期まで続き、生涯に影響を及ぼす点が挙げられる。

　子どもの貧困に関する数値は、注目に値する。CPAGによれば、貧困状態にある子どもの数は、2014年から2015年までの間で、20万人増加した。これにより、貧困状況下にある子どもの数が合計390万人、つまりすべての子どものうちの28％を占める結果となった。家族を支援する政策が様々な方向で行われたにもかかわらず、この結果である。これまで実施された対策として、税額控除が挙げられる。税額控除は2003年に開始されたが、現在勤労税額控除（Working Tax Credits）と児童税額控除（Child Tax Credits）の2つの種類がある。いずれも、試験的な福祉給付で、所得の増加に応じて、給付額が逓減する仕組みになっており、切れ目のない手当としてみられている。低所得者世帯が家計を維持することができ、「就労にみあった賃金が得られる」という中身となっている。他の福祉給付にならい、2つの税額控除ともに、2017年末までに「ユニバーサル・クレジット（Universal Credits）」に組み込まれる予定であったが、目的は従来と変わらない。

　家賃補助として住宅手当があるが、給付にあたり、資力調査が実施される。所得と同様に、預金も資力調査の対象となり、預金が1万6,000ポンドを超える場合は、手当は支給されない。これは2017年4月現在の基準額であって、後に改訂される可能性がある。これは家賃支払いの目的のみに利用され、他の住居費用はこの限りではない。また、近親者と同居している者には支給されない。寝室税と呼ばれるものもあり、住宅手当に当てはまるが、空いている寝室がある場合は、支給額が減る可能性がある。

　政府は、継続的な雇用状況について、貧困から脱却する主たる方法として見ている。注目すべきことに、公共統計委員会は、2016年11月までの3

か月間、失業率が4.8％、つまり11年間で最も低い数値を維持していたと報告している。

　2011年に、「働くための福祉」プログラムが開始された。現在では単に就労プログラムと呼ばれているが、可能な限り多くの福祉手当受給者を就労へと移行させることを目的としており、従来と変わりはない。このプログラムは、様々な委託機関によって提供され、報酬は基本的に出来高払いによって支給される。新しいプログラムは各機関の自由裁量によって導入されている。

　EUの事例をみると、産業再活性化プログラムは、貧困からの脱却の主な方法の一つとしてみることができる。2017年1月23日、ビジネスエネルギー産業戦略省の所管大臣、グレッグ・クラーク氏が「産業戦略の構築」という表題の『緑書』を提出した。132頁もの膨大な資料になるので、ここでは重要事項のみ取り上げたい。

　『緑書』は、貧困削減が単なる改革案の目的ではないとしている。人々の生産性や能率を向上させることで、国家の繁栄の拡大や、治安の向上、雇用創出に繋がる。今後、特殊技能を持った労働人口が益々必要となると思われる。その目的のために、政府はアプレンティスシップ（徒弟制度に基づいた雇用奨励制度）を推奨している。これには、「提言（advice）」と「推奨（encouragement）」の2つの流れがあり、雇用主に対するものと、将来の従業員に対するものがある。政府は、独立型で、雇用主主導で進められる新しいアプレンティスシップ機関を設立したが、この機関の主な業務は、同計画が必要な水準に達するように保障することである。また専門教育の拡大に向け、基本計画も多く策定されている。専門教育や成人教育用の大学は、教育界との関係が非常に薄く、このような状態の継続は容認されがたいと認識されている。しかし大学連合は、2010年以降、100万もの成人の居場所が失われている状況から、仮に開発案を出しても焼け石に水であると述べている。

　就労によって、貧困が回避される保証はないことは十分理解されている。このような現象が起こる原因として、低賃金、不安定就労、生活費の上

昇の3つの要因が挙げられる。最低賃金法により、低賃金取得者の状況がある程度は緩和された。政府はこの最低賃金の上昇を「生活賃金（living wage）」と呼んでいる。しかし、任意の活動機関である「生活賃金基金」は、この状況は喜ばしいものではあるが、単なる最低賃金の上昇であって、生活賃金ではないと主張している。しかし、最低賃金が多くの人々の生活を改善していることは確かである。

　他の問題として、就労の不安定さが挙げられるが、特に「0時間契約」が実施される場合が深刻になる。この問題は、雇用主が規定の労働時間を提示する義務がないか、または仕事自体がない場合に生じる。同様に、将来雇用される見込みのある労働者には業務を受ける義務は課せられていない。

　公共統計委員会は、2016年10月から12月までの間、「0時間契約」の下にあった人々が合計90万5,000人（雇用されている全人口の2.8％）であったと推測している。2015年の同じ期間においても、人口は80万4,000人（雇用されている全人口の2.5％）であった。

　「0時間契約」を交わしたのは、男性よりも女性の方が多く、また25歳以下の若者に多かった。これらの数値は、大半の西ヨーロッパ諸国と比べても芳しい結果ではない。最後に算出した結果によれば、「0時間契約」を交わした国のうち12か国は、違法な「0時間契約」を結んでいた。または、重い制約を課されて、全く仕事をさせてもらえない状況にあった。2015年、英国で「0時間契約」に関する制約が若干厳しくなったが、なかでも最も重要だったのは、雇用主が被用者を他の雇用に就かせるのを制限できる独占条項を廃止したことである。就労貧困の数が多くなっている原因の3つ目としては、生活費の上昇が挙げられるが、特に住宅費（家賃や燃料費など）、また食費や被服費も関係している。最近の統計資料によれば、インフレーションが2017年1月で1.8％だったのが、翌月には2.3％に上昇した。

　これらの3つの要因があわさり、就労しているにもかかわらず、貧困を経験する人々がかなり増加している。新政策機関によれば、「就労貧困は、高い数値を記録している、（……）貧困下にある人々のうち55％が就労世帯である」と指摘している。2010年から2011年以降では、就労貧困は110万人増

加した。CPAGによれば、貧困下にある子どものうち66％の世帯では、家族構成員の最低1名が就労していると推計されている（Child Poverty Action Group 2016）。政府はこの活動だけでは貧困が解決できないと認識しており、様々なボランタリー機関や産業、特に地方自治体と協力していく必要がある。地方自治体は、貧困下にある住民にとって身近な存在であると共に、地域の状況や、どのような戦略が奏功するのかについて認識している。一部の大都市の自治体は、既に貧困対策プログラムを策定しており、幾つかは実施されている。また都市圏の新設によって、地方自治体が貧困対策に深く参画できる可能性がある。メイ首相は、歴代政府は社会の最貧困層にばかり焦点を当ててきたと述べており、自身の貧困対策において、何とか生計を維持している世帯に注意を向けようとしている。彼女はウェストミンスターの人々（政界）が、極限的な貧困下の生活問題や、その状態を終わらせるためにどれだけの努力が払われなければならないかについて、十分に理解していないと主張している。何とか生活を維持している家庭に関する議論は、元労働省所轄大臣のゴードン・ブラウン氏が原案した用語、「勤勉な家族（hard-working families）」の話を彷彿とさせるものである。何とかやりくりをしている家庭の生活をゆとりのあるものにすることが、メイ内閣の第一優先事項とされている。

　レゾリューション財団（Resolution Foundation）というシンクタンクによれば、かろうじて生活を維持している家庭の数は、低所得から中間所得層に位置する600万世帯であるという。中間所得という条件が組み込まれているのは、複数の子どもがいる世帯も数値に入れるためである。彼らの所得の大半は賃金によるものだが、税控除によって補填されることが多い。実際、レゾリューション財団の見解によれば、子どものいる世帯の3分の2が税控除を受けている。貯金があれば税控除はわずかな額になるだろうし、もし所得が減るか予期せぬ支出があった場合は、生活苦を乗り切ることは難しくなるだろう。人々の大多数が民間の賃貸住宅に住んでいるが、先述のように、家賃が支出の多くを占めている。滞納により、立ち退きを迫られる心理的重圧は計り知れないほど重いものである。

政府の貧困対策事業の中で重視されているのは、「複合的課題を抱える家族」と呼ばれるグループである。この国家事業は2012年に開始されたが、「複合的課題を抱える家族」の対象とみなされるには、以下に挙げられた問題のうち2つが当てはまらなければならない。
- 親または子どもが犯罪行為、または反社会的行為にかかわっていること。
- 子どもが不登校になっていること。
- 子どもに他の特別な配慮が必要であること。
- 成人が失業の状態、または金銭的排除のリスクにさらされているか、または若者が不就労のリスクにさらされていること。
- 家庭内暴力があること。
- 親または子どもに様々な健康問題があること。

政府は、支援の最も困難な家族に関わるごとに、出来高方式に基づいて、地方自治体に1世帯につき最大4,000ポンドまで支払うことにしている。2013年3月、政府は、6つの個別の施策から構成された「困難家族プログラム」に関する評価を公表した。政府は、地方自治体によって事業対象と認められた11万8,000世帯の約99％が「生活再建がなされた」と述べた（House of Commons Committee of Public Accounts 2016）。しかしながら『インパクト・リポート（Impact Report）』は、「学校への出席率や就労への行動には明確な効果はみられず、顕著な影響はなかった」と述べている（Day et al 2016）。最も辛辣な批判が、極めて影響力のある公共統計委員会から出ており、芳しい評価を示していない。あらゆる批判のなかでも厳しいのは、事業の見積り額が現実的なものではなく、事業から得られる成果が誇張されていたという内容である。下院において、深刻な問題が数か月で改善されたという報告は、全くの間違いであるといった議論もある（House of Commons Committee of Public Accounts 2016）。こうした批判にもかかわらず、首相はこの国家事業を中止するのではなく、再開しようとしている。

先述のような子どもの貧困に関する懸念があるにもかかわらず、ホワイトホールの子どもの貧困対策チームは独立した存在ではなくなり、段階的に職員が減った後、労働年金省に吸収された。以前は、労働年金省、教育省

や財務省が後援していたが、その後、複数の省が業務を幅広く担うことになった。

　メイ首相は、不平等を減らすという重大な任務を政府に課している。平等トラスト（Equality Trust）は、英国について、「他の先進国と比べて、所得格差が極めて高い」と述べている。実際、上位10％の人口が、下位10％の人口が得ている額の約10倍もの純所得を得ている。財産の不平等はさらに拡大し、人口のうち50％の最貧困層が国の財産の9.5％しか所有していないのに対し、上位10％は44％を所有している。

　英国の社会的流動委員会（Social Mobility Commission）は、省管轄外の公的諮問機関である。社会的流動に関する立法者を奨励して、報告や勧告を行う義務を負っている。毎年国の報告書を発行しており、2016年の報告書は、「英国では、深刻な社会的流動の問題がある。この年間報告書では、特に現在の世代にとって、ますます状況が悪化している点について否定しがたい新しいエビデンスを提示する」と述べて、「容易な解決策はない」とも付け加えている。解決には、非常に長いプロセスと、粘り強い社会改革が必要となるだろう。これらすべてが、より平等で、より公正な英国を構築するというメイ首相の目的に集約されている。

　メイ首相が提示した案は、何とか生計を立てている世帯に焦点を当てた内容となっている。しかし、英国をより平等な国にしていこうとする一方で、貧困世帯へ支給する国の福祉給付を減らすのだろうか？　現内閣は前内閣からの給付額の引き下げ案を受け入れたうえ、さらにその内容を強化している。最も大きく変更されたのは、給付額の上限が前年度では2,600ポンドだったのに対し、翌年には2,000から2,300ポンドへと引き下げられた点である。様々な改革が、福祉改革と労働法においてみられる（2016）。幸いだったのは、改革が認められた際、法律において、介護者手当が上限額の設定対象から外されていたことである。法律の他の変更点としては、社会保障や税控除の幅が4年間据え置きとなった点が挙げられる。

　さらにプラスの改革として注目すべきなのは、福祉改革と労働法により、登録されているすべての住宅供給会社が、2016年から4年間、毎年家賃

を1％値下げすることになったことである。

　プラスの方向性を維持するために、多くの年間報告の作成が法律によって求められている。より公正な社会を構築するのなら、特に主な議案の施行によって、どのような進展がもたらされるかについての関連情報が、可能な限り多く必要となる。不足があれば、改善のための調整も行われる。報告書は担当大臣が法的義務として作成することとなっており、内容は以下の通りである。

- 完全雇用という目標の達成により、どれだけの進歩が遂げられたか。
- 2020年までに300万のアプレンティスシップ制度を実施することが、政府の目標として掲げられている。その目標を達成するなかで、どれだけの進歩が遂げられたか。
- 複合的課題を抱える家族対策案に関する詳細な年間報告。
- 子ども貧困に関する年間報告。
- 失業世帯に属する子どもと、彼らの学習の到達状況に関するデータ。
- 社会的流動性の改善に関する社会的流動委員会の報告。

　メイ首相の貧困対策プログラムへの評価において、重大な問題が指摘されている。大半が概括論であり、3部の『緑書』よりも記載量は少ないが、重要な問題が述べられている。まだその内容は見ることができないが、記載内容の一つとして、より公平な社会、つまり社会正義の創設が目的である場合の最重要課題が挙げられている。どの程度の公平、または不公平の水準であれば受け入れられるのか？　またそれをどのように測定するのか？　これらについては、まだ明確化されていない。より公正な社会を創設するには、非常に長いプロセスが不可欠であり、検証可能な結果が得られるまでには、数世代かかるだろう。この課題に対し、厳しい意見の食い違いが起こることは疑うまでもない。例えば、裕福で権限を持つ人々が、自らの富や影響力を捨てようとするかといった疑問も上がるだろう。

　不公平に取り組む際、政策全体の開発が必要になる。国庫に要する経費は莫大な額になるだろう。教育に必要な経費だけを考えても、国中の学校の水準には大きな開きがある。都市部を回れば、荒廃した貧困地域と、より

豊かな地区の学校との違いが明らかになるだろう。貧しい学校をより高い水準に引き上げていくことが、まさに今取り組むべき課題である。

むすび

　私たちは、英国とより広い圏域であるEUの両方で、貧困と社会的排除に関するさまざまな定義があることをみてきた。貧困と社会的排除は幅広く変化しているが、貧困の定義は別として、英国はトップ（すなわち深刻な貧困）に向かっている。しかしながら、これは貧困の様々な集団における複雑な状況と、静的および動的な貧困の枠組みでの極めて重要な違い、すなわちある特定の時期の貧困者の数、貧困の継続期間および貧困から逃れる機会などを隠蔽している。これらは、EU諸国の間で、一定の期間において変化する。別の言い方をすれば、貧困と並行して社会の移動性（またはライフ・チャンス）を検討することが重要になる。

　もし貧困が多次元的（multi-dimensional）であるとするならば、それは多因性でもある。言い換えれば、貧困に出入りするさまざまなルートがある。英国とEUのレベルでさまざまな貧困対策が行われてきた。野心的な目標を達成するのに使われた表現を考えれば、たとえ肯定的な結果であれ、見劣りのするものになっている。貧困の原因は複雑であるため、貧困対策も必然的に複雑となり、雇用、雇用保障、賃金、住宅、教育、社会給付の水準などの問題が挙ってくる。社会給付の「旧態依然とした、受動的な」戦略をやめて、社会的投資の「新しい、積極的な」戦略へと向かうヨーロッパの広範な動きがこれまでみられた。しかしながら、社会的投資への投資はまだ明確な肯定的な成果を示すには至っていないようである。

参考文献

Allen, K. (2016) 'A third of people in the UK have experienced poverty in recent years', *The Guardian,* 16 May, 2016.
BBC News (2017) UK unemployment falls to new 42-year low, 16 August, http://www.bbc.co.uk/news/business-40947087
Bom, T. B. & Aldridge, H. (2015) *Poverty Among Young People in the UK, London*: New Policy Institute
Cabinet Office (2010) *State of the Nation Report*: *Poverty, Worklessness and Welfare Dependency in the UK.* London: The Stationery Office
Cameron, D. (2016) Prime Minister's Speech on Life Chances, 11 January, https://www.gov.uk/government/speeches/prime-ministers-speech-on-life-chances
CEC (2010) Communication from the Commission, Europe 2020 A strategy for smart, sustainable, and inclusive growth, CEC Com 2010, 3 March, Brussels
Child Poverty Action Group (2016) *Child Poverty Facts and Figures,* London: CPAG.
Day, L., Bryson, C., White, C., Purdon, S., Bewley, H., Kirchner, L., Portes, J. (2016) *National Evaluation of the Troubled Families Programme,* London: Department for Communities & Local Government
European Anti-Poverty Network (2013) Working and Poor, EAPN: Brussels
European Commission (2013) Better Education, http://ec.europa.eu/esf/main.jsp?catId=51
European Commission (Council of the European Union) (2004) *Joint report by the Commission and the Council on social inclusion,* 7101/04
European Commission (2005) *Facing the challenge. The Lisbon strategy for growth and Employment.* Report from the High Level Group chaired by Wim Kok, http://europa.eu.int/comm/lisbon_strategy/index_en.html
Eurostat News Release (2016) The share of persons at risk of poverty or social exclusion in the EU back to its pre-crisis level, 199/2016-17 October
Equality Trust (no date) The Scale of Economic Inequality in the UK, www.equalitytrust.org.uk/scale-economic-inequality-uk
Finch, D. (2016) *Hanging On. The Stresses and Strains of Britain's 'just managing' families.* London: Resolution Foundation
Goodman, A.& Gregg, P. (2010) *The Importance of Attitudes and Behaviour for Poorer Children's Educational Attainment*: York: Joseph Rowntree Foundation
House of Commons Committee of Public Accounts (2016) Troubled families: progress review. Thirty-third Report of Session 2016-17, HC 711, London: The Stationery Office
Jones, S., Ferro, A., Shahni, V. (2016) *What Progress on Social Europe?* Brussels: European Anti- Poverty Network

Office for National Statistics (2017) Contracts that do not guarantee a minimum number of hours : September 2017, London : ONS, https://www.ons.gov.uk/employmentandlabourmarket/peopleinwork/earningsandworkinghours/articles/contractsthatdonotguaranteeaminimumnumberofhours/september2017
May, T. (2017) The shared society : Prime Minister's speech at the Charity Commission annual meeting, 9 January, https://www.gov.uk/government/speeches/the-shared-society-prime-ministers-speech-at-the-charity-commission-annual-meeting
Secretary of State for Business, Energy and Industrial Strategy (2017) *Building Our Industrial Strategy*, London : The Stationery Office
Tinson, A., Ayrton, C., Barker, K., Born, T., Aldridge H. and Kenway, P. (2016a) *Monitoring Poverty and Social Exclusion,* York : Joseph Rowntree Foundation
Tinson, A., Aldridge, H., Bom, T., & Hughes, C. (2016b) *Disability and Poverty*, London : New Policy Institute
Townsend, P. (1979) *Poverty in the UK*, Harmondsworth : Penguin
Social Mobility Commission (2016) *State of the Nation 2016*, London : The Stationery Office
University and Colleges Union (2016) Government figures reveal an 11% drop in adults studying further education, 23 June, https://www.ucu.org.uk/article/8323/Government-figures-reveal-an-11-drop-in-adults-studying-further-education

第II部

生活保護の行財政と管理構造

第4章

生活保護行政における国と地方の関係

平野方紹
(立教大学教授)

1　生活保護行政の実施責任とその変遷
　　　──国と地方の関係

(1) 生活保護における国家責任と機関委任事務体制の成立

　わが国においてはじめて近代救貧制度としての体制をとった救護法(1929年制定)、第二次世界大戦直後の国民生活窮乏期に制定された生活保護法(旧生活保護法：1946年制定)とも、生活困窮者の保護は、市町村長に実施責任があるとして国はこれを補助することとし、救護法・旧生活保護法とも市町村が保護に関する行政事務を担った。

　救護法は、同法第3条で貧民救済の救護事務を市町村事務と位置づけた点では、それまでの「済貧恤救」は「人民相互の情誼」であるとした恤救規則(1874年制定)からすれば制度的には大きな前進であったが、現代の公的扶助制度の基本である国民の保護請求権や最低生活保障の国家責任はまったく想定されていなかった。

　第二次世界大戦敗戦を契機として創設された旧生活保護法は、同法第1条で生活困窮者の保護についての国家責任を明確にし、保護の無差別平等原則を謳い、同法成立により救護法、軍事扶助法などの戦時扶助法制度が廃止され、公的扶助制度の画期となった。

しかし、旧生活保護法でも国民の保護請求権は明確でなく、保護の実施機関は市町村であったが、実際に被保護者への援護を行うのは専任公務員ではない民生委員が担うこととされるなど、保護の実施責任や実施体制の確立という点では不十分であった。

また市町村の保護の実施に対する国の責任は不十分で、少なくない市町村が、その財政困難から十分な保護を行えない現実があった。

このため、当時わが国を占領していたGHQ（連合軍総司令部）からは、国家責任による国家機関での公的扶助の実施が要求され（SCAPIN775）、また1947年に施行された日本国憲法が国民の生存権（第25条）を規定するなどの法的環境が変化する中で、旧生活保護法のままでの保護の実施は理念的にも実態的にも行き詰まりを見せた。

加えて、1947年のGHQの招聘による「米国社会保障制度調査団」（ワンデル調査団）が提出した報告書（「社会保障制度への勧告」）、これを受けて内閣府の社会保障制度審議会（当時）が1949年に「生活保護制度の改善強化に関する勧告」を内閣総理大臣に提出するなど旧生活保護法改正は必至の状況となった。

この「生活保護制度の改善強化に関する勧告」では、生活保護における国の責任を一層明確にした上で、生活保護の実施機関や保護費について以下の通り勧告している。

「生活保護制度の改善強化に関する勧告」（抄）
第一　保護機関に関すること
（一）市町村において生活保護に当る職員は、別に定める資格を有する職員でなければならない。これがために国はこの職員の設置に要する費用の少なくとも二分の一を負担することとすべきである。
　　　略
第四　保護費に関すること
（一）現行の八・一・一の負担区分は地方負担過重に失し、この制度の円滑なる実施に対する障害をなしているから、地方負担の軽減を図るようにしなければならない。

> （二）市町村の保護事務施行に要する費用の二分の一を国において負担と
> すべきである。
> 　　略

　こうした経緯を背景として1950年に制定された生活保護法（新生活保護法）では保護の実施責任は国にあるとした上で、実際の保護は、都道府県知事・市長・福祉事務所を設置する町村長（新生活保護法制定当時は都道府県知事・市長）が国の機関として実施する「機関委任事務方式」が導入された。ここで原則として町村が実施機関から除かれたのは、保護の実施についての組織的・人材的・財政的負担が町村には過重で有り、適正な保護の実施が困難であるとして、福祉事務所を設置しない町村は都道府県福祉事務所の協力機関とされた。

　このように国の実施責任の明確化と機関委任事務方式の導入した経緯を、新生活保護法制定の実質的責任者である厚生省（当時）社会局保護課長の小山進次郎は、次のとおり述べている。

　（新生活保護法作成での問題点の一つは）「この制度に対する責任を国が持つか、地方が持つかという点であった。この点は旧法以来極めて厳格な国家責任の建前を採って居り、この種の制度の我が国及び諸外国における歴史からみても、且つまた、社会保障の強化の要望される現在の社会経済情勢から考えてもこれを変えなければならない理由は、何等発見されない（…中略…）この制度の実施につき国が直接の責任を持つことについてはその条文の解釈上全然疑問の起る余地がないようにということを意図して」[1]いるとし、そのうえで「保護を国が直接その責任において行うこととしたのは、地方公共団体の責任において保護を行わせ、国は単にその費用について財政援助をするという制度では生活保障の目的が達せられない」としている。

　しかし実際の保護については、「生活保護の国家責任を形式的に最も明瞭にする方法は、国の官吏によって生活保護の事務を処理させることであ

るが、能率の点から見ても経費の点から見ても得策とは言い難い。(…中略…)我が国においては生活保護についてはこれ迄通り国家事務の機関委任という方法を採ることが適当だと思う」として、地方公共団体(以下「地方自治体」という。)に委ねることとした。

こうして今日に至る、国が生活保護の責任を持ちながらも、その保護の実施は地方自治体が担うという構造が確立したが、こうした構造が形成される契機となったものとして次の2点が挙げられる。

第一は、新生活保護法制定当時、日本を占領統治していたGHQによる日本政府への社会福祉に関する指示(SCAPIN775号覚書：1946年)である。「SCAPIN775」は、「public assistance(社会救済)」というタイトルが付けられており公的扶助を想定したものであったが、福祉関係法がまだ未整備で、生活保護法が現実には唯一の生活保障の制度であったことや、当時の厚生省予算の約3分の2を生活保護関係費で占められいることから、事実上社会福祉全般に関する原則を指示したものとなった。

SCAPIN775は公的福祉の実施について、①無差別平等、②公私分離、③国家責任、④必要な保護費への制限の禁止、という4原則を示した。

なお、SCAPIN775には、生活困窮者の保護は国家責任で行い、そのための国家機関の創設も意図されているが、当時の厚生省は、社会福祉の現業機関として新たな国家機関を創設・設置することは、ドッジプランなどで財政緊縮政策が強行される中では非現実的と考えており、1951年の社会福祉事業法(当時)成立により福祉事務所制度が創設されたことで「この制度の基本的方向は、実施機構の専門化であるべきである。そのためには、その機構を市町村から独立させなければならない。市町村の行政範域とは別に福祉地区を設け、そこに独立した機関として実施機構を置く。かれ(厚生省黒木利克庶務課長(当時)…筆者)はそれを厚生省直轄のいわば国家扶助事務所にあたるものとかんがえた」ことで、SCAPIN775によるGHQの指示を完遂しようという意図もうかがわれる。

第二は、日本国憲法の成立である。憲法はその第25条に生存権規程を設け、国民は「健康で文化的な最低限度の生活を営む権利」を有しており、国

はその生存権を保障するために、「すべての生活部面について、社会福祉、社会保障及び公衆衛生の向上及び増進に努め」ることが義務付けられた。

こうして社会福祉における国家責任は明確化・法定化されたが、その実施は小山進次郎が前述したとおり、地方自治体に委ねられることとなった。国家責任を遂行するため採用した機関委任事務方式では、①国が地方自治体の長を国の機関として指示監督できる、②国の事務であるため地方自治体の議会や監査委員の関与が制限される、③国や上級機関（福祉事務所→都道府県）の指示や従わねばならない義務（羈束裁量）があり、従わない場合は地方自治体に対するペナルティーまであった。その一方で、国から地方自治体に高率の国庫負担金を給付するなどの国家責任を裏打ちするための措置もとられ、生活保護法を始めとする福祉事務所業務の中核となる「福祉六法」の国庫負担率は1986年の整理合理化法（p.94）成立まで国庫8割：地方2割とされた。

このように、国は機関委任事務方式により、地方自治体を法的にコントロールすることとした。また高率の国庫負担により地方自治体の財政負担は軽減したが、地方自治体の福祉財政が国庫に依存するという状態を利用しての財政的にコントロールできることとなり、次の3つの柱で、地方自治体の生活保護をはじめとする社会福祉行政をコントロールする。

①権限統制：法令解釈権は国にあるとして、詳細な保護実施要領等を定め、これに従うものとした。また、厚生省（当時）社会局監査指導課を頂点とする監査指導体制を構築し、監査方針の徹底を通じてこれを担保した。また、不服申し立て制度についても被保護者の権利擁護としてではなく、審査請求（知事）や再審査請求（大臣）の裁定に、裁判の判例と同じ効果を持たせるなどで、福祉事務所の事務を統制していた。
②組織統制：福祉事務所の設置、職員の配置や現業員の配置基準、職員の資格等の組織に関する規制を国が設定して統制した。
③財政統制：負担金の交付、国庫補助に該当するかの判断等を通じての統制。

実際は、こうした統制システムが相互に交錯しながら福祉事務所の実務に影響してコントロールしていた。生活保護行政では、厚生省（当時）の生活保護担当課（社会・援護局保護課）の担当係長の事務連絡（法的根拠のない指導文書）が根拠となって判断や業務が拘束される事態が少なくなかったが、これを可能にしたのが、上記の統制システムであった。もちろん、最低生活保障という全国一律で実施しなければならないという事務の性格から全国的に統一すべき点もあるが、こうした統制システムにより、「被保護者の実状や課題にあわせた制度運用」よりも「国（厚生省）の意向に合致した制度運用」が「正しい」ものであるとして、それを指向する地方自治体や福祉事務所は少なくなく、むしろ年代を追う毎にその傾向は強まっていった。

　1999年の地方分権一括法により、機関委任事務・団体委任事務が廃止され、地方自治体の事務は、地方自治体固有の事務である自治事務と、国や都道府県等の事務を委任されて行う法定受託事務に再編され、社会福祉関係の事務のほとんどは自治事務とされたが、ナショナルミニマム（national minimum）を担う生活保護法や社会手当は、国にその責任があるため法定受託事務とされた。

　法定受託事務では、その事務を委託する国が事務実施に関して地方自治体に対して助言・勧告、資料の提出の要求、是正指示など強い関与があるが、機関委任事務のような上級庁・下級庁という関係ではなく、国の包括的指揮監督権は否定されることとなった。

　これにより生活保護の実施体制に大きな変化があったかと言えば、福祉事務所現場職員の大多数は、機関委任事務時代と大きく変わっていないという。

　国をトップにして、都道府県をその監督官庁として実施機関をコントロールするという「上意下達」型の機関委任事務の実施体制は法律上はなくなったが、実態として国（厚生労働省）が都道府県を梃子にして実施機関をコントロールするシステムは今も、やや性格を変えてではあるが機能している。

　図1は、今日の生活保護行政の統制システムを図示したものであるが、

「法令解釈」と「負担金交付」という2つのツールが、今も国(厚生労働省)から実施機関(福祉事務所)のケースワーカーまでをしっかりとコントロールしている。

もちろん、地方自治体としての裁量、福祉事務所としての裁量、ケースワーカーの裁量などの余地もあることから、地方自治体や福祉事務所、ケースワーカー毎の差違は現存するが、生活保護制度の根幹に関わる基本的体質はしっかりと統制保持されている。

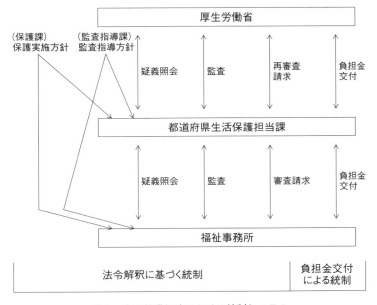

図1 生活保護行政における統制システム

出典:著者作成

(2) 地方分権による国と地方の関係の変化

昭和20〜30年代に、社会福祉事業法(当時)や福祉六法によって構築された、「社会福祉の実施体制」での国と地方との関係見直しの嚆矢となった

のが、1986年成立の「地方公共団体の執行機関が国の機関として行う事務の整理及び合理化に関する法律」(以下「整理合理化法」という。)であった。この整理合理化法は、当時の国家財政危機を背景にした「臨調行政改革」による、高率の国庫負担金・補助金を削減しようという政治課題に端を発していた。しかしその議論のなかで、社会福祉行政を国の責任とするのか地方自治体の事務とするのかが論点となり、議論の結果、最低生活保障という国家責任の明確な生活保護は従前通り機関委任事務とされたが、児童福祉・障害者福祉・高齢者福祉などは地方自治体の事務とされ、機関委任事務から団体委任事務に移行され、地方自治体に一定の裁量権が認められることとなった。そして、その「見返り」として、生活保護法を除く団体委任事務化された福祉領域では、負担割合が国庫負担8割から国庫負担5割へと引き下げられた。

これにより地方自治体の業務には、同じ福祉領域でも、生活保護や社会手当、社会福祉法人の認可など国の関与の色濃い機関委任事務の業務と、地方自治体の裁量で行える団体委任事務、国の関与のない地方自治体独自事業である団体事務という、性格の異なる3つの事務スタイルが並立することとなった。

このように整理合理化法による社会福祉領域の団体委任事務化は、「団体委任事務」という限定されたものではあったが、地方自治体の福祉主体化を進める契機となった。

そして1999年成立の「地方分権の推進を図るための関係法律の整備等に関する法律」(以下「地方分権一括法」という。)では、国と地方自治体の関係をそれまでの上下関係から対等な役割分担に転換し、地方自治を阻害していると指摘されていた機関委任事務・団体委任事務を廃止し、地方自治体の業務は当方自治体固有の「自治事務」とし、例外的なものを限定的に「法定受託事務」とするとともに、その法定受託事務についても地方自治体の関与を導入した。

この社会福祉行政における事務の性格の変遷を表したものが、図2である。ここから機関委任事務主体から団体委任事務主体へ、そして自治事務

主体と基調が推移していることがわかる。しかし、生活保護が一貫して国の責任によるものとして、機関委任事務から法定受託事務へと位置づけは変わりながらもその統制システムは変わっていない。

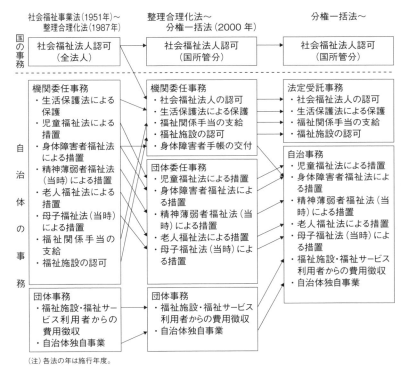

図2　地方自治体における社会福祉行政事務の推移
出典：平野方紹「地方分権改革と自治体福祉施策」『地域福祉を拓く第5巻　地域福祉の法務と行政』（小林雅彦編著）ぎょうせい　2002　p.242

とはいえ、まったく変化がなかったわけではない。福祉事務所の現業員配置数は社会福祉法第16条で定められているが、地方分権一括法前は「法定数」で強制力を持っていたが、同法により「標準数」となり、強制力は弱まった。また社会福祉法第17条に福祉事務所現業員の専務規程があるが、これも緩和され、それまで例外的に認められた現業員の兼務が、条件なしで

> 社会福祉事業法（1951〜1999年）
> 第15条（所員の定数）
>   所員の定数は、条例で定める。但し、現業を行う署員の数は、各事務所につき、それぞれ左の各号に掲げる数<u>以上でなければならない。</u>（下線筆者）
>
> ↓
>
> 社会福祉法（1999年〜）
> 第16条（所員の定数）
>   所員の定数は、条例で定める。但し、現業を行う署員の数は、各事務所につき、それぞれ左の各号に掲げる数を<u>標準として定めるものとする。</u>（下線筆者）

> 社会福祉事業法（1951〜1999年）
> 第16条（服務）
>   所の長並びに第14条第1項第1号及び第2号の所員は、それぞれ同条第2項から第4項までに規定する職務のみに従事しなければならない。但し、同条第1項但書の場合に置いて、<u>所の長が現業員事務の指導監督を行い、または町村の設置する福祉に関する事務所において、</u>現業を行う所員の職務の遂行に支障がない場合に、これらの所員が、当該町村における他の社会福祉に関する事務を行うことを妨げない。（下線筆者）
>
> ↓
>
> 社会福祉法（1999年〜）
> 第17条（所員の定数）
>   第15条第1項第1号及び第2号の所員は、それぞれ同条第3項又は第4項に規定する職務のみに従事しなければならない。ただし、その職務の遂行に支障がない場合に、これらの所員が、他の社会福祉<u>又は保健医療</u>に関する事務を行うことを妨げない。（下線筆者）

保健医療領域まで対象が拡大されて、他の業務を兼務することも認められた。

　この地方分権一括法でも生活保護そのものは前述の通り、国の責任であるとして法定受託事務とされた。なお、生活保護受給者（被保護者）への相談、指導指示等の業務は、国の事務であるとして法定受託事務とされたが、

地方分権一括法により「生活保護法第27条の2」が設けられ、要保護者（保護を必要とする状態にある者で生活保護を受給していない者を含む）への相談・助言や被保護者就労支援事業は、国の責任ではなく地方自治体の業務であるとして自治事務とされた。[7]

> 生活保護法第27条の2（相談及び助言）
>   保護の実施機関は、第55条の6第1項に規定する被保護者就労支援事業を行うほか、**要保護者**から求めがあったときは、**要保護者**の自立を助長するために、**要保護者**からの相談に応じ、必要な助言をすることができる。（下線筆者）

こうして同じ生活保護法による支援でも、対象者と事業の性格により国の責任、地方自治体の事務と分けられることとなった。

社会福祉の太宗が、地方自治体の自治事務となり、地方自治体の福祉主体化は一層進んだといえる。しかし、生活保護法は機関委任事務を継承した法定受託事務となっており、国と地方の関係は基本的には変化しておらず、前述した統制システムはまだ機能している。

(3) これからの生活保護行政における国と地方の関係

国と地方の関係で今後影響すると考えられているのが、「道州制」の導入である。

総務省では、地方制度審議会等で道州制の検討が積み重ねられているが、基本的には、現在の都道府県を廃止し、より広域的で権限の大きな「道・州（state）」とし、国の権限や事務を移譲して、国の機能や役割を縮小し、地方の役割を拡大することとしている。

ここで問題となるのが生活保護の国家責任である。現行の生活保護はわが国全体を一つとして全国一律としているが、州はその名（state）のとおり、国家的役割や機能を持つものと考えられるため、日本全体ではなく、各

州毎に保護の基準や事務を定めることが想定される。実際に州制度を導入しているアメリカでは、公的扶助は連邦政府の所管ではなく（連邦制度ではない）、各州が公的扶助制度を定め、実施しており、こうした事態になることも考えられる。

この場合、国と州、州と市町村との関係や役割分担をどうするのか、検討が必要になろう。

2　福祉事務所の組織・役割・機能とその現状

(1) 福祉事務所の組織

福祉事務所は、社会福祉法第14条による「福祉に関する事務所」で、都道府県・市に設置が義務付けられており、町村は任意設置となっている。

その業務は、図3のとおり、都道府県が設置する福祉事務所（町村部を担当することから「郡部福祉事務所」と呼ばれる）と、市町村（特別区を含む）が設置する福祉事務所（市が設置するものが大多数であるため「市部福祉事務所」と呼ばれる。）に大別される。1992年の福祉関連8法改正までは、市部福祉事務所と郡部福祉事務所の違いは基本的には所管地域の違いで、その業務はほぼ同じであったが、現在では市部福祉事務所は福祉六法を所掌する福祉現業機関であるが、郡部福祉事務所は生活保護法・児童福祉法・母子及び父子並びに寡婦福祉法の3法については福祉現業機関であるが、老人福祉法・身体障害者福祉法・知的障害者福祉法の3法については、市町村間の連絡調整等を行う行政機関となり、市部と郡部では福祉事務所の業務も性格も異なっている。

なお福祉事務所の名称は、各地方自治体が条例で定めることとされているため、「○○福祉事務所」という名称だけでなく、「○○福祉保健センター」「○○地方総合センター福祉部」などといった名称の福祉事務所もあり、地方自治体によって異なっている。

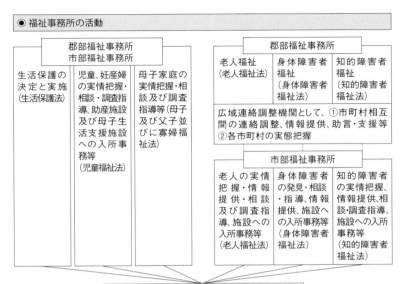

図3 福祉事務所の機能
出典：社会福祉の動向編集委員会　編集『社会福祉の動向2017』中央法規　2017　p.23

　福祉事務所制度の創設は、1951年の社会福祉事業法（当時）成立によるが、その背景には、当時わが国を占領統治していたGHQによるSCAPIN775によって、生活困窮者救済の国家責任が原則化され、国家機関による、公務員（有給の専門・専任職員）での生活困窮者救済事務の実施が求められたことがある。しかし、既に述べたとおり、新たな国家機関の設置

100　第Ⅱ部　生活保護の行財政と管理構造

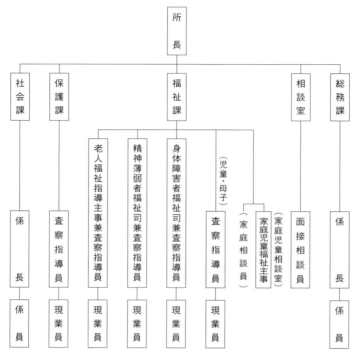

(注) 人口10万の市とは地方交付税算定における標準自治体の規模である。

図4　福祉事務所標準組織図（人口10万の場合）
出典：「福祉事務所における福祉五法の実施体制の整備について」(通知)昭和45年4月9日
社庶第74号　厚生省社会局長・児童家庭局長（当時）

が困難と考えた厚生省(当時)は、地方自治体に専門的福祉行政機関を設置させ、そこに有給の専門・専任職員を配置し、この行政機関・職員を国の責任で指導監督することで、GHQが求めた国家責任を果たそうとしたといえる。このことは、1949年にGHQ福祉担当部局（PHW）と厚生省（当時）とで確認された、「昭和25年度において達成されるべき厚生省主要目標及び期日についての提案」(「6項目提案」といわれる) の中で、「厚生行政地区制度の導入(地区福祉事務所の創設)」という項目が挙げられていることからもわかる。

こうした出自を考えると、福祉事務所は、国（この場合は厚生省）のいわば「直轄地」と考えられており、それゆえ機関委任事務という方式を採用したともいえる。

本来、福祉事務所は、専門的福祉行政機関として位置付けられており、当初厚生省（当時）は行政庁から独立した福祉現業機関を想定していた。[8]その後も図4の「福祉事務所標準組織図」のとおり独立組織を指向した。だが、福祉事務所制度創設当時（1951年）の地方自治体、特に市部では、市が福祉事務所単独組織を設置し、福祉の専門的人材を配置することは過大な負担となることから、1951年社会福祉事業法（当時）附則第9条で（福祉事務所長は）「当分の間、第16条（現業員の専務規程：筆者）の規程にかかわらず、当該都道府県又は市町村の社会福祉に関する事務をつかさどる他の職を兼ねることができる」としたため、福祉事務所組織が行政組織と重複することが一般化してしまい、独立した福祉事務所としての形態はごく僅かとなった。

この附則の「当分の間」は、2000年の社会福祉法成立まで継続し、新たに規定された社会福祉法第17条では現業員の他の業務の兼務を認めているので、実体的な変化はほとんどない。

(2) 福祉事務所の現状

福祉事務所は「第一線の社会福祉行政機関」[9]とされ、2016年4月現在、都道府県設置208か所、市・特別区設置996か所、町村設置43か所と全国で1,247か所の福祉事務所が設置されている。衛生行政の第一線機関と目される保健所を見てみると、2017年度において全国の保健所数は481か所ある。[10]つまり、福祉事務所は保健所と比較すると約3倍の設置数であるが、それだけの存在感を示しているとは言いがたい。

表1は福祉事務所の職種別職員の状況であるが、福祉事務所本来の業務ともいえる「援護、育成又は更生の措置を要する者等の家庭を訪問し、又は訪問しないで、これらの者に面接し、本人の資産、環境等を調査し、保護そ

表1　福祉事務所職種別職員の状況

平成21(2009)年10月1日現在

	職員数(人)
総　　　　　　　　数	145,025
（再掲）定員外職員総数	34,836
所　　　　　　　　長	
専　　　　　　任	299
兼　　　　　　任	959
次　　　　　　　　長	
査察指導員を兼務	27
専　　　　　　任	712
課　　　　　　　　長	
査察指導員を兼務	242
専　　　　　　任	3,585
課長補佐・係長	
査察指導員を兼務	2,125
専　　　　　　任	8,586
査察指導員（専任）	827
査察指導員の計※3	3,221
現　　業　　員	18,838
生活保護担当面接相談員	
専　　　　　　任	493
兼　　　　　　任	2,516
非　　常　　勤	343
総合相談担当面接相談員	
専　　　　　　任	75
兼　　　　　　任	286
非　　常　　勤	53
現　業　員　の　計※4	19,406
非　常　勤　現　業　員	3,451

※1　査察指導員…現業員の指導監督を行う職員
※2　現業員…要援護者の家庭訪問、面接、資産等の調査、措置の必要の有無とその種類の判断、生活指導等を行う職員
※3　査察指導員を兼務している者(次長、課長、課長補佐・係長)と査察指導員(専任)の合計である。
※4　現業員と生活保護担当面接相談員の専任の者または総合相談担当面接相談員の専任の者との合計である。

資料：厚生労働省「福祉事務所現況調査」
出典：『厚生の指標　増刊号　国民の福祉と介護の動向　2016/2017』（厚生労働統計協会）
　　　Vol.63　No.10　pp.240-241

表2　福祉事務所職員の資格取得状況

平成21(2009)年10月1日現在

	社会福祉主事		社会福祉士		精神保健福祉士	
	査察指導員	現業員	査察指導員	現業員	査察指導員	現業員
総　　　　数						
資格取得者数（人）	2246	13090	104	946	13	201
取　得　率（％）	69.7	67.5	3.2	4.9	0.4	1.0
生活保護担当						
資格取得者数（人）	1937	10299	80	641	7	66
取　得　率（％）	74.6	74.2	3.1	4.6	0.3	0.5

資料：厚生労働省「福祉事務所現況調査」
出典：『厚生の指標　増刊号　国民の福祉と介護の動向　2016/2017』（厚生労働統計協会）
　　　Vol.63　No.10　pp.240-241

の他の措置の必要性の有無及びその種類を判断し、本人に対して生活指導を行う等の事務」（社会福祉法第15条第4項）を行う現業員（19,406人）は、福祉事務所職員総数（145,025人）のわずか13.4％に過ぎない。（表1）

地方自治体財政をみると、社会福祉の経費である民生費は、地方自治体全体で歳出の25.7％と目的別では最も多く、特に市町村では民生費の比率は35.8％に達しており[11]、しかも年々比率も金額も増加している。（表3および図5）

ここからみえてくることは、地方自治体の社会福祉行政は拡大しているが、福祉事務所の役割や機能、とりわけ直接的な対人援助である「福祉現業」は相対的な位置が低下している。

これは介護保険法や障害者総合支援法などにより、行政による措置ではなく、利用契約によるサービス提供が社会福祉分野に広がることに伴い、福祉事務所の業務が直接的な対人援助から給付事務にシフトしていることがその背景にある。

また、こうした福祉現業機関から福祉給付事務機関への役割・機能の変換は、現業員（ケースワーカー）の「質」にも影響している。表2は査察指導員・現業員の福祉関係資格の取得状況であるが、生活保護の現業員に着目すると、社会福祉士資格取得者は4.6％、精神保健福祉士資格取得者は0.5％、そして現業員の基礎資格である社会福祉主事資格取得者でさえ74.2％となっており、福祉事務所現業員に対して「福祉の専門性」を求めていない姿勢をとっている地方自治体が少なくないことを物語っている。

しかし、現業員の多くは、担当する保護受給者が抱える生活課題が複雑化してきており、ケースワーカーである職員には専門性が必要であるという声がほとんどである。また福祉機能の充実のために、福祉職採用を導入する地方自治体は確実に増加している。

住民からの視点とすれば、福祉事務所はまさに生活を維持するための最後の社会的セーフティネットとして頼りにされるべき存在であり、そして何よりも困窮した自分たちの味方であってほしい機関であろう。

もちろん行政として、その業務に当たっては公正・公平であることは当

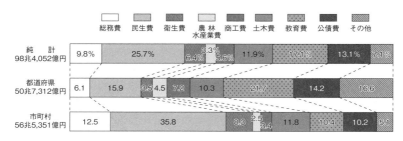

図5 地方自治体の目的別歳出決算額の構成比

出典:総務省「地方財政白書 平成29年版」2017 p.16

表3 地方自治体の目的別歳出純計決算額の構成比の推移

区分	平成17年度	18年度	19年度	20年度	21年度	22年度	23年度	24年度	25年度	26年度	27年度
	%	%	%	%	%	%	%	%	%	%	%
総務費	9.6	9.7	10.0	9.9	11.2	10.6	9.6	10.3	10.3	10.0	9.8
民生費	17.3	18.2	19.0	19.9	20.6	22.5	23.9	24.0	24.1	24.8	25.7
衛生費	6.3	6.2	6.1	6.0	6.2	6.1	7.0	6.2	6.1	6.2	6.4
労働費	0.3	0.3	0.3	0.7	1.0	0.9	1.0	0.8	0.6	0.4	0.4
農林水産業費	4.4	4.2	3.9	3.7	3.7	3.4	3.3	3.3	3.6	3.4	3.3
商工費	5.1	5.3	5.6	5.9	6.8	6.8	6.8	6.4	6.1	5.6	5.6
土木費	15.9	15.5	15.0	14.4	13.8	12.6	11.6	11.7	12.4	12.2	11.9
消防費	2.0	2.0	2.0	2.0	1.9	1.9	1.9	2.0	2.0	2.2	2.1
警察費	3.7	3.8	3.8	3.7	3.4	3.4	3.3	3.3	3.2	3.2	3.3
教育費	18.3	18.5	18.4	18.0	17.1	17.4	16.7	16.7	16.5	16.9	17.1
公債費	15.4	14.9	14.6	14.7	13.4	13.7	13.4	13.5	13.5	13.6	13.1
その他	1.7	1.4	1.3	1.1	0.9	0.7	1.5	1.8	1.6	1.5	1.3
合計	100.0	100.0	100.0	100.0	100.0	100.0	100.0	100.0	100.0	100.0	100.0
	億円	億円	億円	億円	億円	億円	億円	億円	億円	億円	億円
歳出合計	906,973	892,106	891,476	896,915	961,064	947,750	970,026	964,186	974,120	985,228	984,052

出典:総務省「地方財政白書 平成29年版」2017 p.16

然であるが、個々の住民の抱える様々な生活課題に的確に応えることのできる現業員、その業務を担保する福祉事務所の在り方が求められているといえよう。

注

1 小山進次郎（1951）『改訂増補生活保護法の解釈と運用』中央社会福祉協議会　p.84
2 小山進次郎（1951）『改訂増補生活保護法の解釈と運用』中央社会福祉協議会　p.95
3 吉田久一（1971）『昭和社会事業史』ミネルヴァ書房　p.273
4 副田義也（1995）『生活保護制度の社会史』東京大学出版会　pp.54-55
5 地方自治法は、制定当時都道府県知事が主務大臣の指導指示に従わない場合、職務執行命令訴訟・命令違反確認訴訟を通じて内閣総理大臣が知事を罷免することとされていた。この規程は現実的ではなく、地方自治の趣旨にそぐわないとして1991年の地方自治法改正で廃止された。
6 生活保護法・児童福祉法・身体障害者福祉法・知的障害者福祉法・老人福祉法・母子及び父子並びに寡婦福祉法の6法。
7 生活困窮者への支援であるが、生活保護法は法定受託事務とされたが、生活困窮者自立支援法（2013年制定）は自治事務とされた。
8 厚生省（当時）は「福祉事務所の整備・運営について」（昭和28年2月11日　厚生省社乙発第15号　厚生省社会局長通知」）で本来の福祉事務所のモデルである「標準福祉事務所」を設置するための「標準福祉事務所設置運営要綱」を示したが、その「標準福祉事務所選定基準」として「（A）独立組織であること。」を第一に挙げている。
9 『厚生の指標　増刊　国民の福祉と介護の動向　2016/2017』（2016）Vol.63　No.10　厚生労働統計協会　p.240
10 全国保健所長会「保健所数の推移（平成元年～平成29年）」
11 総務省「地方財政白書　平成29年版」p.16

参考文献

今井勝人（1993）『現代日本の政府間財政関係』東京大学出版会
新藤宗幸（1998）『地方分権』岩波書店
副田義也（1995）『生活保護制度の社会史』東京大学出版会
槌田　洋（2004）『分権型福祉社会と地方自治』桜井書店
西尾　勝（2000）『分権型社会を創る② 都道府県を変える！ 国・都道府県・市町村の新しい関係』ぎょうせい
日本社会事業大学救貧制度研究会編（1960）『日本の救貧制度』勁草書房
三和　治（1999）『生活保護制度の研究』学文社

山本　隆（2002）『福祉行財政論　国と地方から見た福祉の制度・政策』中央法規
吉田久一（1971）『昭和社会事業史』ミネルヴァ書房

第5章

生活保護行政の政府間関係分析

岩満賢次
(岡山県立大学准教授)

はじめに

　日本の生活保護行政の基盤となっているのは、日本国憲法第25条の生存権の規定である。日本国憲法第25条には、「すべて国民は、健康で文化的な最低限度の生活を営む権利を有する。」とあり、またその第二項には、「国は、すべての生活部面について、社会福祉、社会保障及び公衆衛生の向上及び増進に努めなければならない。」と国の責任が明記されている。その生存権規定に基づき、生活保護法第1条において、「この法律は、日本国憲法第二十五条に規定する理念に基き、国が生活に困窮するすべての国民に対し、その困窮の程度に応じ、必要な保護を行い、その最低限度の生活を保障するとともに、その自立を助長することを目的とする。」と国家責任を定めている。

　また、日本の生活保護制度における保護の決定・実施は、地方自治法に基づく第一号法定受託事務とされており（相談・助言は自治事務）、地方自治体の事務となっている。しかしながら、保護の決定・実施については、国の強力な権限があることは多くの論者から指摘されてきているところである。ここでは、権限統制、組織統制、財政統制を挙げて検討したい。

1 生活保護制度の歴史と政府間関係

　本節では、生活保護制度の歴史を振り返りながら、どのように集権的な体制が確立したのか見ていきたい。現在の生活保護制度は1950年の生活保護法改正に基づき整備されたものである。日本において公的扶助制度が開始されたのは、明治時代の恤救（じゅっきゅう）規則（1874年）であり、世界大恐慌後の救護法（1929年）、第二次世界大戦後の生活保護法（1946年、いわゆる旧生活保護法）を経て、現行の生活保護法へ受け継がれている。

　明治時代以降の政府間関係を見てみると一貫して中央集権的であったといえる。その中心的な仕組みが機関委任事務制度であり、1999年の地方分権一括法に至るまで、地方自治体の事務を大きく統制してきた。生活保護制度の実施についても例外ではなく、機関委任事務制度の下で行われてきた。この機関委任事務制度は、1986年の機関委任事務整理合理化法までの間、国が地方自治体に対する「包括的指揮監督権」を持ち、地方自治体の事務を統制し続けてきた。しかしながら、市川によると、明治時代の機関委任事務制度を戦後も受け継いでいるが、戦後の福祉国家拡大のなかで中央と地方の関係性は変容しており、総司令部の占領下において「機能的集権化」が確立され、その典型例が生活保護行政であったとしている（市川　2017：807）。すなわち、総司令部の指令SCAPIN775「社会救済に関する覚書」（1946年）のなかで公的扶助4原則が出され、国家責任による社会福祉行政が求められたのである。市川によると、「高率の国庫負担金によって補助された機関委任事務を必置機関と必置職員を置いて実施するという、戦後社会福祉行政の実施体制が確立された」（市川　2017：808）とされ、必置機関とは現在の福祉事務所であり、必置職員とは社会福祉主事であった。当時は、総司令部の指示のもと、30億円にもなる予算が確保され、8割という国の負担のもとで生活保護制度が実施された。また、その際には、最低生活保障や不服申立制度なども新しく取り入れられていった。しかしながら、総司令部が撤退していく中で、「適正化」という名のもと、生活保護行政は度重なる引き締めを行っていくのである。

しかしながら、この「適正化」政策は、旧生活保護法の時代から始まっている。岸によると、1949年2月の通達「生活保護法の適用に関する件」（昭和24年2月25日社発第324号各都道府県知事宛、厚生省社会局長通知）が、当時の生活保護適用闘争の高まりに対する当局者のいう「この制度に内在する正しい方向性」の具現化であった（岸　2001：89)[1]。その後も生活保護適用闘争が続く中で、同年に通達「生活保護法の集団的適用の規整に関する件」（昭和24年12月22日社乙発第260号各都道府県知事宛、厚生省社会局長通知）が出されているが、岸はこれらの一連の動きについて、「生活保護行政は、ドッヂ・ラインのもと時とともに抑圧態勢を強め露骨化していった」（岸　2001：93）としている。この傾向は、1950年改正の生活保護法以降は「新生活保護法において制度的に定着させられるに至る」と同じく岸は分析している（岸　2001：93）。

多くの論者によると、適正化は1950年改正後の生活保護制度下において3度行われている。ここでは大友の議論をもとに見ていく（大友　1984及び大友　2000：228-314）。大友によると、第一次適正化（1954年から1956年）は、直接的には結核関係費を中心とする医療扶助費の増額を引き締めるのが目的であった。1953年度の医療扶助費の増加が補正予算に影響し、1954年度予算の引き締めが求められたのである。具体的には、1953年に大蔵省、行政管理庁が独自の医療扶助調査を実施し、厚生省に「適正」な運営を求めているのである。その結果、「生活保護基準の3年以上にわたる据え置きの実施」及び「『適正化』を行政指導で強化すること（通知と監査を中心に展開）」、「『適正化』の重点対象として、結核患者の退院促進と外国人保護受給者の保護廃止」を行ったのである。さらに、第二次適正化（1964年から1966年）は、朝日訴訟第二審判決（1963年）や特定地域（産炭地域など）における保護率の増加、直接的には1963年の保護率の上昇を受け、1964年以降に実施された。具体的には、高度経済成長やインフレ政策を反映して生活保護基準が上昇していく中で、稼働年齢層を生活保護から排除していく方針をとったこと、および権力的な「生活指導（例えば、検診命令や就労指示）」とあわせて「生活指導」を効果的に行うケース訪問類型分類基準の作

成、によって行われた。

　第三次適正化(1978年から1993年)は、1981年の「123号通知」(昭和56年11月17日社保第123号「生活保護の適正実施の推進について」)をもとに議論されることが多いが、大友は、この第三次適正化をさらに四つの段階に分類している。第一段階(第三次「適正化」準備期)は1978年から1981年にかけて行われ、「適正」実施という今までの行政指導と共通する方法で保護動向の「安定」化が追求された。第二段階(第三次「適正化」前期)は1981年から1984年にかけて行われ、1981年に「123号通知」が出され、世帯分離、収入申告、在宅患者加算等の基準が従来とは異質の内容で引き締められた。また、第二段階には、地方自治体の「先進事例」を学ばせるモデル事務所実施研修事業を打ち出した点も特徴として挙げられる。第三段階(第三次「適正化」後期)は1985年から1989年に行われており、前期の適正化政策と連続し、この時期により明確な形で生活保護費削減政策が打ち出されている。第四段階(第三次「適正化」緩和期)は、1990年から1993年に行われている。123号通知以降の流れに大きな変化はないが、1990年代の福祉改革と超低保護率の定着が監査方針に影響を与え、さらに1990年の監査方針において「適正化」一辺倒から方針の内容に柔軟性の兆しが出てきた。1992年の監査方針には漏給の防止も語られるようになっている。

　以上、大友の研究をもとに生活保護の「適正化」についてみてきた。この適正化の流れは終えているのであろうか。新保・根本は、生活保護制度の適正化について、同じく三期に分けたうえで、第三次適正化は、それ以前の「適正化」政策とは異なった特徴を2つ持っているとし、「1つは、『適正化』の期間をいつからいつまでとするかについて論者により意見が分かれている点」そして「もう1つは、そのような意見の違いにもかかわらず、第一次および第二次「適正化」の期間が数年間であったのに対して、第三次は長期にわたるという認識ではほぼ共通している点である。第三次「適正化」がいつ終わったのかについてはあまり言及がない。」としたうえで、「いわば保護の抑制ということが常態化していった」とまとめている(新保・根本2001：325-326)。すなわち、この第三次適正化は、いつまでのことを指すの

か現時点では定かではないが、保護抑制は常態化している。さらに、近年の生活保護受給世帯の増加を受け提出された『生活保護行政を適正に運営するための手引きについて』（平成18年3月30日社保発第0330001号）を、内田は第四次適正化政策とも指摘している（内田　2014：2）。

　以上のように、国は、現行の生活保護制度以前から一貫して生活保護制度に強く介入してきているといえる。以下では、現在のそれぞれの仕組みについてみていきたい。

2　権限統制

(1) 法定受託事務に対する権限統制

　上述の通り、日本は、明治時代以降機関委任事務により地方自治体の事務を統制してきた。地方分権一括法により機関委任事務は廃止され、地方自治体の事務は、法定受託事務と自治事務に配分され、保護の決定・実施は、地方自治法に基づく第一号法定受託事務とされたのである。

　この法定受託事務は、地方自治法に基づき実施されるものである。地方自治法を参照すると、法定受託事務そのものに国の積極的な関与をみることができる。まず、「技術的な助言及び勧告並びに資料の提出の要求」として、地方公共団体に対する技術的な助言・勧告の実施、もしくは資料の提出の要求ができる。さらには、「大臣」による「是正の指示」の権限がある。この「指示」については、自治事務が「是正の要求」や「是正の勧告」の権限となっており、「法定受託事務」は「指示」というより強い権限規定になっている。

　これに従わない場合、「大臣」は、「高等裁判所に対し、訴えをもつて、当該事項を行うべきことを命ずる旨の裁判を請求することができる。」という代執行の規定も含まれている。

　また、事務の実施に当たって「各大臣」は、その所管する法律またはこれに基づく政令に係る都道府県の法定受託事務の処理について、都道府県が

当該法定受託事務を処理するに当たりよるべき「基準を定める」ことができるとされている。

以上のことから、法定受託事務そのものに、強い国の権限が盛り込まれている。

(2) 通知を通じた権限統制

保護の決定・実施にあたっては、社会福祉法や生活保護法といった法令のみならず、国の定める詳細な保護実施要領等があり、「生活保護法による保護の実施については、法令及び告示に定めるもののほか、この要領による」と、これに従うものとされている。これらの要領は、厚生労働省から地方自治体に通知されるのである。

この通知には、「厚生労働省告示」「事務次官通知」「局長通知」「課長通知」がある。

まず第一に、「厚生労働省告示」については、生活保護法第8条に「基準及び程度の原則」があり、「保護は、厚生労働大臣の定める基準により測定した要保護者の需要を基とし、そのうち、その者の金銭又は物品で満たすことのできない不足分を補う程度において行うものとする。」と厚生労働大臣の基準を定める権限を委任している。厚生労働省告示(昭和38年4月1日厚生労働大臣告示第158号、最新改正平成26年3月31日)に基づき、公表されている。

第二に、事務次官通知については、「生活保護法による保護の実施要領について」(昭和36年4月1日発社第123号各都道府県知事・各指定都市市長宛)には、「生活保護法による保護の実施については、法令及び告示に定めるもののほか、この要領による。」とされ、「世帯の認定」「実施の責任」「資産の活用」「稼働能力の活用」「扶養義務の取扱い」「他法他施策の活用」「最低生活費の認定」「収入の認定」「収入認定の取り扱い」「保護の開始申請等」「保護の決定」「保護決定実施上の指導指示及び検診命令」「訪問調査等」「その他」「施行期日等」について、生活保護の実施にわたる基準が明記されてい

る。なお、本通知は、「地方自治法第245条の9条第1項及び第3項の規定による処理基準」とされており、「生活保護実施機関が生活保護事務を処理するに当たりよるべき基準」を定めている。

　第三に、局長通知については、「生活保護法による保護の実施要領について」（昭和38年4月1日発社第246号各都道府県知事・各指定都市市長宛）には、上記事務次官通知と同様の項目について、より細部にわたる生活保護の実施に関する運営の方法について定めている。なお、本通知も、「地方自治法第245条の9条第1項及び第3項の規定による処理基準」とされており、「生活保護実施機関が生活保護事務を処理するに当たりよるべき基準」を定めている。

　第四に、課長通知については、「生活保護法による保護の実施要領について」（昭和38年4月1日発社第246号各都道府県知事・各指定都市市長宛）には、上記事務次官通知および局長通知と同様の項目について、保護の実施機関から寄せられた質問およびそれに対する回答を問答形式で記載している。なお、本通知も、「地方自治法第245条の9条第1項及び第3項の規定による処理基準」とされており、「生活保護実施機関が生活保護事務を処理するに当たりよるべき基準」を定めている。

　事務次官通知、局長通知、課長通知のそれぞれについて、「世帯の認定」の冒頭を例に記すと、表1のとおりとなっている。

　これらの通知行政についてどのように評価すべきか。落合は、次のように述べている。「地方自治体職員は、機関委任事務制度が創設された明治期以来、法令や国の通達・通知を遵守することで「通達・通知への依存」という習慣を身につけ、組織内で遺伝的に受け継いできた。機関委任事務制度に代わって創設された法定受託事務と自治事務は、この習慣を否定し、新たな行動を義務付けたりするものではない。そのため、通達・通知への依存という習慣が彼らの内面に、また組織レベルにおいては「行政体質」として残されており、改革されずに残された法令等による細かい縛りと同調しながら、彼らを従前の思考と行動へと動かしているのである」（落合　2012：123）。

表1　生活保護行政における通知の例

事務次官通知　第1
　同一の住居に居住し、生計を一にしている者は、原則として、同一世帯員として認定すること。
　なお、居住を一にしていない場合であっても、同一世帯として認定することが適当であるときは、同様とすること。

局長通知　第1
1　居住を一にしていないが、同一世帯に属していると判断すべき場合とは、次の場合をいうこと。
　（1）出かせぎしている場合
　（2）子が義務教育のため他の土地に寄宿している場合
　（3）夫婦間又は親の未成熟の子（中学3年以下の子をいう。以下同じ。）に対する関係（以下「生活保持義務関係」という。）にある者が就労のため他の土地に寄宿している場合
　（4）行商又は勤務等の関係上子を知人等にあずけ子の生活費を仕送りしている場合
　（5）病気治療のため病院等に入院又は入所（介護老人保健施設への入所に限る。2の（5）（ウを除く。）及び（6）並びに第2の1において同じ。）している場合
　（6）職業能力開発校等に入所している場合
　（7）その他（1）から（6）までのいずれかと同様の状態にある場合

> 課長通知
> 問（第1の4）　出かせぎ又は寄宿とは、生計を一にする世帯の所在地を離れて、特定又は不特定期間、他の土地で就労、事業、就学等のため仮の独立生活を営み、目的達成後その世帯に帰ることが予定されている状態をいうものと解してよいか。
> 答　お見込みのとおりである。
> 問（第1の5）　生計を一にする世帯から離れて、他の土地に新たな生計の本拠を構えた場合には、これを転出として取り扱ってよいか。
> 答　貴見のとおり取り扱って差しつかえない。
> （以下略）

出典：『生活保護手帳　2017年度版』中央法規、193-194頁

生活保護行政における通知も大きな影響力を持っている。「厚生労働省は関係通知により、法改正を行うことなしに生活保護行政の実質的変更を進めてきた。つまり、生活保護の歴史は適正化の歴史といえるほどに、関係通知によって、生活保護法の運用は変化してきた」(内田　2014：2)のである。すなわち、この通知は、不変のものではなく、時代と共に変容し続けながら、地方自治体の生活保護行政を統制してきているのである。

(3) 監査を通じた権限統制

また、厚生労働省の社会局監査指導課を頂点とする監査指導体制を構築し、監査方針の徹底を通じて、地方自治体の権限を統制している。生活保護法第23条には、「事務監査」が定められており、「厚生労働大臣は都道府県知事及び市町村長の行うこの法律の施行に関する事務について、都道府県知事は市町村長の行うこの法律の施行に関する事務について、その指定する職員に、その監査を行わせなければならない。」、第二項では「前項の規定により指定された職員は、都道府県知事又は市町村長に対し、必要と認める資料の提出若しくは説明を求め、又は必要と認める指示をすることができる。」としている。

この国による監査は、地方自治体の生活保護行政に多大な影響を与えている。戸田は、生活保護制度の自立助長に焦点を当て、その変遷をまとめる中で、「生活保護行政の政策動向は、施行事務監査により福祉事務所を統制し、現業職員による自立助長の取り組みにより保護受給者に指導・指示してきた歴史を持つ。」(戸田　2009：55)と述べ、国の監査の主眼が生活保護制度の現業職員の業務に影響を与えているとしている。

この国による地方自治体の監査体制の実施については、前述の適正化の歴史と強い関連がある。この点については、山本による整理(山本　2002：170-172)をもとにみていきたい。

生活保護法は1950年に施行され、その監査については、1952年1月に監査要綱が出されている。当初の監査要綱の目的は保護の実施体制の整備に

置かれていたが、1953年より、「第一次適正化」が始まる。その1953年4月には、第二回監査要項が出され、行政整理の一層の促進と地方財政の悪化を背景とした保護費の節減が目的とされた。

しかしながら、1960年には第三回監査要綱が出され、①指導機能の重視、②地方自治体の創意工夫を基調とする、③監査方式は原則の提示と実状に応じた方式を採用する、という内容のもと、生活保護の改善がみられた。

続いて、第二次適正化のころには、1963年に朝日訴訟第二審判決(国側勝訴)もあり、新しい監査方針が示される。1964年度監査方針は、第三回監査要綱の方針を変更し、「不正受給者の一掃、稼動収入、資産等事実把握の正確化」を図った。このころより、被保護世帯名簿の整備が行われ、ケースの類型化が図られ、1965年以降稼働年齢層の保護適用の減少につながっていった。

そのようなケースの類型化が行われるなかで、1970年から1974年までの間、監査方針の主眼事項に、「要看護ケース」の充実が挙げられている。すなわち、高齢、障害、疾病などの「要看護ケース」に対する処遇の充実が図られたのである。他方で、労働能力のあるものについては自立の促進が行われ、保護適用適格性を重視していた。

1975年には、再び生活保護制度見直し期に入る。監査主眼事項から「要看護ケース」が削除され、福祉年金と加算の同額方式が崩された。そして、「福祉事務所における組織的な運営管理の推進」と「適正な保護の決定及び実施の確保」が強調されるようになった。

1978年より、第三次適正化が始まる。1978年の監査方針には、「被保護者の届け出義務の履行」という項目が加わり、1979年には「稼働収入の把握」「能力活用の状況」「生別母子世帯等における扶養義務調査」による「事実把握の徹底」が盛り込まれた。その後、いわゆる「123号通知」が出され、「適正化」が一層促進され、適正化が常態化していくのである。会計検査院、厚生省、都道府県の監査が繰り返し行われ、就労・扶養・資産保有について厳しいチェックが実施されている。そして、不適切な保護の適用については、保護費の返還命令を出すという強い指導さえ行われていた。

山本は、これらの監査体制の構築が、「福祉事務所は管理職をはじめ全員が、監査対策に追われ、生活保護者への援助や要保護者への迅速な救済ということは手薄になり、もっぱら不正受給の摘発と保護申請の抑制という業務内容に変質」してしまったと評価している（山本　2002：171）。

以上、山本の整理をもとに、監査の歴史をみてきたが、これらの監査の仕組みは現在もなお続いている。現在は、「生活保護法施行事務監査の実施について」（平成12年10月25日社援第2393号厚生省社会・援護局長通知、最終改正：第14次改正、平成29年3月29日社援発0329第46号）をもとに監査が行われている。本通知の法的根拠は、生活保護法第23条第1項（厚生労働大臣は都道府県知事及び市町村長の行うこの法律の施行に関する事務について、都道府県知事は市町村長の行うこの法律の施行に関する事務について、その指定する職員に、その監査を行わせなければならない。）であり、事務監査が法定受託事務と位置づけられている。また、地方自治法第245条の9（国は、地方公共団体が法定受託事務を処理するに当たりよるべき基準（処理基準）を定めることができる）に基づき、都道府県知事等が行う生活保護法施行事務監査の事務については、「生活保護法施行事務監査実施要綱」が定められている。

本通知に記載されている指導監査の目的は、「監査は、市町村及び福祉事務所における生活保護法の施行事務につき、その適否を関係法令及び取扱指針等に照らし個別かつ具体的に検討し、必要な是正改善の措置を講ずるとともに、生活保護行政がより適正かつ効率的に運営できるよう指導・援助するものであること。」とある。

監査の類型および実施方式については、一般監査および特別監査があり、「生活保護法施行事務監査事項」に基づき、関係書類を閲覧し関係者からの聴取によって行い、効果的な指導監査の実施に努めることとされている。一般監査については、①一般監査は年間の計画に基づき、原則として全ての福祉事務所に対し、年1回実地に行うこと、②一般監査においては、保護の決定手続及び方法の適否並びに被保護者の自立助長等個別的援助の適否の検討（ケース検討）を行うものとするが、これらの取扱いが適正かつ効

率的に行われるための前提条件となる次に掲げる事項についても十分な検討を行うこと：組織機構と職員の配置状況、業務の進行管理等査察指導の状況、保護の決定等事務処理の状況、訪問調査活動の状況、町村並びに民生委員等との連携の状況、指定医療機関、社会福祉施設及びその他関係機関との連携状況、その他必要な事項、③ケース検討においては、福祉事務所の被保護世帯類型、労働力類型等を考慮のうえ、当該福祉事務所の全般的傾向が把握できるケースを選定することとし、その数は全ケース数の概ね1割を目途とすること、また、保護の面接相談及び保護の廃止の対応状況についても、十分な検討を行うこと、なお、前年度の監査結果等を踏まえ、特定の問題がある場合には、その問題傾向に応じてケースを選定すること、とされている。

特別監査については、一般監査のほか、必要に応じ、①特定の事項に問題がある福祉事務所に対して行う特別な監査、②保護動向等に特異な傾向を示す福祉事務所に対して行う特別な監査、③監査後の状況を確認するための監査、について行うことができる。

毎年の監査の重点事項は、「生活保護法施行事務監査の実施について」（平成12年10月25日社援第2393号厚生省社会・援護局長通知）の別紙「生活保護法施行事務監査事項」に記載され、毎年3月に行われる「生活保護関係全国係長会議」にて通達される。

2018年3月2日実施の「生活保護関係全国係長会議」配布資料の中にある別紙「生活保護法施行事務監査事項」には、次の点が主眼事項として記載されている。

　1　保護の適正実施の推進
　　(1) 保護の相談、申請、開始段階における助言、指導及び調査の徹底
　　(2) 保護受給中における指導援助の推進
　　(3) 適正な保護の決定事務の確保
　　(4) 不正受給防止対策等の推進
　2　医療扶助の適正運営の確保

3　介護扶助の適正運営の確保
　4　実施機関における入所措置等の適正実施の確保
　（1）適正な措置事務等の確保
　（2）適正な保護の決定事務の確保
　5　組織的な運営管理の推進
　（1）計画的な運営管理の推進
　（2）査察指導機能の充実
　（3）実施体制の確保
　6　実施機関の実情に応じた重点的な指導の徹底

　これらの項目について、着眼点がさらに詳細に記されているのである。
　また、これらの監査に先立ち、事前資料の提出が求められている。その根拠は通知「厚生労働省による都道府県指定都市に対する生活保護法施行事務監査にかかる資料の提出について」（平成12年10月25日社援監第18号、厚生省社会・援護局長監査指導課長通知、最終改正：第16次改正、平成28年3月29日社援自発0329第3号）である。本通知も地方自治法第245条の9に規定する処理基準となっている。本通知に基づき、原則、監査期日3週間前までに生活保護法施行事務監査にかかる資料を提出することと定められている。
　さらに、これらの監査の結果について報告を求める通知「生活保護法施行事務監査の実施結果報告について」（平成12年10月25日社援監第19号、厚生省社会・援護局長監査指導課長通知、最終改正：第16次改正、平成29年3月29日社援自発0329第1号）も存在する。本通知も地方自治法第245条の9に規定する処理基準となっている。本通知に基づき、毎年度6月末日までに生活保護法施行事務監査の実施結果報告を提出することと定められている。
　その他に、福祉事務所に対する監査のみならず、指定医療機関等に対する監査もある。その根拠は、通知「指定医療機関等に対する指導及び検査の実施結果報告について」（平成26年3月31日社援保発第0331第4号、厚生労

働省社会・援護局保護課長通知)である。この通知の別紙で定める「指定医療機関等に対する指導及び検査の実施結果報告」に基づき、毎年度5月末日までに指定医療機関等に対する指導および検査の実施結果報告を提出することとなっている。

このように、生活保護法施行事務監査については、多くがその通知により実施されており、国に強い権限が与えられている。また、総務省による行政評価・監視結果により、厚生労働省に対して「生活保護に関する実態調査：結果に基づく勧告」が出されている。近年では、2014年(平成26年)8月1日に厚生労働省に対して勧告がなされている(図1)。厚生労働省は、この勧告に基づき、2回にわたり主な改善措置状況を報告している。

(4) 不服申し立てを通じた権限統制

生活保護法に基づき保護の申請を行った者は、保護の実施機関による保護の開始、却下、停廃止、就労自立給付金の支給に関する処分に不服がある場合、生活保護法および行政不服審査法に基づき、都道府県知事に対して審査請求を行うことができる。また、審査請求を経ても、当該請求になお不服がある場合には、厚生労働大臣に対して再審査請求を行うことができる。さらには、行政事件訴訟として、生活保護法に係る処分の取消し訴訟を行うことができる。しかしながら、「この法律の規定に基づき保護の実施機関又は支給機関がした処分の取消しの訴えは、当該処分についての審査請求に対する裁決を経た後でなければ、提起することができない(生活保護法第69条)」と記されており、処分の取消し訴訟は、審査請求の裁決を得た後でなければならないという「不服申立前置主義」をとっている。

この不服申立前置主義について、総務省の行政不服審査制度検討会最終報告「行政不服審査法及び行政手続法改正要綱案の骨子」(平成19年7月)では、「新しく設けられる審査請求の審査庁については、処分庁に上級行政庁がある場合(処分庁が主任の大臣又は宮内庁長官若しくは外局若しくはこれに置かれる庁の長である場合を除く。)で、処分庁が国の行政機関である

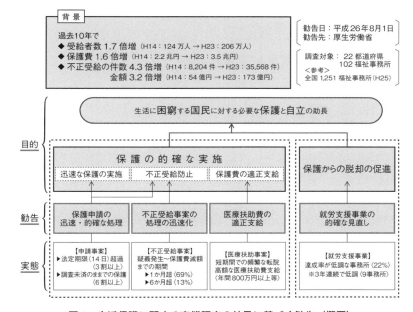

図1　生活保護に関する実態調査の結果に基づく勧告（概要）
出典：総務省（2014）「生活保護に関する実態調査：結果に基づく勧告」、1頁

ときは、上級行政庁が複数存在するときも含めて、審理の客観性・公正さを確保するとともに、審査請求人に本省庁による審理を受ける機会を確保し、かつ、統一的な処理を図る観点から、個別法で特に定める場合を除き、当該処分庁の上級行政庁である『主任の大臣又は宮内庁長官若しくは外局若しくはこれに置かれる庁の長』が審査庁となるものとする。」とあり、審査請求の裁決による行政の統一的な運営を図る仕組みであるといえる。

さらに、行政事件訴訟法第32条には、「取消判決等の効力」として「処分又は裁決を取り消す判決は、第三者に対しても効力を有する。」とあり、審査請求（知事）や再審査請求（大臣）の裁定に、裁判の判例と同じ効果を持たせるなどで、福祉事務所の事務を統制している。

3　組織統制

(1) 福祉事務所の設置に関する統制

　福祉事務所の設置に関する規定は、社会福祉法に定められている。社会福祉法第14条では、第1項「都道府県及び市（特別区を含む）は、条例で、福祉に関する事務所を設置しなければならない。」、第2項「都道府県及び市は、その区域（都道府県にあっては、市及び福祉に関する事務所を設ける町村の区域を除く。）をいずれかの福祉に関する事務所の所管区域としなければならない。」、第3項「町村は、条例で、その区域を所管区域とする福祉に関する事務所を設置することができる。」とされている。

　この福祉事務所は、本章の第1節で記載したように、機関委任事務を実施するための必置機関として戦後に確立された組織である。社会福祉法第15条に基づくと、福祉事務所の組織として、福祉事務所長および指導監督を行う所員（査察指導員）、現業を行う所員（現業員）、事務を行う所員を配置することとなっている。同条には、その役割として、「所の長は、都道府県知事又は市町村長（特別区の区長を含む）の指揮監督を受けて、所務を掌理する。」「指導監督を行う所員は、所の長の指揮監督を受けて、現業事務の指導監督をつかさどる。」「現業を行う所員は、所の長の指揮監督を受けて、援護、育成又は更生の措置を要する者等の家庭を訪問し、又は訪問しないで、これらの者に面接し、本人の資産、環境等を調査し、保護その他の措置の必要の有無及びその種類を判断し、本人に対し生活指導を行う等の事務をつかさどる。」「事務を行う所員は、所の長の指揮監督を受けて、所の庶務をつかさどる。」とされている。このように、福祉事務所の組織は首長の監督下にあることを明記し、また、それぞれの所員は、所長の監督下に置かれている。また、いわゆるケースワーカーと呼ばれる現業員や、その指導役である査察指導員は、社会福祉主事でなければならないとされ、その社会福祉主事は、「都道府県知事又は市町村長の補助機関である職員」とされており、現業員にはあくまでも首長の補助機関として位置づけ、権限を統制している。

(2) 現業員に関する統制

　従来の機関委任事務のもとでは、福祉事務所の所員の費用は生活保護法施行事務費として国庫支出金の対象であった。しかしながら、2003年に地方自治体の一般財源化が行われ、その後には地方分権改革のなかで、福祉事務所の所員、とりわけ現業員の配置の規定が変更されている。

　2011年に、「地域の自主性及び自立性を高めるための改革の推進を図るための関係法律の整備に関する法律」（第一次一括法）（5月2日公布）が公布され、地方自治体の自主性を強化し、自由度の拡大を図るため、義務づけ・枠づけの見直しと条例制定権の拡大を位置づけた（41法律）。

　さらには、2011年の第二次一括法（8月30日公布）により、義務づけ・枠づけの見直しと条例制定権の拡大（160法律）が行われ、施設・公物施設管理の基準（施設基準は条例で制定、政省令は条例制定の基準へ）が変更され、「従うべき基準」（当該基準に従う範囲内で地域の実情に応じた内容を定める条例は許容されるものの、異なる内容を定めることは許されないもの）、「標準」（合理的な理由がある範囲内で、地域の実情に応じた「標準」と異なる内容を定めることが許容されるもの）、「参酌すべき基準」（地方自治体が十分に参酌した結果としてであれば、地域の実情に応じて、異なる内容を定めることが許容されるもの）に分類された。

　「従うべき基準」としては、軽費老人ホーム・保護施設の職員の資格および数、居室面積等などがあり、「標準」としては、軽費老人ホーム・保護施設の利用者数、「参酌すべき基準」として条例制定基準を設けない例としては、軽費老人ホーム・保護施設のうち、上記以外の基準などが示された。このような一連の改革のなかで、福祉事務所の現業を行う所員の員数は、「標準に従う」とされた（表2）。

　この点は、一見すると、地方自治体に福祉事務所の現業員数を自由に決められるように見えるが、現実には、現業員数は、増加する被保護者に比例して増加することなく、現時点では充足率を満たしていない（表3）。これは、次節でみる財政統制と通じている。財源を十分に確保できない地方自

表2　社会福祉法での福祉事務所の所員の規定（所員の定数）

（所員の定数）
第16条　所員の定数は、条例で定める。ただし、現業を行う所員の数は、各事務所につき、それぞれ次の各号に掲げる数を標準として定めるものとする。
　一　都道府県の設置する事務所にあっては、生活保護法の適用を受ける被保護世帯（以下「被保護世帯」という。）の数が390以下であるときは、6とし、被保護世帯の数が65を増すごとに、これに1を加えた数
　二　市の設置する事務所にあっては、被保護世帯の数が240以下であるときは、3とし、被保護世帯数が80を増すごとに、これに1を加えた数
　三　町村の設置する事務所にあっては、被保護世帯の数が160以下であるときは、2とし、被保護世帯が80を増すごとに、これに1を加えた数

出典：社会福祉法より抜粋

表3　生活保護担当現業員の配置標準数に対する配置状況

区分	配置標準数（人）	配置人員（人）	充足率（%）
総数	20,115（15,560）	18,183（13,881）	90.4%（89.2%）
郡部	1,307（1,237）	1,353（1,246）	103.5%（100.7%）
市部	18,808（14,323）	16,830（12,635）	89.5%（88.2%）

※配置標準数は、被保護世帯数に対し、郡部福祉事務所は65：1、市部福祉事務所は80：1でそれぞれ算定
※（　）は常勤の配置数
出典：厚生労働省（2017）「平成28年福祉事務所人員体制調査について」

治体は、標準を満たすことができなかったり、非正規職員を充当するなどの措置を行っている。表3を見る限り、配置人員の4,302人（23.6%）もの職員が常勤ではないことが分かる。

また、査察指導員や現業員は、社会福祉主事でなければならないとされている（社会福祉法第15条第6項）。しかしながら、福祉事務所人員体制調査（2016年度）によると、社会福祉主事資格保有割合は、生活保護担当の査察指導員が82.7％（74.6％）、生活保護担当の現業員が82.0％（74.2％）となっており、基準を満たしていない（（　）内は常勤者のみの割合）。

　また、加藤による神戸市の福祉事務所調査では、20代が40％を占め、また24歳までの新人職員が22.5％を占めるなどの環境にあり、職員の精神疾患による1か月以上の病休者の比率は、市長部局職員（本庁、区役所の他保育士等を含む）の2倍近くにあると分析している（加藤　2017：32-33）。同様に、上原も、現業員の全国調査の結果より、ケースワークの専門性の担保に疑問を投げかけている（上原　2015：62-63）。

　このように、福祉事務所の現場は、十分な組織体制とは言い難い現状があるのである。この背景には、地方分権の名のもと、国が生活保護法施行事務についての国庫支出を行わなくなったことがあり、下記でみる地方交付税においても十分な措置を行っていないために起こっている現象である。

4　財政統制

(1) 生活保護費の基準による財政統制

　生活保護の給付額は、生活保護法による保護の基準（昭和38年厚生省告示第158号）により、全国一律に定められている。そのなかで、級地制度・加算制度、控除制度などにより、詳細に金額が定められており、地方自治体には裁量がない。

　例えば、小泉政権下での母子加算、老齢加算が廃止された。母子加算は2005年度から段階的に縮小され、2009年4月に全廃、老齢加算は2004年度から順次減額され、2006年度に廃止された（母子加算は2009年12月に復活した）。国の裁量で、加算は廃止できるのである。

また、2013年に提出された社会保障審議会生活保護基準部会報告書（平成25年1月18日）、そして同年厚生労働省保護課による報告書「生活保護基準等の見解について」（1月27日）により、生活保護の給付額の大幅な減額が進められた（この際の引き下げの理由は、2008年から2011年にかけて物価が4.78％下落したこととしている）。この結果、生活保護受給者の約96％が減額となっており（日本弁護士連合会貧困問題対策本部編　2015：185）、10,654件の審査請求が行われている（厚生労働省社会保障審議会第14回生活保護基準部会資料（平成25年11月22日））。また、近年もさらなる削減の議論が加速している一方で、最低生活費が満たされているのかどうかに関する議論はみられず、削減ありきの議論がみられている。

（2）地方交付税交付金を通じた財政統制

　続いて、国は、生活保護法第75条（表4）のとおり、生活保護費を負担しなければならない。この費用負担の額は、生活保護費の4分の3を占めており、地方自治体からみると、生活保護の実施の費用は、国のものが大半を占めているといえる[2]。

　他方で、生活保護費の4分の1は地方自治体の自主財源から拠出されることとなる。しかしながら、地方自治体の財政格差は大きく、財政力の十分ではない地方自治体のために、地方交付税の仕組みがある。ここで整理すると、地方自治体の財源は、主として、一般財源としての地方税（住民税、固定資産税など地方の税財源）、地方交付税（会計の不足分を補うために国から補填される財源（使途は定められていない））、国庫支出金（国庫補助金、国庫負担金など、法律上国の支出が定められている財源（使途は法律により定められている））となる。そのため、国庫支出金と地方税のみで生活保護費を賄えない地方自治体は、地方交付税を国から受けることとなる。ちなみに、地方交付税を受けている地方自治体を交付団体、ごく一部ではあるが地方税が豊かにあり、地方交付税が交付されない団体を不交付団体と呼ぶ。この不交付団体は各年の財政状況により変動する。

交付団体への地方交付税には基準財政需要額という基準があり、生活保護費についてもこの基準財政需要額に基づき、各地方自治体に地方交付税が交付される。その計算式は、基準財政需要額＝単位費用（法定）×測定費用（国勢調査人口）×補正係数である。

ここで重要なものが算定の基礎となる単位費用である。単位費用とは、各地方自治体の測定単位（国勢調査人口）に「単価」を乗じる必要があるが、この測定単位に乗ずる単価のことである。この単位費用とは、「道府県又は市町村ごとに、標準的条件を備えた地方団体が合理的、かつ、妥当な水準において地方行政を行う場合又は標準的な施設を維持する場合に要する経費を基準とし、補助金、負担金、手数料、使用料、分担金その他これらに類する収入及び地方税の収入のうち基準財政収入額に相当するもの以外のものを財源とすべき部分を除いて算定した各測定単位の単位当たりの費用（当

表4　生活保護法での費用負担

（国の負担及び補助）
第75条　国は、政令で定めるところにより、次に掲げる費用を負担しなければならない。
　一　市町村及び都道府県が支弁した保護費、保護施設事務費及び委託事務費の四分の三
　二　市町村及び都道府県が支弁した就労自立給付金費の四分の三
　三　市町村が支弁した被保護者就労支援事業に係る費用のうち、当該市町村における人口、被保護者の数その他の事情を勘案して政令で定めるところにより算定した額の四分の三
　四　都道府県が支弁した被保護者就労支援事業に係る費用のうち、当該都道府県の設置する福祉事務所の所管区域内の町村における人口、被保護者の数その他の事情を勘案して政令で定めるところにより算定した額の四分の三
　2　国は、政令の定めるところにより、都道府県が第七十四条第一項の規定により保護施設の設置者に対して補助した金額の三分の二以内を補助することができる。

出典：生活保護法より抜粋

該測定単位の数値につき第13条第1項の規定の適用があるものについては、当該規定を適用した後の測定単位の単位当たりの費用）で、普通交付税の算定に用いる地方行政の種類ごとの経費の額を決定するために、測定単位の数値に乗ずべきものをいう。」（地方交付税法第2条第6項）と定められている。福祉事務所は、都道府県と市町村に設置されるものがあり、都道府県と市町村ごとに単位費用が定められている。国は、地方交付税の基準財政需要額を算定するにあたり、標準団体を定めている。市町村では人口10万人、面積160km²の市を、都道府県は人口170万人、面積6,500km²の県を標準としている。この標準団体では施設数や職員数も想定され、市部人口10万人の標準団体を想定した場合、生活保護費であれば、社会福祉事務所数1か所、職員数31名といった具合でみている。この数値は、毎年変更されている（表5および表10）。

　ここで算出した額を標準団体の測定単位の数値で割ったものが単位費用となる。2017年度の地方交付税の計算に基づくと、生活保護費について、都道府県の必要な経費の総額は64億5,616万8千円であり、ここから国庫支出金（45億8,966万6千円）を差し引くと、18億6,650万2千円となる。これを測定単位（国勢調査人口）の数値の20万人で除したものが単位費用であり、9,330円となる。同様に、市については、必要な経費の総額は32億1,014万5千円であり、ここから国庫支出金（22億5,788万8千円）を差し引くと、9億5,225万7千円となる。これを測定単位（国勢調査人口）の数値の10万人で除したものが単位費用であり、9,520円となる（表6）。

　この数値はあくまでも地方自治体の事情を勘案したものではないことから、補正係数をかけることとなる。生活保護費に適用される補正は、普通態容補正（地方団体の都市化の程度、法令上の行政権能、公共施設の整備状況等、地方団体の「態容」に応じて、財政需要が異なる状況を算定に反映しようとする補正）、段階補正（地方団体は、その規模の大小にかかわらず、一定の組織を持つ必要があり、また、行政事務は一般的に「規模の経済」、いわゆるスケールメリットが働き、規模が大きくなるほど、測定単位当たりの経費が割安になる傾向がある。この経費の差を反映させている）、寒冷補正

表5 地方交付税の算定基礎となる標準団体行政規模の推移

都道府県

年度	1998	1999	2000	2001	2002	2003	2004	2005	2006	2007	2008	2009	2010	2011	2012	2013	2014	2015	2016	2017
町村人口	800,000	800,000	800,000	800,000	800,000	800,000	800,000	800,000	200,000	200,000	200,000	200,000	200,000	200,000	200,000	200,000	200,000	200,000	200,000	200,000
町村数	75	75	75	75	75	75	75	75	20	20	20	20	20	20	20	20	20	20	20	20
社会福祉事務所	8	8	8	8	8	8	8	8	4	4	4	4	4	4	4	4	4	4	4	4
生活扶助者数	4,709	4,703	5,311	5,688	6,245	6,374	7,114	7,935	2,020	2,085	2,101	2,120	2,380	2,733	3,010	3,079	3,073	3,073	3,016	2,991
住宅扶助者数	4,019	4,063	4,655	5,017	5,544	5,633	6,328	7,186	1,828	1,886	1,916	1,954	2,215	2,532	2,807	2,960	3,046	3,046	2,885	2,888
実 教育扶助者数	504	465	528	562	622	657	736	832	212	208	201	194	201	233	247	250	246	246	227	205
医療扶助者数・入院	680	909	975	945	965	930	958	959	244	231	224	188	189	196	198	193	188	183	180	175
医療扶助者数・通院	6,691	7,247	8,507	9,435	11,258	11,451	13,036	15,255	3,929	3,670	3,711	1,731	1,928	2,071	2,285	2,373	2,498	2,471	2,515	2,489
介護扶助者数			867	520	899	1054	1286	1669	477	497	443	338	309	359	383	411	463	487	514	562
町村数	192	192	168	180	180	180	216	216	528	719	710	732	864	1,140	1,188	1,200	1,296	1,248	1,200	1,020
増加率	100.0%	100.0%	100.0%	100.0%	100.0%	100.0%	100.0%	100.0%	25.0%	100.0%	100.0%	100.0%	100.0%	100.0%	100.0%	100.0%	100.0%	100.0%	100.0%	100.0%
社会福祉事務所	100.0%	100.0%	100.0%	100.0%	100.0%	100.0%	100.0%	100.0%	26.7%	100.0%	100.0%	100.0%	100.0%	100.0%	100.0%	100.0%	100.0%	100.0%	100.0%	100.0%
生活扶助者数		99.9%	112.9%	107.1%	109.8%	102.1%	111.6%	111.5%	50.0%	100.0%	100.0%	100.9%	112.3%	114.8%	110.1%	102.3%	99.8%	98.1%	98.8%	99.2%
住宅扶助者数		101.1%	114.6%	107.8%	110.5%	101.6%	112.3%	113.6%	25.5%	103.2%	101.6%	102.0%	113.4%	114.3%	110.9%	105.5%	102.9%	98.8%	95.9%	100.1%
対 教育扶助者数		92.3%	113.5%	106.4%	110.7%	105.6%	112.0%	113.0%	25.5%	103.2%	100.3%	96.5%	103.6%	115.9%	110.9%	101.2%	98.4%	95.9%	96.2%	90.3%
前 医療扶助者数・入院		133.7%	107.3%	96.9%	102.1%	96.4%	103.0%	100.1%	25.4%	94.7%	97.0%	83.9%	100.5%	103.7%	101.0%	97.5%	97.4%	97.3%	98.4%	97.2%
年 医療扶助者数・通院		108.3%	117.4%		119.3%	101.7%	113.8%	117.0%	25.8%	93.4%	101.1%	46.6%	111.4%	107.4%	110.3%	105.3%	105.3%	98.9%	101.8%	99.0%
度 介護扶助者数				60.0%	172.9%	117.2%	122.0%	129.8%	28.6%	93.4%	89.1%	76.3%	91.4%	116.2%	106.7%	107.3%	112.7%	105.2%	105.5%	109.3%
比 その他の扶助者数		100.0%	87.5%	100.0%	107.1%	100.0%	120.0%	100.0%	244.4%	136.2%	98.7%	103.1%	118.0%	131.9%	104.2%	101.0%	108.0%	96.3%	96.2%	85.0%

市部

年度	1998	1999	2000	2001	2002	2003	2004	2005	2006	2007	2008	2009	2010	2011	2012	2013	2014	2015	2016	2017
市部人口	100,000	100,000	100,000	100,000	100,000	100,000	100,000	100,000	100,000	100,000	100,000	100,000	100,000	100,000	100,000	100,000	100,000	100,000	100,000	100,000
社会福祉事務所																				
住宅扶助者数	589	588	664	711	781	797	890	992	1,010	1,042	1,050	1,060	1,190	1,366	1,505	1,540	1,536	1,508	1,508	1,495
教育扶助者数	503	508	582	627	693	705	791	898	914	943	958	977	1,108	1,266	1,403	1,480	1,523	1,504	1,443	1,445
実 医療扶助者数・入院	63	58	66	70	78	82	92	104	106	104	101	97	100	117	123	125	123	118	113	102
数 医療扶助者数・通院	110	114	122	118	121	116	120	120	122	116	112	94	95	98	99	97	94	92	90	87
介護扶助者数	837	905	1,064	1,180	1,408	1,432	1,630	1,907	1,964	1,834	1,854	865	964	1,035	1,142	1,186	1,249	1,235	1,258	1,245
その他の扶助者数			108	65	112	132	161	209	239	249	222	169	154	179	191	205	232	243	257	281
市部人口	24	24	24	24	24	24	24	24	264	359	354	372	432	564	600	600	648	624	600	510
増加率	100.0%	100.0%	100.0%	100.0%	100.0%	100.0%	100.0%	100.0%	100.0%	100.0%	100.0%	100.0%	100.0%	100.0%	100.0%	100.0%	100.0%	100.0%	100.0%	100.0%
社会福祉事務所	100.0%	99.8%	112.9%	107.1%	109.8%	102.0%	111.7%	111.5%	101.8%	103.2%	100.8%	101.0%	112.3%	114.8%	110.2%	102.3%	99.7%	98.2%	98.2%	99.1%
住宅扶助者数	100.0%	101.0%	114.6%	107.7%	110.5%	101.7%	112.2%	113.5%	101.8%	103.2%	101.6%	102.0%	113.4%	114.3%	110.8%	105.5%	102.9%	98.8%	98.8%	100.1%
教育扶助者数	100.0%	92.1%	113.8%	106.1%	111.4%	105.1%	112.2%	113.0%	101.9%	98.1%	97.1%	96.0%	103.1%	117.0%	105.1%	101.6%	98.4%	95.9%	95.8%	90.3%
対 医療扶助者数・入院	100.0%	103.6%	107.0%	96.7%	102.5%	95.9%	103.4%	102.5%	101.7%	95.1%	96.6%	83.9%	101.1%	103.2%	101.0%	101.6%	98.4%	95.9%	97.8%	96.7%
前 医療扶助者数・通院	100.0%	108.1%	117.6%	110.9%	119.3%	101.7%	113.8%	117.0%	103.0%	93.4%	101.1%	46.7%	111.1%	107.3%	110.3%	103.9%	105.3%	98.9%	101.9%	99.0%
年 介護扶助者数					172.3%	117.9%	122.0%	129.8%	114.4%	104.2%	89.2%	76.1%	91.1%	116.2%	106.7%	107.3%	113.2%	104.7%	105.8%	109.3%
度 その他の扶助者数	100.0%	#DIV/0!	#DIV/0!	60.2%	172.3%	117.9%	113.8%	113.0%	114.4%	136.0%	98.6%	105.1%	116.1%	130.6%	106.4%	107.3%	113.2%	104.7%	105.8%	109.3%
比	100.0%	100.0%	#DIV/0!	100.0%	100.0%	100.0%	100.0%	100.0%	1100.0%	136.0%	98.6%	105.1%	116.1%	130.6%	106.4%	108.0%	108.0%	96.3%	96.2%	85.0%

※生活扶助者数、住宅扶助者数、教育扶助者数、医療扶助者数、医療扶助者数・入院、医療扶助者数・通院、介護扶助者数は月の利用者数であり、その他の扶助者数は年間の利用者数である。

出典：地方交付税制度研究会編「地方交付税制度解説（単位費用篇）」の各年度より作成

表6 単位費用算定の基礎額（2017年度）

（都道府県）

細目		細節	総額（千円）	国庫支出金（千円）	一般財源(A)（千円）	単位費用 (A)÷20万人（円）
1. 生活保護費		生活保護費	6,049,378	4,514,784	1,534,594	7,673
2. 生活困窮者自立支援費		生活困窮者自立支援費	109,776	74,882	34,894	174
3. 社会福祉事務所費		社会福祉事務所費	297,014		297,014	1,485
合計			6,456,168	4,589,666	1,866,502	9,330
内訳	給与費		282,933		282,933	1,415
	その他		6,173,235	4,589,666	1,583,569	7,918

（市）

細目		細節	総額（千円）	国庫支出金（千円）	一般財源(A)（千円）	単位費用 (A)÷10万人（円）
1. 生活保護費		生活保護費	2,992,911	2,242,933	749,978	7,500
2. 生活困窮者自立支援費		生活困窮者自立支援費	21,875		6,920	69
3. 社会福祉事務所費		社会福祉事務所費	195,359	14,955	195,359	1,954
合計			3,210,145	2,257,888	952,257	9,520
内訳	給与費		192,364		192,364	1,924
	その他		3,017,781	2,257,888	759,893	7,599

注：生活保護費には中国残留邦人の生活支援給付に関する事務が含まれている。
出典：地方交付税制度研究会編（2017）「平成29年度地方交付税制度解説（単位費用篇）」

（寒冷・積雪地域における特別の増加経費を算定するもの）、密度補正（人口密度等の大小に応じて、行政経費が割高、割安になる状況を反映させるための補正。生活保護費では社会福祉主事設置費および生活保護費）である。

このように地方交付税には算定の基準があり、生活保護費についてもその基準に基づいて交付を受けることとなる。しかしながら、地方交付税を交付された場合でも、その基準額に満たず、一般財源の持ち出しが多くなっている地方自治体がある。少し古いデータではあるが、2008年度に全国市長会都市財政基盤確立小委員会が行った調査では、調査の回答のあった地方自治体688団体のうち、生活保護（扶助費）の算入不足団体は354団

体にものぼり、算入不足額の累計は603億円超にものぼっている（反対に、算入過大団体は322団体であり、算入過大額の累計は93億円超である）。その後の、橋本（2014）による中核市を対象とした生活保護費と地方交付税に関する研究においても、上記全国市長会都市財政基盤確立小委員会による報告後には、「算入不足は解消されてきているものの、算入不足、算入過大の格差は依然としてあることが認められた」（橋本　2014：139）としている。さらに、上原（2014）は、福岡市内の地方自治体を事例として、「地方交付税の配分方法のあり方に付随する問題として、一般財源決算額と基準財政需要額にズレが生じること」（上原　2014b：65）を解明している。このようなズレが生じる要因として、同じく上原は「国と地方公共団体との事務手続きの関係上、生活保護費の支出とその財源の4分の3を占める国家負担収入にタイムラグが生じ、それにより基準財政需要額が増減している」（上原　2014b：62）ことを指摘している。

　しかしながら、問題は、単にズレが生じていることのみではない。上記で地方交付税の単位費用算定基礎額の説明を行ったが、この費用は毎年改正されている。単位費用の推移をみると、単位費用は毎年増加しているものの、算定基礎となる生活保護費の総額は、保護受給世帯の増加ほどは増加していない。このことについて、詳細をみていきたい。

　まず、単位費用の推移を見ていきたい（表7）。都道府県および市町村ともに単位費用は、リーマンショック後の2009年以降、一貫して増加している。しかしながら、その内訳である生活保護費（2015年から生活困窮者自立支援費が追加）という扶助費と、社会福祉事務所費に分けて検討すると、生活保護費は同じく2007年以降増加しているにもかかわらず、社会福祉事務所費はほぼ横ばいである。

　さらには、生活保護費の単位費用の基礎の算定費の推移（表8）をみると、次の点が理解できる。

　第一に、2005年から2006年にかけて算定の基礎となる総額が都道府県から大幅に減少している点である。これは、市町村合併との関連がある。表9で示すように、2003年から2005年にかけ市町村合併がピークを迎え

表7 生活保護費の単位費用の推移（単位：円）

都道府県

年度	1998	1999	2000	2001	2002	2003	2004	2005	2006	2007	2008	2009	2010	2011	2012	2013	2014	2015	2016	2017
単位費用	4,880	4,990	5,300	5,430	5,582	5,910	6,120	6,500	6,770	6,600	6,630	6,840	7,430	8,170	8,770	8,980	9,140	9,250	9,310	9,330
実数 生活保護費	2,831	2,926	3,216	3,334	3,516	3,866	4,416	4,850	5,172	5,054	5,094	5,340	5,849	6,656	7,229	7,374	7,639	7,617	7,636	7,673
生活困窮者自立支援費																		108	183	174
社会福祉事務所費	1,986	2,001	2,018	2,030	2,015	1,996	1,689	1,626	1,573	1,550	1,538	1,504	1,580	1,515	1,541	1,602	1,496	1,524	1,494	1,485
給与改善費	9	9	10	10	10	51	19	22	21											
追加財政需要額	57	51	51	51	51	51	0													
増加率（対前年度比） 単位費用		102.3%	106.2%	102.5%	102.8%	105.9%	103.6%	106.2%	104.2%	97.5%	100.5%	103.2%	108.6%	110.0%	107.3%	102.4%	101.8%	101.2%	100.6%	100.2%
生活保護費		103.4%	109.9%	103.7%	105.5%	110.0%	114.2%	109.8%	106.6%	97.7%	100.8%	104.8%	109.5%	113.8%	108.6%	102.0%	103.6%	99.7%	100.2%	100.5%
生活困窮者自立支援費																			169.4%	95.1%
給与改善費		100.8%	100.0%	100.6%	99.3%	99.1%	84.6%	96.3%	96.7%	98.5%	99.2%	97.8%	105.1%	95.9%	101.7%	104.0%	93.4%	101.9%	98.0%	99.4%
追加財政需要額		89.5%	100.0%	100.0%	100.0%	100.0%	37.3%	115.8%	95.5%											

市

年度	1998	1999	2000	2001	2002	2003	2004	2005	2006	2007	2008	2009	2010	2011	2012	2013	2014	2015	2016	2017
単位費用	4,690	4,820	5,100	5,220	5,410	5,750	6,200	6,610	6,790	6,580	6,610	6,970	7,500	8,370	8,970	9,130	9,300	9,520	9,520	9,520
実数 生活保護費	2,808	2,897	3,179	3,289	3,466	3,809	4,358	4,780	4,972	4,816	4,862	5,115	5,546	6,465	6,997	7,144	7,420	7,443	7,473	7,500
生活困窮者自立支援費																		101	79	69
社会福祉事務所費	1,825	1,866	1,865	1,878	1,892	1,890	1,819	1,804	1,788	1,768	1,744	1,855	1,955	1,901	1,969	1,989	1,883	1,974	1,963	1,954
給与改善費	54	9	9	9	9	0	0	25	25											
追加財政需要額	2,837	48	49	48	48	50	22	25												
増加率（対前年度比） 単位費用		102.8%	105.8%	102.4%	103.6%	106.3%	107.8%	106.6%	102.7%	96.9%	100.5%	105.4%	107.6%	111.6%	107.2%	101.8%	101.9%	102.4%	100.0%	100.0%
生活保護費		103.2%	109.7%	103.5%	105.4%	109.9%	114.4%	109.7%	104.0%	96.9%	101.0%	105.2%	108.4%	116.6%	108.2%	102.1%	103.9%	100.3%	100.4%	100.4%
生活困窮者自立支援費																		78.2%	87.3%
給与改善費		102.2%	99.9%	100.7%	100.7%	99.9%	96.2%	99.2%	99.1%	98.9%	98.6%	106.4%	105.4%	97.2%	103.6%	101.0%	94.7%	104.8%	99.4%	99.5%
追加財政需要額		16.7%	100.0%	100.0%	0.0%	104.2%	44.0%	113.6%	100.0%											

出典：地方交付税制度研究会編「地方交付税制度解説（単位費用篇）」の各年度より作成

第 5 章　生活保護行政の政府間関係分析　133

表 8　生活保護費の単位費用の基礎の算定費の推移（単位：千円）

都道府県

年度		1998	1999	2000	2001	2002	2003	2004	2005	2006	2007	2008	2009	2010	2011	2012	2013	2014	2015	2016	2017
実数	総額	10,648,952	10,955,332	11,891,656	12,273,778	12,826,874	13,334,146	15,416,473	16,724,008	4,377,724	4,265,351	4,287,214	4,464,529	4,854,074	5,527,566	5,976,403	6,098,886	6,297,583	6,336,210	6,425,050	6,456,168
	給与費	1,540,523	1,539,674	1,552,388	1,562,555	1,557,155	1,542,255	1,295,078	1,248,518	302,557	298,600	296,550	289,646	304,962	291,518	296,604	305,817	284,493	290,369	284,413	282,933
	その他	9,055,236	9,367,432	10,290,490	10,663,044	11,229,225	12,350,879	14,105,818	15,458,021	4,070,900	3,966,751	3,990,664	4,174,883	4,549,112	5,236,048	5,679,799	5,793,069	6,013,090	6,045,841	6,140,637	6,173,235
	追加財政需要額	45,680	40,643	41,133	40,483	40,494	41,012	15,577	17,469	4,267											
	給与改善費	7,513	7,583	7,645	7,696																
増加率（対前年度比）	総額		102.9%	108.5%	103.2%	104.5%	108.6%	110.6%	108.5%	26.2%	97.4%	100.5%	104.1%	108.7%	113.9%	108.1%	102.0%	103.3%	100.6%	101.4%	100.5%
	給与費		99.9%	100.8%	100.7%	99.7%	99.0%	84.0%	96.4%	24.2%	98.7%	99.3%	97.7%	105.3%	95.6%	101.7%	103.1%	93.0%	102.1%	97.9%	99.5%
	その他		103.4%	109.9%	103.6%	105.3%	110.0%	114.2%	109.6%	26.3%	97.4%	100.6%	104.6%	109.0%	115.1%	108.5%	102.0%	103.8%	100.5%	101.6%	100.5%
	追加財政需要額		89.0%	101.2%	98.4%	100.0%	101.3%	38.0%	112.1%	24.4%	0.0%										
	給与改善費		100.9%	100.8%	100.7%																

市

年度		1998	1999	2000	2001	2002	2003	2004	2005	2006	2007	2008	2009	2010	2011	2012	2013	2014	2015	2016	2017
実数	総額	1,309,636	1,348,748	1,460,710	1,505,983	1,576,637	1,714,065	1,923,529	2,088,679	2,166,001	2,098,695	2,114,992	2,226,911	2,408,801	2,770,626	2,989,824	3,050,441	3,150,167	3,186,855	3,202,551	3,210,145
	給与費	179,547	183,628	183,418	184,668	186,478	186,288	179,161	177,965	176,465	174,447	172,187	183,318	193,254	187,850	194,636	195,708	185,134	194,330	193,240	192,364
	その他	1,123,836	1,159,373	1,271,534	1,315,626	1,385,313	1,522,826	1,742,214	1,908,226	1,987,052	1,924,248	1,942,805	2,043,593	2,215,547	2,582,776	2,795,188	2,854,733	2,965,033	2,992,525	3,009,311	3,017,781
	追加財政需要額	5,370	4,843	4,855	4,780	4,846	4,951	2,154	2,488	2,484											
	給与改善費	883	904	903	909																
増加率（対前年度比）	総額		103.0%	108.3%	103.1%	104.7%	108.7%	112.2%	108.6%	103.7%	96.9%	100.8%	105.3%	108.2%	115.0%	107.9%	102.0%	103.3%	101.2%	100.5%	100.2%
	給与費		102.3%	99.9%	100.7%	101.0%	99.9%	96.2%	99.3%	99.2%	98.9%	98.7%	106.5%	105.4%	97.2%	103.6%	100.6%	94.6%	105.0%	99.4%	99.5%
	その他		103.2%	109.7%	103.5%	105.3%	109.9%	114.4%	109.5%	104.1%	96.8%	101.0%	105.2%	108.4%	116.6%	108.2%	102.1%	103.9%	100.9%	100.6%	100.3%
	追加財政需要額		90.2%	100.2%	98.5%	101.4%	102.2%	43.5%	115.5%	99.8%											
	給与改善費		102.4%	99.9%	100.7%																

出典：地方交付税制度研究会編「地方交付税制度解説（単位費用篇）」の各年度より作成

表9 市町村合併の件数と福祉事務所数の推移

年度	市町村合併件数			福祉事務所数の推移			
	件数	合併関係 市町村数	市町村数 (当年度末)	総数	郡部	市部	町村
1999	1	4	3,229	1,198	340	855	4
2000	2	4	3,227	1,198	341	854	4
2001	3	7	3,223	1,195	335	856	4
2002	6	17	3,212	1,198	333	861	4
2003	30	110	3,132	1,212	333	875	4
2004	215	826	2,521	1,226	321	900	5
2005	325	1,025	1,821	1,227	293	928	5
2006	12	29	1,804	1,233	246	979	8
2007	6	17	1,793	1,242	239	988	15
2008	12	28	1,777	1,237	228	989	20
2009	30	80	1,727	1,244	228	989	27
2010	0	0	1,727	1,237	214	992	31
2011	6	14	1,719	1,244	214	992	38
2012	0	0	1,719	1,249	211	997	41
2013	0	0	1,719	1,251	210	999	42
2014	1	2	1,718	1,247	208	996	43
合計	649	2,163					

出典：総務省ホームページ市町村合併資料（年度別合併件数）（http://www.soumu.go.jp/gapei/gapei.html、2018年9月10日閲覧）および、社会福祉の動向編集委員会「社会福祉の動向2017」（23頁）および福祉事務所現況調査（厚生労働省、平成16年10月1日）をもとに一部修正

る。その際に、町村が多く合併し、市となっていったために、都道府県の設置する福祉事務所数が急激に減少していく。例えば、2004年に321箇所存在していた都道府県設置の福祉事務所（郡部）は、2005年には293箇所、2006年には246箇所にまで減少している（表9）。同時に、都道府県の福祉事務所の標準とする町村の人口規模も、2005年に80万人であったものが、2006年に現行の20万人に変更されていることから相殺されている（表5）。

　第二に、表8を参照すると、都道府県の算定基礎となる総額の変更が行わ

れているが、2007年以降、都道府県、市のいずれをみても、総額は、リーマンショックによる被保護世帯数の増加と相まって、増加傾向にある。しかしながら、その内訳である生活保護費（2015年から生活困窮者自立支援費が追加）という扶助費と、給与費に分けて検討すると、都道府県、市のいずれをみても、生活保護費は総額と同じく2007年以降増加しているにもかかわらず（表7）、給与費は総額とは比例せず、ほぼ横ばいであり、減少している年度さえある（表8）。これは、前述の社会福祉事務所費の動向とほぼ同じである（表7）。生活保護費の算定基礎の総額を上げているのは生活保護費（扶助費）であり、それを給与費を抑えることで全体の地方交付税の算定基礎の額を上昇させないようにしているといえる。

　この給与費を算定基礎から下げるために、都道府県、市ともに、職員配置を変更している（表10）。給与費の算定にあたり、地方交付税の算定基礎には、職員Aと職員Bを想定し、計算している。職員Aと職員Bの大きな相違点は、その給与である。都道府県でみた場合、職員Aは8,284,070円（年額、扶養手当など諸手当を含む、以下同じ）、職員Bは5,355,720円であり、市でみた場合も、職員Aは8,153,280円、職員Bは5,241,660円と開きがある。その点を踏まえてその推移をみてみると、大きな変更点として、2004年から職員Aが減少し、職員Bが大幅に増加している。前述したように、2005年から2006年にかけての市町村合併により、福祉事務所が市町村へ移譲され、都道府県の総額が下げられたときに、給与費が下げられるのである。

　2003年と2004年を境に、都道府県と市の単位費用の額が逆転し、2004年以降は市町村の方の単位費用が高くなっている。このことにより、都道府県の給与費は大幅に下げられている。さらに、2005年と2006年の境による市町村合併との影響を含め、給与費に大きな影響があったといえる。

　また、2014年には、現業員が大幅に職員Aから職員Bへ移動しているのである。この点は、都道府県も市も同様である。地方交付税の算定基礎となる社会福祉事務所費用の増加を抑制しているのは、給与費を抑えるために、職員Aと職員Bの人数を変更している点であるといえる。

　他方、表11からわかるように、地方自治体の生活保護に係る人件費支出

表10　生活保護の単位費用の基礎のための職員配置の推移

都道府県

年度		1998	1999	2000	2001	2002	2003	2004	2005	2006	2007	2008	2009	2010	2011	2012	2013	2014	2015	2016	2017
	所長	8	8	8	8	8	8	8	8	8	4	4	4	4	4	4	4	4	4	4	4
職員A	指導員	16	16	16	16	16	16	16	16	16	2	2	2	2	2	2	3	4	4	4	4
	現業員	116	116	117	117	117	117	117	90	90	22	22	20	20	20	20	20	5	5	4	4
	その他	16	14	14	14	14	14	12	12	7	2	2	2	2	2	2	2	1	1	1	1
	計	156	154	155	155	153	153	126	121	121	30	30	28	28	28	28	29	14	14	13	13
職員B	現業員	8	8	8	8	8	8	8	13	13	3	3	6	7	8	9	12	27	28	28	28
	その他	8	8	8	8	8	6	6	9	9	2	2	2	2	2	2	2	3	3	3	3
	計	16	16	16	16	16	14	14	22	22	5	5	8	9	10	11	14	30	31	31	31
合計		172	170	171	171	169	167	147	143	143	35	35	36	37	38	39	43	44	45	44	44

市

年度		1998	1999	2000	2001	2002	2003	2004	2005	2006	2007	2008	2009	2010	2011	2012	2013	2014	2015	2016	2017
	所長	兼務	兼務	兼務	兼務	兼務	兼務	2	1	1	1	1	1	1	1	1	2	2	1	1	1
職員A	指導員	2	2	2	2	2	2	2	1	1	11	11	11	11	11	11	11	2	2	3	3
	現業員	16	16	16	16	16	16	13	11	11	2	2	2	2	2	2	2	3	3	3	3
	その他	1	1	1	1	1	1	2	2	2	2	2	2	2	2	2	2	1	1	1	1
	計	19	19	19	19	19	19	18	16	16	16	16	16	16	16	16	16	7	8	8	8
職員B	現業員	1	1	1	1	1	1	1	5	5	5	5	7	8	9	10	12	21	21	21	21
	その他	1	1	1	1	1	1	2	1	1	1	1	1	1	1	1	1	2	2	2	2
	計	2	2	2	2	2	2	3	6	6	6	6	8	9	10	11	13	23	23	23	23
合計		21	21	21	21	21	21	21	22	22	22	22	24	25	26	27	29	30	31	31	31

出典：地方交付税制度研究会編『地方交付税制度解説（単位費用篇）』の各年度より作成

表11　地方自治体の生活保護に係る人件費の推移（都道府県と市町村の合計）

年度	2003	2004	2005	2006	2007	2008	2009	2010	2011	2012	2013	2014	2015
人件費	141,173,920	144,258,958	146,478,366	149,733,573	150,970,371	151,967,326	153,840,822	161,648,913	172,482,697	176,814,779	178,231,140	185,273,075	188,072,214
うち職員給	117,663,354	119,884,428	121,586,968	124,081,985	124,679,718	125,121,096	124,299,637	128,168,086	134,625,655	137,053,023	137,745,719	142,899,646	145,240,192

出典：財務省『地方財政統計年報』の各年度より作成

は一貫して増加傾向にある。社会福祉事務所費（給与費を含む）は、2003年度より一般財源化されている。それ以前は、国庫負担に生活保護法施行事務費の負担金があり、生活保護に係る事務も国庫負担の対象となっていた。三位一体の改革により、生活保護事務に費用は、地方自治体の一般財源に求められるようになったことから、各地方自治体の一般財源からの持ち出しとなる。

　しかしながら、社会福祉法第16条（表2）では、所員の定数は、条例で定めるが、現業員数は、被保護世帯数に応じて標準が定められており、被保護世帯が増加すると、現業員の数も増加するはずである。しかしながら、地方交付税では、近年の生活保護世帯増加にもかかわらず、その給与は反映されているとは言い難いのが実情であり、結果として表3のように、現業員は定員を充足していないのである。生活困窮者自立支援制度の自立相談支援業の人員配置をみても、専従の職員は50％を割っている（第6章151頁参照）。

　実態としては、生活保護費の増加に比例して、生活保護に係る人件費は増加傾向にある（表11）。この点は、被保護世帯数の増加に伴って、地方自治体の努力により、人件費を捻出しているものと推察できるが、国は地方交付税算定の給与費を反映させていない[3]。

　もう一つ、職員配置と並んで単位費用を決定する要因となるのが、標準団体行政規模の内訳である。都道府県、市町村ともに、2007年から2009年に大幅な医療扶助者数の削減が行われている。実際の医療扶助の人員数は、増加傾向にあった時期でもあった（被保護調査によると、2008年の医療扶助人員総数は1,282千人、2009年は1,406千人、2010年は1,554千人であった）が、地方交付税の算定基礎となる標準団体行政規模のなかで医療扶助を大幅に下げることにより、単位費用の増加を抑制したものと推察できる（表5）。

　大阪市の研究（原　2016）、尼崎市の研究（曽田　2017）のいずれにしても、過去に乖離の不足が起こったのは、入院を含めた医療扶助費の算入不足を指摘しており、医療扶助の地方交付税の算定基礎となる標準団体行政規模の変更が、地方自治体に大きな影響を与えているのである。

第三に、2015年度より生活困窮者自立支援制度が開始されており、生活保護費の基礎の算定費に盛り込まれている。生活困窮者自立支援費の単位費用をみても（表7）、生活保護費と比較するとその額は少ない。もちろん現金給付の少ない生活困窮者自立支援費は事業費を中心とした算定となる。しかしながら、都道府県では、生活保護費の単位費用が7,673円であるに対し、生活困窮者自立支援費が174円、市では生活保護費が7,500円であるのに対し、生活困窮者自立支援制度が69円となっている（2017年）。

　このことからも、生活困窮者自立支援制度への財政投入のあり方を再考する必要がある。また、生活困窮者自立支援制度が開始され、事業が増えるにもかかわらず、2015年以降、社会福祉事務所費（表7）や給与費（表8）は減少傾向にさえある。地方交付税の算定基礎の職員配置を見ると（表10）、市の職員Aの指導員が1名増え、都道府県の職員Bの現業員が1名増えている。2014年に職員Aから職員Bへの大幅移動を行ったうえでの、都道府県、市ともに、基本的には各1名という、人材確保をほぼ想定せず、生活困窮者自立支援制度が開始されていることがわかる。

　この点は、中国残留邦人の生活支援給付に関する事務が開始された2008年においても見られる。2008年度の、市の社会福祉事務所費の算定基礎額は前年度比で98.6％と減少し、給与費も98.7％と減少、同じく都道府県の社会福祉事務所費の算定基礎額は前年度比で99.2％、給与費も99.3％と減少している（表7および表8）。

　このように、国は地方交付税の増加を抑制するよう、単位費用の算定基礎を必要に応じて変化させながら、対応してきていることがわかる。しかしながら他方で、地方交付税が過剰に交付される地方自治体もある。曽田（2017：46）、上原（2014b：63）のいずれにおいても、地方交付税は自由度が高いため、地方交付税における生活保護費が上昇すれば、他の項目で相殺される可能性を指摘している。上原は、福岡県内の地方自治体を事例に挙げながら、地方交付税を過大に受けていたにもかかわらず、それらの地方自治体の被保護世帯数は増えていないことを証明している（上原　2014b：63）。

第5章　生活保護行政の政府間関係分析　139

表12　地方交付税率の変遷

(単位：%)

改正年度	所得税	法人税	酒税	消費税	たばこ税	地方法人税
1954	19.874	19.874	20			
1955		22				
1956		25				
1957		26				
1958		27.5		地方財政の財源不足に対処するため、順次引き上げ		
1959		28.5				
1960～1961		28.5+0.3[*1]				
1962～1963		28.9				
1965		29.5				
1966～1988		32				
1989～1996	↓	↓	↓	24[*2]	25	
1997～1998				29.5		
1999		32.5				
2000～2006	[*3]	35.8				
2007～2013		34				
2014				㉒.3		全額
2015	㉝.1	㉝.1	㊿		除外	
2016～2018					↓	↓

(注)＊1：0.3%は臨時地方特別交付金
　　＊2：24%は、消費譲与税に係るものを除いた消費税に係る率
　　＊3：2004年度から2006年度までは、所得譲与税に係るものを除いた所得税に係る率

(1989年度以降の法定率改正理由)
・1989年度：1988年度の税制の抜本改革における法定3税の減税に伴う交付税の減等への対応として消費税を、国庫補助負担率の恒久化（経常経費）への対応としてたばこ税を対象税目化
1997年度：1994年度の税制の抜本改革における所得税の減税に伴う交付税の減等への対応として、消費税の法定率を引上げ
1999年度、2000年度：1999年度の税制改正における法人事業税の減税への対応として、法人税の法定率を引上げ
2007年度：2006年度の税制改正において恒久化される法人事業税の減税への対応として、法人税の法定率を変更
2014年度：社会保障・税一体改革における社会保障四経費に則った範囲の社会保障給付における国・地方の役割分担等を勘案して消費税の法定率を変更、2014年度の税制改正において地域間の税源の偏在性を是正するため地方法人税を創設
2015年度：交付税原資の安定性の向上・充実を図るため、法定率を見直し

出典：総務省ホームページ（2018）「地方財政関係資料（地方交付税率の変遷）」をもとに一部修正（http://www.soumu.go.jp/iken/11534.html、2018年9月10日閲覧）

140 第Ⅱ部 生活保護の行財政と管理構造

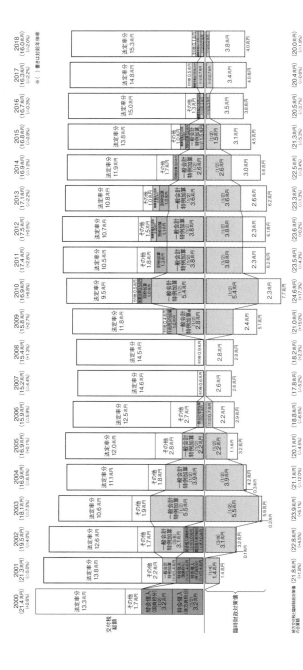

図2 地方交付税等総額(当初)の推移(2000〜2018)

出典:総務省ホームページ(2018)「地方財政関係資料(地方交付税等総額(当初)の推移)」をもとに一部修正(http://www.soumu.go.jp/iken/11534.html、2018年9月10日閲覧)

結局のところ、地方交付税の各算定項目が過小であっても、過大であっても、全体のなかで相殺される。地方交付税率は法律により定められており、総額の予算は国が決定できる。地方交付税率は表12のように変遷しており、2015年には現在の地方交付税率に見直されている。また、地方交付税総額は減少傾向にある（図2）。生活保護費が増加すると、他の予算が減少し、結局、生活保護費に回るとは限らない。一般財源であることから、福祉事務所の人員も充足していない。国としては地方交付税の総額を管理する必要があるのである。

　生活保護費にかかる単位費用の算定基礎額は単に計算式のため、生活保護の財源ではなく、一般財源の不足分を補うものであることから、生活保護費の国家責任の確保という点からみると、地方交付税制度には疑問が残るのである。

むすび

　本章では、生活保護行政における国の地方自治体への関与のあり方についてみてきた。生活保護に関する事務は、法定受託事務であり、国の責任のもと、地方自治体がその事務を実行するものである。職業安定所のように国家公務員が直接業務を行うわけではないこの生活保護行政について、地方自治体が実施する意図はどこにあるのであろうか。上原は、「生活保護行政が、国の直接責任という建前をとりつつも、地方公務員によってその事務が提供されているということは、生活保護が単なる最低生活保障に終始するのではなく、自立の可能性を助長するために、地域住民により身近な地方公務員が必要な配慮を払いながら適切な行政事務を遂行することを期待したものである」（上原　2014b：64）と述べながら、国による地方自治体への財源保障の必要性を訴えている。すなわち、きめ細かなソーシャルワークを展開していくためには、被保護世帯数やその地域の状況に応じた社会福祉事務所費や給与費を含めた財源保障が必要である。

しかしながら、日本の生活保護制度は長年にわたる救貧制度の気質が今なお残っている。岸は、日本の生活保護制度を「民主主義的に装われた救貧」と批判する。すなわち、岸に従えば、「理念のうえでは、かつての救貧制度と比べ、革命的な程に民主化されているが、しかしその実体のなかには、救貧法の伝統が色濃く流れている」（岸　2001：18）[4]のである。この伝統は、現在でも引き継がれており、国の統制のもと、抑圧的な生活保護行政の運用が行われているのである。

　また、単に財政上の問題のみならず、通知行政や監査、組織統制を通して、国は地方自治体を一体的に統制している。生活保護行政は単なる給付のみではなく、ソーシャルワークを含めたものであることを考えると、現場のスタッフが柔軟に動けるような仕組みづくりも重要になるであろう。

注

1　当論文の初出は、1969年11月である。
2　この生活保護費の費用負担については、小泉政権下の三位一体改革の中で、2004年度に、国の国庫負担額を現行の4分の3から2分の1にまで縮減させる（地方自治体の費用負担を2分の1まで増加させる）案があったが、地方自治体の反発もあり、実現しなかった。
3　地方交付税を含めた財源保障と生活保護行政の実施課題については、上原による『賃金と社会保障』の連載「財源保障からみた生活保護行政の問題と課題」を参照されたい（上原 2013a, 2013b, 2014a, 2014b）。
4　当論文の初出は、1980年6月である。

参考文献

市川喜崇（2017）「日本における中央——地方関係の展開と福祉国家（特集：市区町村は少子高齢社会に対応できるか）」『社会保障研究』vol.1、no.4、797-812頁
上原紀美子（2013a）「財源保障からみた生活保護行政の問題と課題（第1回）『賃金と社会保障』(1595)、4-23頁
上原紀美子（2013b）「財源保障からみた生活保護行政の問題と課題（第2回）（特集：生活保護の現状と課題）」『賃金と社会保障』(1599)、4-13頁
上原紀美子（2014a）「財源保障からみた生活保護行政の問題と課題（第3回）（特集：生活保護の問題点と課題）」『賃金と社会保障』(1606)、22-43頁

上原紀美子（2014b）「財源保障からみた生活保護行政の問題と課題（第4回）」『賃金と社会保障』(1619)、48-67頁
上原紀美子（2015）「財源保障からみた生活保護行政の問題と課題（第5回・最終回）」『賃金と社会保障』(1633)、52-67頁
内田充範（2014）「生活保護の適正な運用とは何か――厚生労働省通知の変遷から」『日本社会福祉学会中国・四国ブロック』第3号、1-11頁
大友信勝（1984）「生活保護行政の『適正化』」『賃金と社会保障』901、52-56頁
大友信勝（2000）「公的扶助の展開」旬報社
落合洋人（2012）「地方自治体を動かす制度と習慣：機関委任事務制度の廃止を事例にして」『同志社政策科学研究』14巻、1号、123-135頁
加藤和彦（2017）「特集2生活保護ケースワーカーが足りない：生活保護ケースワーカーの今」『賃金と社会保障』(1684)、6月下旬号、27-38頁
岸勇（野本三吉編）（2001）『公的扶助の戦後史』明石書店
新保美香・根本久仁子（2001）「生活保護50年の軌跡」『生活保護50年の軌跡』刊行委員会編『生活保護50年の軌跡：ソーシャルケースワーカーと公的扶助の展望』みずのわ出版、324-328頁
曽田研之介（2017）「特集2生活保護ケースワーカーが足りない：生活保護ケースワーカーの不足と地方財政の事情」『賃金と社会保障』(1684)、6月下旬号、39-49頁
全国市長会都市財政基盤確立小委員会（2008）『地方交付税制度の充実を目指して――持続可能な地方財政運営のために（平成20年4月）』
戸田典樹（2009）「生活保護制度における自立助長の変遷と今日的課題」『龍谷大学社会学部紀要』34、55-64頁
日本弁護士連合会貧困問題対策本部編（2015）『生活保護法的支援ハンドブック第2版』民事法研究会
橋本和明（2014）「生活保護費及び児童扶養手当における地方交付税の算入不足とその要因について：中核市を主たる対象とした実証分析に基づく考察」『京都産業大学経済学レビュー』、1、105-144頁
原昌平（2016）「貧困と生活保護（43）生活保護費は自治体財政を圧迫しているか？」読売新聞、2016年11月4日
山本隆（2002）『福祉行財政論――国と地方からみた福祉の制度・政策』中央法規

※本研究はJSPS科研費15K17214の助成を受けたものである。

第6章

第二の社会的セーフティネットの行財政

岩満賢次
(岡山県立大学准教授)

はじめに

　本章では、所得保障制度の社会的セーフティネット（以下、セーフティネット）である「求職者支援制度」および「生活困窮者自立支援制度」の特徴を、行財政の視点から検討する。

　日本の所得保障制度は、伝統的に社会保険制度（雇用、年金、医療、労働者災害補償[1]）と公的扶助制度（生活保護法）、そして社会手当の制度（児童手当、児童扶養手当など）により実施されてきた。しかしながら、近年これらの所得保障制度が制度疲労を起こし、2011年には雇用保険制度の改正とともに求職者支援制度が開始、2015年には生活保護制度の改正とともに生活困窮者自立支援制度が開始されている。

　これら第二のセーフティネット誕生の背景には、まず社会保険制度が想定していなかった不安定就労が増加し、社会保険制度を利用できない人たちが増加していること、そして社会保険制度から漏れた人たちが生活保護制度にたどり着き、いわゆるその他世帯の被保護世帯が急増したことなどが挙げられる。2008年にアメリカを発信源とした世界金融危機（リーマンショック）により、2009年に「緊急人材育成支援制度」が実施され、その後、現在の第二のセーフティネットに発展している。

求職者支援制度は、雇用保険との一体的な改革のなかから誕生したものであることから、労働局の公共職業安定所(以下、ハローワーク)が所管する労働行政の所管にある。他方で、生活困窮者自立支援制度は生活保護制度改革から誕生したものであることから、福祉事務所の所管となっている。そのため、前者は主に職業訓練を、後者は幅広い生活相談を念頭に置いている。
　本章では、これら2つの制度の外観を整理したうえで2つの制度の実態に迫りたい。

1　求職者支援制度の行政と財政

　求職者支援制度は、2011年度に雇用保険制度の改革と一体的に誕生した、最初の第二のセーフティネットの制度である。この制度は、雇用保険制度の求職者給付を受給できない求職者に対し、訓練を受講する機会を確保している。それとともに、ある一定の場合には、訓練期間中に給付金を支給し、ハローワークが中心となってきめ細かな就職支援を行うことにより、求職者の早期の就職を支援するものである。
　2008年のリーマンショック後、派遣労働などを始めとした不安定就労者が、雇用保険制度の適用外であることが課題となった。この際に、雇用保険制度の基本手当の受給者に特定受給資格者(倒産・解雇等により再就職の準備をする時間的余裕なく離職を余儀なくされた受給資格者)や特定理由離職者(特定受給資格者以外の者であって期間の定めのある労働契約が更新されなかったこと、その他やむを得ない理由により離職した者)が導入された。また、雇用保険制度の加入者の要件を「パートタイムの場合、31日以上引き続き雇用されることが見込まれる者であり、かつ、1週間の所定労働時間が20時間以上の者とする」など不安定就労者に対する要件を大幅に緩和した。その一方で、求職者支援制度は、なお雇用保険制度の適用のない人たちに就労を支援する制度として誕生したものである。具体的には、雇用保険による給付の受給終了者、受給資格要件を満たさなかった者、雇用

保険の適用がなかった者、学卒未就職者、自営廃業者等が対象となる。

求職者支援制度は、雇用保険制度と同じくハローワークで手続きを行う。訓練の種類としては、基礎コース（基礎的能力を習得する訓練）と実践コース（基礎的能力から実践的能力まで一括して習得する訓練）があり、利用者のニーズに応じて利用できる（図1）。

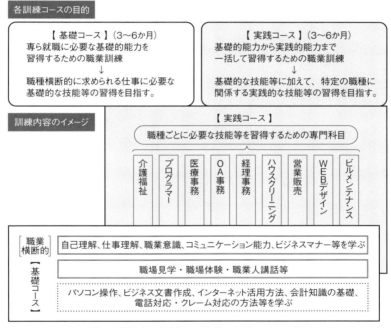

図1　求職者支援制度の基礎・実践コースの概要
出典：厚生労働省職業安定分科会雇用保険部会（2015）
「求職者支援制度の実施状況について　資料4」（第107回　平成27年11月11日）

訓練実施機関は、厚生労働大臣が民間教育訓練機関の実施する就職に資する訓練から認定する。都道府県が、成長分野や地域の求人ニーズを踏まえた地域職業訓練実施計画を策定し、これに則して認定することとなっている。訓練実施機関には、就職実績も加味した奨励金（実践コースのみ）を

支給することとなっている（表1）。

　また、求職者支援制度対象者のうち、生活に困窮している人には、「職業訓練受講給付金」が支給される。対象者は表2の通りである。要件を満たす場合に、職業訓練受講手当として月額10万円、通所手当として職業訓練実施施設までの通所経路に応じた所定の額（上限額あり）、寄宿手当（月額10,700円）が支給される。

　「職業訓練受講給付金」を受給しても、その給付金だけでは生活費が不足する場合には、希望に応じて、ハローワークが指定する金融機関（労働金庫）の融資制度を利用することができる。貸付の上限額は、同居配偶者等がいる者には月10万円、それ以外の者には月5万円である。

　求職者支援制度の利用実績は、表3の通りである。2011年度の制度開始以降、累計で378,949人が受講している。受講者数は、2012年度をピークに、その後減少傾向にある。

　しかしながら、表4から分かるように、基礎コース、実践コースともに就職率が過半数であり、その役割は十分にあると考えられる。また、表5で見られるように、営業・販売・事務、介護福祉など、サービス産業のコース数や受講者数が多い。

　これらの事業を実施するにあたり、財源はどこからもたらされるのか。現在の求職者支援制度の考え方では、制度を利用することで安定した就職を促進し、雇用状況の改善につながるものであることから、国は雇用保険の附帯事業として位置づけている。費用負担の原則は、国庫負担が2分の1、雇用保険の負担（労使負担）が2分の1（労使折半）となっているが、現行としては、国庫負担が100分の27.5、雇用保険の負担（労使負担）が100分の72.5（労使折半）となっている（雇用保険と同様の国庫負担の暫定措置（原則の100分の55を負担）の適用）[2]。表6にこれまでの国の予算の推移を示している。制度開始以降、予算は年々減少している。次節でみる、生活困窮者自立支援制度が施行された2015年以降は急激に減少しており、予算のシフトが行われたと考えられる。では、生活困窮者自立支援制度とはどのような制度なのであろうか。

表1　求職者支援制度の民間訓練実施機関への支払制度

［実践コース］就職実績に応じた支払制度
訓練修了者のうち、特に安定した雇用が実現した（雇用保険被保険者となった）者が
　　　60％以上の訓練：7万円／人月
　　　35％以上60％未満の訓練：6万円／人月
　　　35％未満の訓練：5万円／人月
［基礎コース］受講者数に応じた定額制：6万円／人月
※建設人材育成コースについては、10万円／人月
※この他、託児サービスを提供する訓練実施機関に対し、児童一人当たり月6万6千円を限度に保育奨励金を支給

出典：厚生労働省ホームページ「求職者支援制度のご案内」
(http://www.mhlw.go.jp/stf/seisakunitsuite/bunya/koyou_roudou/koyou_kyushokusha_shien/2018年9月10日閲覧)

表2　求職者支援制度の職業訓練受講給付金の支給要件

（以下の全てを満たす方が対象）
①ハローワークに求職の申込みをしていること
②雇用保険被保険者や雇用保険受給者でないこと
③労働の意思と能力があること
④職業訓練などの支援を行う必要があるとハローワーク所長が認めたこと
⑤本人収入が月8万円以下
⑥世帯全体の収入が月25万円以下
⑦世帯全体の金融資産が300万円以下
⑧現在住んでいるところ以外に土地・建物を所有していない
⑨全ての訓練実施日に出席している（やむを得ない理由がある場合でも、支給単位期間ごとに8割以上の出席率がある）
⑩同世帯の中に同時にこの給付金を受給して訓練を受けている人がいない
⑪過去3年以内に偽りその他不正の行為により、特定の給付金の支給を受けたことがない

出典：表1に同じ

表3　求職者支援訓練受講者数（2011年10月以降）

（単位：人）

年度	2011	2012	2013	2014	2015	2016	2017	累計
合計	50,758	98,541	74,933	55,002	40,587	32,304	26,822	378,949
基礎	13,883	26,256	22,997	16,458	11,653	10,447	8,126	109,820
実践	36,875	72,285	51,936	38,544	28,934	21,857	18,696	269,129

出典：表1に同じ

表4　求職者支援訓練の修了者等の就職状況（訓練終了3か月後）（2017年度）

	コース数	受講開始者数	修了者等数①	就職者数②	就職率（②／①）
基礎コース	556コース	4,721人	4,109人	2,369人	58.3%
実践コース	1,096コース	10,892人	9,689人	6,281人	65.1%

※2014年度から、成果指標として用いる就職率は、「雇用保険適用就職率」としている。
※表4における「修了者等数」は、就職理由中退者数と修了者数の合計。（基礎コースは、次の訓練を受講中、受講決定した者を除く）
※表4の数値は、2017年4月から9月末までに終了した訓練コース（2018年5月28日時点）
※2016年度開講コースより、訓練終了日において65歳以上の者は、「雇用保険適用就職率」の算定対象外としていること。

出典：表1に同じ

表5　求職者支援訓練（実践コース）の分野別就職状況（2017年度）

分野	IT	営業・販売・事務	医療事務	介護福祉	デザイン	その他	合計
コース数	83	368	100	191	151	203	1,096
受講者数	872	3,412	1,014	1,798	1,779	2,017	10,892
割合（%）	8.0	31.3	9.3	16.5	16.3	18.5	100.0
修了者等	716	3,123	946	1,646	1,493	1,765	9,689
就職者数	445	1,937	647	1,220	939	1,093	6,281
就職率（%）	62.0	62.2	68.4	75.3	63.0	62.2	65.1

※2017年4月から9月末までに終了した訓練コース（2018年5月28日時点の数値）。
※「就職者数」について、2014年度より「雇用保険適用就職者数」を用いることとしている。
※「修了者等」は、就職理由中退者数と修了者数の合計。
※「雇用保険適用就職率」の算定式は、「雇用保険適用就職者数」÷「修了者等」。
※2016年度開講コースより、訓練終了日において65歳以上の者は、「雇用保険適用就職率」の算定対象外としていること。

出典：表1に同じ

表6　求職者支援制度の当初予算の推移

(単位：千円)

年度	2012	2013	2014	2015	2016	2017	2018
合計	115,083,658	57,416,161	48,363,135	26,351,047	25,084,255	20,430,699	17,802,020
前年度比		49.9%	84.2%	54.5%	95.2%	81.4%	87.1%

出典：厚生労働省の各年度当初予算の就職支援事業費の推移をもとに筆者作成

2　生活困窮者自立支援制度の行政と財政

　続いて、もう1つの第二のセーフティネットである、生活困窮者自立支援制度についてみていく。生活困窮者自立支援制度は、生活保護制度の改正（2012年から2013年にかけて実施）に伴い、2015年に開始された制度である。この生活保護制度改正は、就労による自立の促進、健康・生活面等に着眼した支援、不正・不適切受給対策の強化、医療扶助の適正化を柱としたものであり、基本的には増大する生活保護費の抑制を図ったものである。その中でも、リーマンショック後の生活保護受給世帯の「その他世帯」の急増を受け（2000年には5.5万世帯であったのが、2017年2月現在で26.3万世帯となっている[3]）、就労支援と生活支援を一体的に提供するものとして導入されている。

　生活困窮者自立支援制度は、福祉事務所設置自治体（以下、自治体）が事業を運営することとなっている。自治体の必須事業には、「自立相談支援事業」（就労その他の自立に関する相談支援、事業利用のためのプラン作成等）を実施するとともに、「住居確保給付金」（離職により住宅を失った生活困窮者等に対し家賃相当額を給付、有期）を支給する事業がある。

　社会保障審議会の報告書によると、生活困窮者は複合的な課題を抱えている者が多い。このため、新たな相談支援体制の構築に当たっては、支援を必要とする生活困窮者を的確に把握し、適切につないでいく必要がある。そのため、それぞれの地域において、これまでの分野ごとの相談支援体制

だけではなく、複数の者がチームを組み、複合的な課題に包括的・一元的に対応できる体制が必要である（社会保障審議会　2013：10）。

複合的な課題を抱える生活困窮者に対して適切な支援を実施するため、自立相談支援事業では、下記の点を必要としている（ibid：12）。

①地域の関係機関のネットワークを通じて、または、必要に応じて訪問支援（アウトリーチ）も実施しつつ、課題を抱える生活困窮者の把握
②生活困窮者の抱える課題の適切な把握（アセスメント）
③この結果に基づき、また、本人への丁寧な情報提供と、これに基づいた本人の意思を十分に勘案した上での、支援計画の策定と、必要な支援（サービス）へのつなぎ
④それぞれの支援が始まった後も、それらの効果を評価・確認しながら、生活困窮者本人の自立までを包括的・継続的に支えていく寄り添い型の支援
⑤対社会への創造型支援を行っていくための早期発見や見守りなどを可能とする地域社会づくりや社会資源の開発

自立相談支援事業による支援の流れは図2の通りであり、多様な社会資源を用いた、ネットワークによる支援が期待されている（図3）。

2015年の制度開始以降3年間で、相談支援事業の利用者数は67万人を超えている。そのうち自治体の支援プラン作成件数は、約4分の1の約19万人である。就労支援の対象者数は、プラン作成数から大幅に減り、約2分の1の約9万人である。自立相談支援事業を通じた就労者数は、3年間の合計で72,385人、増収者数は20,537人、就労者数と増収者数の合計は92,922人であり、就労・増収の効果はある。しかし、そもそもプラン作成件数のうち半数以下が就労支援対象者ではないことから、生活困窮という課題が就労のみを強調することが十分ではないことを意味しているといえる（表7）。このことについて田中は、制度実施初年度のデータを、「就労面での成果や生活保護の適用という支援が中心になっている。」と検討しながらも、それ

第6章 第二の社会的セーフティネットの行財政 153

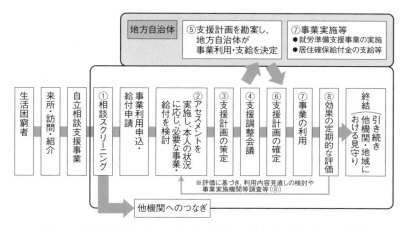

図2 生活困窮者自立支援制度の基本的な相談支援の流れ（イメージ）
出典：社会保障審議会（2013）「生活困窮者の生活支援の在り方に関する特別部会」報告書（平成25年1月25日）、12頁をもとに一部修正

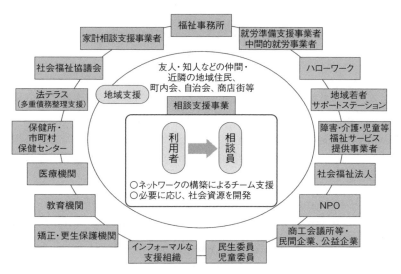

図3 生活困窮者自立支援制度の新たな相談支援事業と関係機関のネットワーク
出典：社会保障審議会（2013）「生活困窮者の生活支援の在り方に関する特別部会」報告書（平成25年1月25日）、11頁をもとに一部修正

表7　生活困窮者自立支援制度の利用者数の推移

(単位：人)

	新規相談件数	プラン作成件数	就労支援対象者数	住居確保	一時生活	家計相談	就労準備	就労訓練	自立就労	就労者数	増収者数	計
2017年度	229,685	71,293	31,912	5,539	17,155	9,466	3,146	389	28,173	25,332	6,390	31,722
2016年度	222,426	66,892	31,970	6,805	17,339	7,664	2,847	354	27,145	25,588	7,199	32,787
2015年度	226,411	55,570	28,207	7,803	16,460	5,178	1,833	161	22,430	21,465	6,948	28,413
合計	678,522	193,755	92,089	20,147	50,954	22,308	7,826	904	77,748	72,385	20,537	92,922
プラン作成件数に対する割合			47.5%	10.4%	26.3%	11.5%	4.0%	0.5%	40.1%			

出典：厚生労働省資料（自治体別集計結果2015年4月から2018年3月）をもとに筆者修正
(http://www.mhlw.go.jp/stf/seisakunitsuite/bunya/0000092189.html　2018年9月10日閲覧)

以外の「多様な『出口』」の必要性を論じている。そして、この相談支援の『出口』が不足している点が、プラン策定の伸び悩みの根本的な原因になっている可能性があると分析している（田中　2017：760）。

　実際に多様な出口のある自治体が少ないことからか、厚生労働省のデータに基づくと、つなぎ先として最も多いのが「福祉事務所」となっている（図4）。そもそも生活困窮者自立支援制度には、対象者の年齢制限もなく高齢者も含まれている。また、現に就労しているものの、多重債務者や家計管理に課題のある人、収入以外の家族関係などに課題がある人たちなど、その相談内容は多岐にわたっていることから、その成果指標を就労のみに置くことの困難さがあるといえる。この点が求職者支援制度との相違点である。求職者支援制度は失業者を対象とし、就労意思のある人の職業訓練に焦点を当てているものの、生活困窮者自立支援制度は失業者のみが対象ではない。

　厚生労働省社会・援護局地域福祉課生活困窮者自立支援室（2017）「平成29年度生活困窮者自立支援制度の実施状況調査集計結果」に基づくと、要となる自立相談支援事業では必須事業であるため、すべての自治体で展開しているが、その方法については地域差がある。実施に当たっては、直営での実施が38.0％、委託が52.0％、直営と委託の併用が10.0％と、直営の実施状況は4割未満であり、2015年度よりも減少している（2015年度は40.3％、

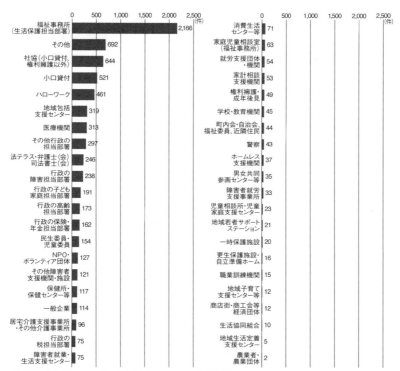

図4　自立相談支援機関が他制度・機関へつないだ件数

※ 2016年5月分の新規相談19,116件のうち、「他制度・機関へつなぎ」となった5,290ケースのつなぎ先機関

出典：厚生労働省ホームページ（2018）「自立相談支援機関が他制度・機関へつないだ件数」（2016年5月新規相談分）」（https://www.mhlw.go.jp/file/06-Seisakujouhou-12000000-Shakaiengokyoku-Shakai/0000191348.pdf　2018年9月10日閲覧）

2016年度は36.6％）。委託先は社会福祉協議会が77.3％と最も多く、NPO法人（11.4％）、社会福祉法人（社協以外）（8.4％）と続いている。

　自立相談支援事業における事業従事者数は4,700人（うち、支援員の実人数は4,613人、複数職種を兼務している場合も1人とカウントしている。）となっている。内訳は、主任相談支援員が1,248人、相談支援員が2,734人、就労支援員が1,854人、その他の職種（事務員等）が449人に対して、それぞれ

専任の割合は、40.9％、38.5％、15.5％、19.4％となっており、全体的に兼務者が圧倒的に多いことが分かる。

事業従事者の保有資格について、主任相談支援員、相談支援員、就労支援員の3職種とも「社会福祉士」（それぞれ、42.3％、30.2％、22.3％）、「社会福祉主事」（それぞれ、43.2％、29.2％、21.9％）の保有割合が高い。若干ではあるが、社会福祉士の保有割合が増加しており、社会福祉主事の保有割合は減少傾向にある。

また、事業の委託実施割合が高いことや専任の従事者が少ないこと、国家資格保有者の配置も十分には進んでいないことからも、財源不足を垣間見ることができる。

上記の必須事業に加え、その他の任意事業として、福祉事務所設置自治体は、以下の事業を行うことができるとされている。

- 就労に必要な訓練を日常生活自立、社会生活自立段階から有期で実施する「就労準備支援事業」
- 住居のない生活困窮者に対して一定期間宿泊場所や衣食の提供等を行う「一時生活支援事業」
- 家計に関する相談、家計管理に関する指導、貸付のあっせん等を行う「家計相談支援事業」
- 生活困窮家庭の子どもへの「学習支援事業」
- その他生活困窮者の自立の促進に必要な事業

就労準備支援事業、一時生活支援事業、家計相談支援事業、学習支援事業の実施自治体数は、図5のとおりであり、法施行後3年間で大幅に増加している。しかしながら、任意事業については、すべての自治体で展開しているわけではなく、またその方法については地域差がある。

厚生労働省社会・援護局地域福祉課生活困窮者自立支援室（2017）「平成29年度生活困窮者自立支援制度の実施状況調査集計結果」に基づくと、就労準備支援事業の実施に当たっては、直営での実施が6.4％、委託が86.0％、

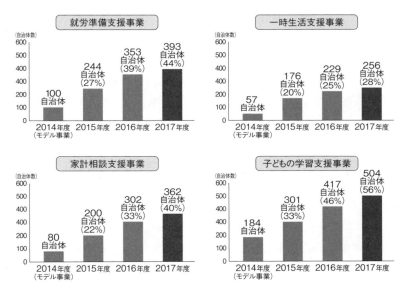

図5　生活困窮者自立支援制度の任意事業の実施自治体数の推移

出典：厚生労働省社会・援護局地域福祉課生活困窮者自立支援室（2017）「平成29年度生活困窮者自立支援制度の実施状況調査集計結果」、5頁

直営と委託の併用が4.1％と、直営の実施状況は1割未満であり、2015年度よりも減少している（2015年度は8.3％、2016年度は7.3％）。委託先はNPO法人が30.5％と最も多く、社会福祉協議会（24.6％）、社会福祉法人（社協以外）（17.8％）と続いている。就労準備支援事業における事業従事者数は1,178人（うち、支援員の実人数は1,072人、複数職種を兼務している場合も1人とカウントしている。）となっている。内訳は、就労準備支援担当者が1,072人、その他の職種（事務員等）が258人となっており、それぞれ専任の割合は、31.8％、7.8％となっており、兼務者が圧倒的に多いことが分かる。就労準備支援担当者の保有資格について、その他を除くと、キャリアコンサルタントが最も多く18.8％、続いて社会福祉士が14.8％、社会福祉主事が12.3％となっている。

　家計相談支援事業の実施に当たっては、直営での実施が11.9％、委託が

84.3％、直営と委託の併用が2.2％と、直営の実施状況は1割程度であり、2015年度よりも微増している（2015年度は9.8％、2016年度は9.5％）。委託先は社会福祉協議会が70.6％と最も多く、生活協同組合（13.1％）、NPO法人（7.3％）と続いている。家計相談支援事業における事業従事者数は792人（うち、支援員の実人数は726人、複数職種を兼務している場合も1人とカウントしている。）となっている。内訳は、家計相談支援員が726人、その他の職種（事務員等）が160人となっており、それぞれ専任の割合は、28.5％、5.6％となっており、兼務者が圧倒的に多いことが分かる。家計相談支援員の保有資格について、社会福祉士が最も多く32.2％、社会福祉主事が25.3％、ファイナンシャルプランナーが18.3％となっている。

　一時生活支援事業の実施に当たっては、直営での実施が43.4％、委託が53.1％、直営と委託の併用が3.5％と、直営の実施状況は他の任意事業に比べて高い（2015年度は45.3％、2016年度は37.4％）。委託先は社会福祉法人（社協以外）が37.2％と最も多く、NPO法人（33.8％）、社団法人・財団法人（18.6％）と続いている。

　学習支援事業の実施に当たっては、直営での実施が22.4％、委託が58.1％、直営と委託の併用が10.7％と、委託での実施が中心となっている（直営での実施は2015年度は23.7％、2016年度は23.3％）。委託先はNPO法人が41.5％と最も多く、社会福祉協議会（18.4％）、社会福祉法人（社協以外）（11.8％）と続いている。

　また、都道府県知事、政令市長、中核市長は、事業者が、生活困窮者に対し、就労の機会の提供を行うとともに、就労に必要な知識および能力の向上のために必要な訓練等を行う事業を実施する場合、その申請に基づき一定の基準に該当する事業であることを認定するという就労訓練事業（いわゆる「中間的就労」）の認定もある。2018年3月31日時点で認定件数1,409件、利用定員合計3,561名であるが、実際の利用人数は、2015年から2017年の3年間で904人（プラン作成者数の0.5％）と極めて低い。それぞれの任意事業の利用状況は表7にまとめている。

　以上、事業の概要をみてきた。続いて、財源について見ていきたい。各事

第6章　第二の社会的セーフティネットの行財政　159

表8　国の生活困窮者自立支援制度の予算の内訳（2018年度概算要求）

生活困窮者自立支援制度の着実な推進及び生活保護制度の適正実施

1　生活困窮者自立支援制度の着実な推進（一部推進枠）　441億円（400億円）
　　平成27年度から施行された生活困窮者自立支援法に基づき、いわゆる「第2のセーフティネット」を強化するものとして、複合的な課題を抱える生活困窮者に対し、包括的な相談支援や就労支援等により生活困窮者の自立をより一層促進するとともに、生活困窮者支援を通じた地域づくりを推進する。

　（1）生活困窮者自立支援制度に係る負担金　　　　　　218億円（218億円）
　　生活困窮者自立支援法等に係る必須事業である自立相談支援事業等について、その実施に必要な額を確保する。

　（2）生活困窮者自立支援制度に係る補助金【一部新規】（一部推進枠）224億円（183億円）
　　生活困窮者自立支援法等に係る任意事業について、その実施に必要な額を確保するとともに、以下の事業について推進枠も活用しながら要求する。

　① 子どもの学習支援の充実・強化【一部新規】（一部推進枠）　47億円（35億円）
　　生活困窮世帯の子どもを支援するため、高校を中退した人、中学卒業後進学していない人などを含めた「高校生世代」への支援を強化するとともに、幼少期からの早期支援を行う観点から、小学生がいる世帯への巡回支援等を実施するなど、子どもの学習支援事業を更に推進する。

　② 就労準備支援の充実【新規】（推進枠）　　　　　　　　　　　20億円
　　ひきこもりの人など複合的な課題を抱え直ちに就職することが困難な生活困窮者等に対し、訪問支援（アウトリーチ）等による早期からの継続的な個別支援を重点的に実施するとともに、被保護者に対する就労支援の広域実施の推進等により就労・社会参加の促進を図る。

　③ 居住支援の推進【新規】（推進枠）　　　　　　　　　　　　2.5億円
　　社会的孤立状態にある生活困窮者等に対し、生活困窮者同士・地域住民との間で「支え合い」を創造・提供できるような「住まい方の支援」に取り組むことにより、地域で住み続けられる環境づくりを推進する。

　④ ホームレス支援の推進【新規】（推進枠）　　　　　　　　　2.7億円
　　路上生活が長期化・高齢化したホームレスを支援するため、医療専門職（保健師、看護師、PSW等）による巡回相談や健康相談を実施するとともに、福祉専門職（社会福祉士、介護福祉士等）による見守り支援等を実施する。

　⑤ ひきこもり支援の充実・強化【新規】（推進枠）　　　　　　5.3億円
　　住民に身近な地域でひきこもりの人などを支援する生活困窮者就労準備支援事業所等に対するひきこもり地域センターのバックアップ機能を強化することなどにより、支援の充実・強化を図る。

　（3）新たな生活困窮者自立支援制度を担う人材養成等の実施　70百万円（86百万）
　　生活困窮者の自立に向けた包括的かつ継続的な支援を担う相談支援員等の養成の促進等を通じて、支援の質の向上を図る。

※（　）の数字は2017年度当初予算額
※推進枠とは、「平成30年度予算の概算要求に当たっての基本的な方針について」の中で定められている「新しい日本のための優先課題推進枠」である。
出典：厚生労働省社会・援護局（社会）（2018）「平成30年度概算要求の概要」より抜粋

業の国と地方の負担比率は、次の通りとなっている。なお必須事業については、国庫負担金となっており、任意事業については、補助金となっている。

- 自立相談支援事業：負担率＝国3/4、地方1/4
- 住居確保給付金：負担率＝国3/4、地方1/4
- 就労準備支援事業：補助率＝国2/3、地方1/3
- 一時生活支援事業：補助率＝国2/3、地方1/3
- 家計相談支援事業：補助率＝国1/2、地方1/2[4]
- 学習支援事業：補助率＝国1/2、地方1/2

　厚生労働省の2018年度（平成30年度）概算要求の概要をみると、生活困窮者自立支援制度の着実な実施として441億円を計上し、その内訳は、表8の通りとなっている。日本の社会保障給付費が、2015年には約114兆8,596億円であり、そのうち生活保護費が約3兆3,789億円（国立社会保障・人口問題研究所　2017）であることと比較すると、予算規模としては極めて小さいものとなっている。

3　第二の社会的セーフティネットの特徴

　これらの第二のセーフティネットは、第一のセーフティネットである年金や雇用保険などの社会保険制度および、第三のセーフティネットである生活保護制度とは、異なった様相を示している。所得保障制度の第二のセーフティネットとされているものの、現金給付の要素は薄く、相談支援や就労支援を通じて就労に結び付けることが、第二のセーフティネットに求められている。

　他方で、求職者支援制度も近年は利用者の減少が続き、生活困窮者自立支援制度も国の想定ほどには利用者は増加していない。しかしながら、生活困窮者が減少しているとみるのは早計であろう。多様な社会的孤立の事

態が生まれている。たとえ就労していたとしても、社会的に孤立し、多くの生活課題を持っている人もいるであろうし、またこのような制度を利用できず行き詰まっている人も多いであろう。また、「働ける」「働けない」という枠組みで見た際に、そのグレーゾーンにいる人も増えていると考えられる。公的サービスの縮小、職域福祉の縮小、就労形態の変化、家族形態・生育環境の変化、外見では分かりにくい障害の顕在化といった様々な要因が複雑に絡み合うなかで、身体的な健康さのみでは「働ける」とは判断できない状況が増加している。身体的な健康、精神的な健康、そして社会的な健康にも目を配り、支援していくことが求められているのである。第二のセーフティネットを活かすためには、これらの制度が単に就労に結び付けるだけではなく、社会生活の充実のための役割を果たすべきであろう。

　このような生活困窮者を支援するにあたって、行政の役割は極めて重要なものとなる。これら第二のセーフティネットを行財政の観点からみると、求職者支援制度はハローワークが中心となっている国の事務であり、生活困窮者自立支援制度は地方自治体の自治事務である。財源については、求職者支援制度は国庫負担と雇用保険財源のもとに運営されているが、生活困窮者自立支援制度では国庫負担金（もしくは国庫補助金）と地方自治体の一般財源により運営されている。第一のセーフティネットである社会保険および第三のセーフティネットである生活保護制度は、いずれも国の責任のもとで実施されており、第二のセーフティネットも国の責任を明確にしたうえでの運営が重要となる。

　このような第二のセーフティネットをどのように評価すべきか。井上は、日本の生活困窮者自立支援制度を念頭に、日英の第二のセーフティネットの制度の形成過程を比較しながら、「『第一のセーフティネット』の補強としての『第二のセーフティネット』の場合と『最後のセーフティネット』の直前の場合とでは、局面がまったく異なるといわざるをえない。」（井上　2014：56）と述べている（前者を英国の改革、後者を日本の改革として捉えている）。すなわち、日本の生活困窮者自立支援制度は生活保護法の改正とセットであったことから、「『最後のセーフティネット』のほうから隙

間を埋めていくのが合理的な政策選択であろうか」と投げかけたうえで、「失業初期に支援を集中的に投入するほうが、最後のセーフティネットの段階での事後的対策より合理的であろう」と結論付けている（井上　2014：56）。しかしながら、日本の第二のセーフティネットの改革は、第一のセーフティネットと第二のセーフティネットの双方の改革のなかから形成されている。前者は求職者支援制度であり、後者は生活困窮者自立支援制度である。第一のセーフティネットネット（雇用保険制度）の改革から生まれた求職者支援制度、第三のセーフティネット（生活保護制度）の改革から生まれた生活困窮者自立支援制度の、どちらが有用性を持っているのかという点については、何を評価するかにより異なる。就職率という点では求職者支援制度の方が有用性を持っており、また総合相談という点では生活困窮者自立支援制度の方が有用性を持っている。これらの求職者支援制度と生活困窮者自立支援制度双方の組み合わせである第二のセーフティネットは、生活困窮者の生活を支えるものでなければならない。

4　所得保障の社会的セーフティネットとはどうあるべき制度なのか

　上記では、第二のセーフティネットの行財政をみてきた。日本の所得保障のセーフティネットはどのようにあるべきなのか。セーフティネットとは、下に落ちないようにするためのネットであり、細かい網の目で、重層的になることが望ましい。

　第一のセーフティネットは社会保険であり、保険制度であることの加入・拠出が前提となる。また、リスク別に設計（老齢、遺族、障害、失業など）されていることから、必ず制度の谷間に落ちる人が出てくる。そのため、包括的に受け止める第二、第三のセーフティネットが必要となる（無差別平等のセーフティネット）。日本では社会手当の制度が弱いことから、求職者支援制度や生活困窮者自立支援制度といった第二のセーフティネット、そして生活保護制度の第三のセーフティネットが重要となる。日本の

生活保護制度は、新生活保護法以降無差別平等の理念が盛り込まれ、労働能力の有無にかかわらず、すべての国民が申請できる制度となっている。しかし、生活保護制度の適正化が進むなかで、ケースの類型化が行われ、監査方針の主眼事項に、「要看護ケース」の充実が挙げられた。すなわち、高齢、障害、疾病などの「要看護ケース」に対する処遇の充実が図られたのである。他方で、労働能力のある者については自立の促進が行われ、保護適用適格性を重視していたという時代背景がある。しかしながら、第二のセーフティネットは就労支援が強調されているように、労働能力のある者を想定している。

　岸は、日本の生活保護制度の救貧的性格を非難しながら、「そもそも公的扶助は、社会的原因にもとづく貧困、したがって何よりも働く者の貧困に対処すべく生み出された制度なのであるから、そこでの保護基準は稼働世帯を前提として設定される筋合いのものなのである」（岸　2001：24）[5]と述べている。また小山は、1960年代の公的扶助の課題を論じるなかで、「個人主義的貧困観の克服こそが公的扶助確立の前提となることであり、この場合、働く意思も能力もありながら失業や低賃金のため貧困となっている人々がもっとも重要であるということである」（小山　2017：37）[6]と述べている。

　両者ともに、公的扶助制度の中心的施策を生活保護制度と捉え、その生活保護制度が稼働世帯への支援を排除していることに疑問を投げかけている。そのなかで小山は、新生活保護法の問題点を指摘しながら、「有能者の貧困については、それが固定化し停滞していることに注意を要する」と、労働能力のある者に対する課題について論じている（小山　2017：40）。

　岸や小山の指摘は、今から数十年前に行われているが、その指摘は現在にもつながっている。生活保護制度が稼働世帯の救済の機能を十分に果たしていないことから、現在の第二のセーフティネットが誕生したのである。この第二のセーフティネットは稼働世帯をも対象としており、自立支援、就労支援が強調されている。しかしながら、第二のセーフティネットが貧困を個人の責任と捉えてしまえば、救貧的な制度を持続し、生活保護制

度の従属物となってしまう。そのため、第一、第二、第三のセーフティネットが重層的なネットとなり、社会的な貧困課題に対応することを明確にし、生活保障に対して国が責任を持ち、実施していくことが求められるのである。

注

1 介護保険制度も社会保険制度であるが、介護保険制度には現金給付がないため、ここでは省略する。
2 厚生労働省職業安定分科会雇用保険部会（2013）「求職者支援制度関係資料1（第94回、平成25年11月12日）」参照。
3 社会保障審議会生活困窮者自立支援及び生活保護部会（2017）参照。
4 2018年度（平成30年度）生活困窮者自立支援法改正により、平成30年10月1日より、就労準備支援事業・家計相談支援事業の両事業を効果的・効率的に実施した場合の家計改善支援事業の国庫補助率を2分の1から3分の2へ引き上げることとなった。
5 当論文の初出は1980年である。
6 当論文の初出は1967年である。

参考文献

井上恒男（2014）「長期失業者への対策から失業者への早期就労支援対策へ：日英の「第二のセーフティネット」比較から」『週刊社会保障』、68（2783）、52-57頁
岸勇（野本三吉編）（2001）『公的扶助の戦後史』明石書店
国立社会保障・人口問題研究所（2017）「平成27年度社会保障費用統計」
小山路男（2017）「公的扶助の発展過程と現在の諸問題（特集：社会福祉研究の軌跡と未来を探る：貧困と生活保護）」『社会福祉研究』第130号、36-49頁
社会保障審議会（2013）『「生活困窮者の生活支援の在り方に関する特別部会」報告書』厚生労働省
社会保障審議会生活困窮者自立支援及び生活保護部会（2017）「生活保護制度の現状について資料4（第1回、平成29年5月11日）」
田中聡一郎（2017）「生活困窮者自立支援制度はどのようにスタートしたか？：実施初年度の支援状況と課題（特集市区町村は少子高齢社会に対応できるか：地方行財政から見た日本の社会保障の現状と課題）」『社会保障研究』、1（4）、748-761頁

第7章

生活困窮者自立支援事業の事例紹介
―― 川崎市の取り組み・
　　エンプロイアビリティ養成のフロントランナーとして

山本　隆
（関西学院大学教授）

はじめに

　第6章で説明されてきたように、日本の社会保障には、3層の社会的セーフティネットが張られている。第1の社会的セーフティネットは雇用保険である。雇用保険の加入資格を満たす者が失職した場合、第1の社会的セーフティネットである雇用保険を受給しながら、就職活動を行い、自立生活への復帰を目指すことになる。

　しかし、2008年のリーマン・ショックを契機に、雇用保険に加入しない雇用形態で失業する人たちが急増した。このような人たちは雇用保険という社会的セーフティネットから抜け落ちて、最後の社会的セーフティネットである生活保護制度に頼る可能性が高くなる。国は生活保護受給者の増加を受けて、第2の社会的セーフティネットを設けることとし、生活困窮者自立支援法を制定したという経緯がある。

　「生活困窮者」とは、どのような人を指すのか。同法第2条によれば、「生活困窮者」とは、現に経済的に困窮し、最低限度の生活を維持することができなくなるおそれのある者をいう。これは非常に曖昧な定義であり、かなり多くの人々をカバーすることが予想される。つまり、この法律がニュアンスとして、防貧施策であり、救貧施策も含めるからである。具体的には、

収入はないが資産があるという人が、生活困窮の状態に陥り、困り果てて、意を決して来所するというケースが想定される。ただし、どのくらいの収入があり、どのくらいの資産を所有しているか、求められる基準が明示されていないために、窓口はともすれば総合相談の様相を呈している。

本章は、「エンプロイアビリティ（employability, 就職能力）」養成のフロントランナーである川崎市の事例をとりあげて、その抜群の就労の成果をあげている要因を探索することにしたい。「エンプロイアビリティ」は、すでに本書で説明されたように、就労される能力のことを指す。[1]

1　川崎市における生活困窮者自立支援事業の取り組み

(1) 川崎市の事業概要

川崎市は、地理的には南北に細長く、横浜市や東京都と隣接している政令指定都市（以下、政令市）である。2017年4月現在、人口は150万人超で、人口増加比率は政令市のなかで最も高い。政令市のなかでは、出生率が最も高く、かつ死亡率が最も低い。

川崎市では、生活困窮者自立支援法（平成25年法律第105号）の施行前の2013年12月から国のモデル事業として、川崎市生活自立・仕事相談センター（呼称：「だいJOBセンター」）を運営してきた。「だいJOBセンター」はJR川崎駅前にあり、失業といった経済的な課題とともに、人間関係が成立しないなどの「関係性（relational）」の課題、家賃を滞納しているなどの住まいの課題、借金など債務や法律の課題等の様々な問題を抱えて、生活困難な状況に陥った人たちに対して、支援を行う無料の相談窓口である。

なお、地方自治体は法律に従って事業を展開することから、参考資料が示すように、生活困窮者自立支援法の法文を基本的に理解しておく必要がある。

参考 生活困窮者自立支援事業とは

地方自治体の川崎市生活困窮者自立支援事業の位置づけ
——生活困窮者自立支援法（平成25年法律第105号）から

目次
　第1章　総則（第1条―第3条）
　第2章　都道府県等による支援の実施（第4条―第9条）
　第3章　生活困窮者就労訓練事業の認定（第10条）
　第4章　雑則（第11条―第19条）
　第5章　罰則（第20条―第23条）
　附則
　　　第1章総則
　（目的）
第1条　この法律は、生活困窮者自立相談支援事業の実施、生活困窮者住居確保給付金の支給その他の生活困窮者に対する自立の支援に関する措置を講ずることにより、生活困窮者の自立の促進を図ることを目的とする。
　（定義）
第2条　この法律において「生活困窮者」とは、現に経済的に困窮し、最低限度の生活を維持することができなくなるおそれのある者をいう。
2　この法律において「生活困窮者自立相談支援事業」とは、次に掲げる事業をいう。
　一　就労の支援その他の自立に関する問題につき、生活困窮者からの相談に応じ、必要な情報の提供及び助言を行う事業
　二　生活困窮者に対し、認定生活困窮者就労訓練事業（第十条第三項に規定する認定生活困窮者就労訓練事業をいう。）の利用についてのあっせんを行う事業
　三　生活困窮者に対し、当該生活困窮者に対する支援の種類及び内容その他の厚生労働省令で定める事項を記載した計画の作成その他の生活困窮者の自立を図るための支援が一体的かつ計画的に行われるための援助として厚生労働省令で定めるものを行う事業
3　この法律において「生活困窮者住居確保給付金」とは、生活困窮者のうち離職又はこれに準ずるものとして厚生労働省令で定める事由により経済的に困窮し、居住する住宅の所有権若しくは使用及び収益を目的とする権利を失い、又は現に賃借して居住する住宅の家賃を支払うことが困難となったものであって、就職を容易にするため住居を確保する必要があると認められるものに対し支給する給付金をいう。
4　この法律において「生活困窮者就労準備支援事業」とは、雇用による就業が著しく困難な生活困窮者（当該生活困窮者及び当該生活困窮者と同一の世帯に属する者の資産及び収入の状況その他の事情を勘案して厚生労働省令で定めるものに限る。）に対し、厚生労働省令で定める期間にわたり、就労に必要な知識及び能力の向上のために必要な訓練を行う事業をいう。
5　この法律において「生活困窮者一時生活支援事業」とは、一定の住居を持たない生活困窮者（当該生活困窮者及び当該生活困窮者と同一の世帯に属する者の資産及び収入の状況その他の事情を勘案して厚生労働省令で定めるものに限る。）に対し、厚生労働省令で定める期間にわたり、宿泊場所の供与、食事の提供その他当該宿泊場所において日常生活を営むのに必要な便宜として厚生労働省令で定める便宜を供与する事業をいう。
6　この法律において「生活困窮者家計相談支援事業」とは、生活困窮者の家計に関する問題につき、生活困窮者からの相談に応じ、必要な情報の提供及び助言を行い、併せて支出の節約に関する指導その他家計に関する継続的な指導及び生活に必要な資金の貸付けのあっせんを行う事業（生活困窮者自立相談支援事業に該当するものを除く。）をいう。
　（市及び福祉事務所を設置する町村等の責務）
第3条　市（特別区を含む。）及び福祉事務所（社会福祉法（昭和二十六年法律第四十五号）に規定する福祉に関する事務所をいう。以下同じ。）を設置する町村（以下「市等」という。）は、この法律の実施に関し、公共職業安定所その他の職業安定機関、教育機関その他の関係機関（次項第二号において単に「関係機関」という。）との緊密な連携を図りつつ、適切に生活困窮者自立相談支援事業及び生活困窮者住居確保給付金の支給を行う責務を有する。

　［後略］

資料：前掲　厚生労働省「生活保護受給者に対する就労支援」

(2)「だいJOBセンター」のチーム・アプローチ

「だいJOBセンター」が対象とする人たちは、生活保護受給者を除く、市内に居住し生活困難を抱える人たちである。新規相談者が来所した際、まず面接担当が相談者から話を聞き、課題の見極めとアセスメントを実施する。

この過程のなかで、全体の6割の相談者は同センターで支援を行うというよりも、他の関係機関（行政の他の窓口、関係機関の相談窓口、社会福祉法人等）にリファー（照会）する。残りの4割は同センターで支援するケースになる。2回目の面談以降は、就労支援員、精神保健支援員、居住家計支援員の3種類の専門支援員、そして必要に応じて、弁護士等の専門相談や住居確保給付金を活用しながら支援を行っている。

就労支援員は、履歴書の添削、ハローワークへの同行、就労定着の支援といった就労に関する支援を担当している。精神保健支援員は、心や身体に疾病を抱えている方に対し、通院の同行や手帳取得に向けた支援等を担当している。そして居住家計支援員は、低家賃住居への転居支援や家計管理の支援を担当している。このように、3種の専門支援員が一丸となって支援するというチーム・アプローチを採用している。これは相談者の持つ潜在的な課題に対して早期にアプローチするためで、支援員個人の資質によらずに、支援の質を標準化するためである[2]。

(3) 就労準備支援事業

就労準備支援事業は、一般就労に従事する準備のためのものである。エンプロイアビリティの形成に向けて、計画的で一貫した支援を提供している。この事業は3段階で構成されている。

①生活習慣形成のための支援・訓練（生活自立段階）、就労の前段階として必要な社会的能力の習得（社会自立段階）
②事業所での就労体験の場の提供

③一般雇用への就職活動に向けた技法や知識の取得等の支援（就労自立段階）

　川崎市は、障害者就労移行支援事業を展開している、民間の法人に就労準備支援事業を委託しており、生活保護受給者の就労準備支援事業と一体的に実施してきた。引きこもりなどが理由で長期間未就業の人や、社会人経験が著しく乏しい人を対象にして、3か月を1クールとし、コミュニケーション能力、パソコンのスキル等の向上を目指し、座学と就労体験を行い、就職活動に向けたスキルを獲得するといったプログラムを実施している（図1）。

　就労準備支援事業の内容は、PC基礎、WEBサイト制作、ボランティア体験、就職活動セミナー、2週間の就労体験と様々なメニューで構成されている。また終礼における一言挨拶や、節目毎に行うプレゼンテーションなど、コミュニケーション能力を高める取り組みも組み込まれている。

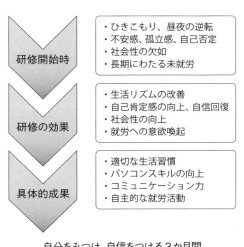

図1　川崎市就労準備支援事業ステップアップ・プログラム
出典：川崎市ヒアリング資料

(4)「だいJOBセンター」の実績

　表1は、2016年度の新規相談者について、どのような支援方針（支援類型）で支援を行ったかを示しており、新規相談者数は1,409人となっている。

　継続支援のカテゴリーをみてみたい。まず、①について、初回面談時において、①-1または①-2のどちらに分類できるか判断できないケースは、2～3回目の面談を通して、適切な支援類型（①-1または①-2）に振り分ける。

　同センターで継続支援を行う①、①-1、①-2の合計は37％となっている。残りの支援類型②-1から④に該当する者は、若者サポートステーションなどの他機関に繋ぐか、または手持ち金が僅少の者は福祉事務所に繋ぐか、福祉の社会資源や福祉の制度に関する情報提供のみで終了したり、原則的には1回の対応で支援が終了している。

　⑤の見極めに時間を要する者は、住居確保給付金の申請を希望するケースも含まれるため、⑤のうちの半数は、支援類型①-1に途中で変更するケースになっている。残りの半数は、同センターの支援には繋がらず、また「困った時にはいつでも相談してください」という形で、いったん支援を終了している。以上から、①～①-2までの37％と、⑤の半分の8％の合計45％が、同センターで継続支援の対象になっている。

　①、①-1、①-2について、もう少し詳しくみてみたい。①-1は単に就労支援を必要とする人たちである。債務など就労以外の課題も抱えている場合もあるが、就労することでその他の課題解決も見込まれるため、就労支援をすぐに行う支援類型となっている。

　一方、高齢者は①-1の支援類型が多い。このような対象者は、仕事がなくて生活に困っているものの、健康面を含めそれ以外の問題はなく、単に就労支援のみを必要としている。高齢者に対する就労支援では、川崎市では「しごと応援事業」を活用し、高い就職率を達成している。

　①-2は就労支援も必要であるが、その他の問題を優先的に取り組む必要がある対象者である。例えば、病状から判断してすぐに就労が難しい者に対しては、通院同行を行うなど体調を安定させてから、就労支援に移行す

るケースや、立ち退きを要求されており、転居の支援をしてから就労支援に移行するケースなどがある。

表1 相談の状況・相談者の支援類型

(2016年度)

		支援類型	支援期間	アフターケア	人数	割合
だいJOBセンターでの継続支援	①	継続支援を必要とし①-1または①-2に分類する者			413	29%
	①-1	就労支援と同時にその他の課題の解決を支援する相談者	1年	3か月	21	1%
	①-2	就労以外の課題を優先的に取り組みつつ、就労を目指す相談者			103	7%
	②-1	他機関と連携・引継ぎを行う相談者	2か月	3か月	158	11%
	②-2	関係機関・制度の情報提供のみを行う相談者	-	-	346	25%
	③	福祉事務所への引継ぎを行う相談者	2か月	-	87	6%
	④	客観的には支援が必要だが、本人が支援を辞退するため、生活状況の見守りを行う相談者	2か月	-	50	4%
	⑤	見極めに時間を要する相談者	-	-	231	17%

出典:川崎市ヒアリング資料

表2 新規相談者の推移

(単位:人)

新規相談者数	4月	5月	6月	7月	8月	9月	10月	11月	12月	1月	2月	3月	合計
H25	-	-	-	-	-	-	-	-	50	85	56	71	262
H26	72	61	114	100	115	106	94	70	75	90	91	105	1,093
H27	146	151	143	117	119	100	96	104	112	114	131	161	1,494
H28	129	108	123	106	124	121	110	118	102	120	123	125	1,409

出典:川崎市ヒアリング資料

2013年12月に同センターを開設して以来、新規相談者は順調に増加している。最近では1,500人弱に迫っており、1日当たり4人の来所ということになる。ただし、2016年度は雇用状況の改善等の影響もあり、若干減少している。同市における生活保護受給者も減少傾向にある（表2）。

(5) 行政区別の新規相談

川崎市には7つの行政区と9つの福祉事務所があり、同市の生活保護率は、全市で2.13％（2017年4月）であるが、南部の福祉事務所では5％を超えているところもある。このような背景を踏まえて、生活困窮者が多くいると思われる川崎市南部の川崎駅前に「だいJOBセンター」を設置している。

同センターが川崎駅前に位置していることから、川崎区とその隣の幸区からの新規相談者が多い。同市は南北に長い地形で、市内中北部在住の市民の利便性の向上を図るために、高津区で出張相談を実施していることか

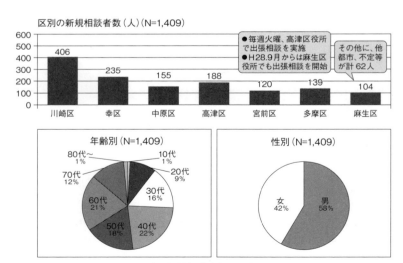

図2　区別の新規相談者数と年齢別・性別

出典：川崎市ヒアリング資料

ら、高津区からの相談者が3番目に多い。2016年9月から新たに麻生区でも出張相談を開始したことから、麻生区の相談者が増えている（図2）。

年齢別の分布

幅広い年齢層の相談者が来室していることが特徴である。中でも、30代〜60代が多い。60代以上の高齢者が全体の3分の1を占めていることも特徴である。

性別の分布

男性と女性の比は、おおよそ6対4となっている。

家族構成

単身世帯が4割、家族と同居している世帯が6割となっている（図3）。一方、生活保護受給者は8割が単身世帯となっている。このことから、困

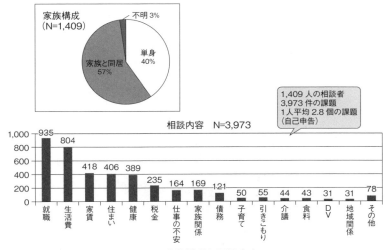

図3　家族構成と相談内容

出典：川崎市ヒアリング資料

窮度が深刻になるほど家族関係も崩壊していくと推察できる。同センターの職員は、この傾向を意識して、相談者だけでなく、相談者の家族にも配慮して、早期自立に向けた支援を行っている。

相談内容

新規相談時に、相談者の自己申告で「困りごと」にチェックを入れてもらう。1人当たり平均で2.8件の課題を抱えており、最も多いのは、「就職」である。2番目以降の課題も関連がみられるが、「生活費」「家賃」の順となっている（図3）。

60代以降と50代以下を比較すると、前者のほうが「困りごと」の数が少ない。また、特に健康面の課題をみると、50代以下で健康面に課題を抱えている者が多く、60代以降は健康面に問題はないものの、単に仕事がなくて困っているというケースが多い。

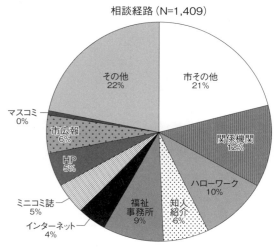

図4　「だいJOBセンター」の相談経路

出典：川崎市ヒアリング資料

相談経路

　最も多いのが、「市その他」21％である。これは、国民健康保険の窓口や市税事務所等の市・区役所の関係部署であり、庁内の連携が奏功している。次に、地域包括支援センターや社会福祉協議会などの「関係機関」12％、ハローワーク10％の順になっている。全体の半数以上が、照会を受けて相談に至っていることから、関係機関との連携が重要になってくる（図4）。

広報の状況

　チラシ、ポスターを掲示できる場所はすべて活用するという方針で幅広く広報を行っている。同センターは、名前に「JOB」が付くことから、就労支援の機能はよく知られているものの、「精神保健支援」や「居住・家計支援」の機能は、十分に周知されているとはいえない。こうした状況を踏まえて、同センターの相談者がどのような支援を受け、どのようなステップで自立につながったのかという支援事例を紹介する「だいJOBだより」を関係機関向けに毎月発行している。

(6)「だいJOBセンター」の支援フロー

　図5の①の支援フローをみていきたい。川崎市は総合的で継続的な寄り添い型支援をモットーにしている。就労支援員、精神保健支援員、家計・居住支援員など様々な専門分野を持つ相談員が、面談だけでなく、行政の窓口・病院・ハローワーク等への同行や、窓口での手続き補助、採用面接時の同席を行うなど、総合的で継続的な寄り添い型支援を実施している。

　同センターでは、3種の専門支援員がチームとなって、相談者に寄り添った支援を行っている。例えば、仕事がなくて困っているという相談者に対しては、「就労支援員」だけでなく、「精神保健支援員」、「居住・家計支援員」がチームで支援を展開する。

このようなチーム・アプローチがもたらすメリットとして、相談者本人の要望が求職であっても、面談を進めるなかで、就労活動に伴うストレスや不安感といった精神面での課題や、就労収入を得ても家計管理ができないといった他の課題が見つかることがある。その場合には、チームで支援を行うことで、相談者の複合的な課題に早期に対応している。

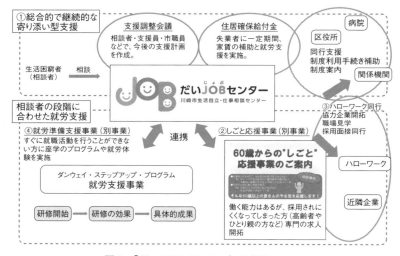

図5　「だいJOBセンター」の支援フロー
出典：川崎市ヒアリング資料

　次に、図5の②③④の支援フローを参照して欲しい。相談者の段階に合わせた就労支援を行っている。主に3つの段階で構成しており、以下のように展開している。
　【第1段階】高齢者、ひとり親など、就労能力はあるものの、企業から採用されにくくなっている人たちへの就労支援を展開している。このケースは、しごと応援事業に導く（図5の②）。
　【第2段階】希望職種を決められない人、就労意欲が減退している人への就労支援を展開している。このケースは、職業紹介を活かした職場見学に

導く（図5の③）。

【第3段階】長期間就労から離れていたなどの段階的な支援が必要な人への就労支援を展開している。このケースは、就労準備支援事業に導くことになる（図5の④）。ここでは、パソコンを活用したトレーニング、コミュニケーション能力向上のためのグループワークなど、日常生活リズムの改善や就職活動に向けた基礎能力の習得を目指すプログラムを実施している。

(7) カテゴリー化された就労支援

「だいJOBセンター」の支援フローは、見事にプログラム化されている。第一に、同センターの支援員のなかで支援の標準化を行うために、ある程度相談者を分類しながら支援を行っている（図6）。「エンプロイアビリティ」の視点から、採用されやすさを縦軸に、就労意欲・能力を横軸に取ると、「採用されやすさ」「就労意欲・能力」のいずれも高い人は、同センターに来所する前に独力でほぼ解決できている場合が多い。その際には、情報

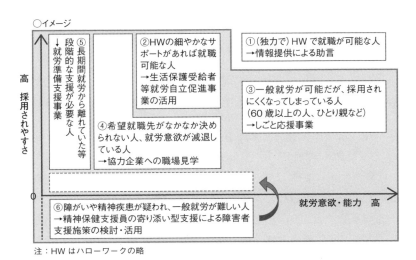

図6　段階に合わせた就労支援

出典：川崎市ヒアリング資料

提供や助言で課題が解決することが多い。

　第二に、「採用されやすさ」は高いものの、「就労意欲・能力」が低い人は、国の「生活保護受給者等就労自立促進事業」を活用し、専任のハローワーク就労支援ナビゲーターによる就労支援を行う。

　第三に、「就労意欲・能力」は高いものの、「採用されやすさ」が低い人は、同市の「しごと応援事業」を活用した就労支援を行う。

※「しごと応援事業」: 60歳以上の高齢者、ひとり親、刑余者など、就労意欲・能力はあるものの、雇用主側から敬遠されてしまうことにより、就労が難しいケースに対しては、独自に求人開拓を行い、就職のマッチングを図る事業を展開している。

　第四に、希望就職先が決められない、または就労意欲が減退している人は、同センターの協力企業への職場見学を行い、企業や働くことのイメージを持ってもらうことから始めている。

　第五に、長期間就労から離れていたなど、段階的な支援が必要な人は、生活困窮者自立支援法に基づく任意事業である「就労準備支援事業」を活用し、就労意欲・能力を高めるための支援を行っている。

　最後に、障がいや精神疾患が疑われ、一般就労が難しい人は、障害者支援施策等の他法・他施策の活用を検討する。

(8) 就労支援の成果測定（リターンの把握）

　川崎市の生活困窮者自立支援事業での成果は、何よりも就職率が非常に高いことである。2016年度では、就労支援対象者数339人、就労者数268人、就職率は実に79％に達している。2015年度でみても、就労支援対象者数505人、就労者数330人、就職率65％であった。

　同市の事業では、2015年度と2016年度を比較すると、就職率は14ポイント上昇している。就労支援の効果額は簡易的な試算であるが、2016年度に同センターの就労支援により就職した268人について、就職できずに生活保護を1年間受給することになった仮定に基づいて、その費用を効果額と

して試算している。なお効果額として、保護費とケースワーカー人件費を挙げているが、その他にも生活保護を受けた場合の医療扶助や、本人が働くことによる納税額等もプラスアルファの効果として見込まれる。

ただし、このような専門職、専門機関に「つなぐ」ことは、受け皿となった部署・機関に新たな費用を発生させることになり、自治体全体で予算を増やす必要性が生まれることはいうまでもない。

就労に至った成果を定量的に捉えてみると、シンプルではあるが、川崎市は以下の効果算定を試みている。

効果算定（例）
【投資額】予算 141,546,000 円（2016 年度）──── 委託料、賃借料等
【効果額】就職した者が 1 年間就労を継続し、生活保護にならなかったと仮定した場合、以下の効果算定が成り立つ。
- 相談前の収入が 70,000 円／月と仮定する。
  単身世帯の生活保護費 135,000 円、保護費（135,000 円－70,000 円）× 12 月 × 268 人（12 か月間の就職者数）＝ 209,040,000 円
- ケースワーカー人件費 6,000,000 円 × 4 人 ＝ 24,000,000 円
- その他（要検討）医療費（本人負担分 3 割）、納税額（プラスの収入）等 ＝ ＋a
  ⇒ 効果額（リターン）233,040,000 円 ＋a

2　考察

生活困窮者の自立相談支援機関の実績は、就労実績だけで測られるものではないが、同センターは、全国的にみても高い就労支援の実績を挙げている。これは、雇用情勢が改善していることもあるが、やはりチームによる寄り添い型の支援の質の高さ、そして相談者の段階に合わせた多様な就労支援のメニューを活用していることが要因として考えられる。

ただし、同センターの周知度の向上や、相談者が窓口まで行きつけない

心理的壁といった問題がある。今後、相談に至っていない人たちをいかに相談に繋げるのか。「訪れやすい相談窓口」を目指して、ソーシャル・マーケティングの手法を参考にする必要がある。

「だいJOBセンター」は、生活保護・福祉事務所に支援を求める層と区別し、要保護層になる手前の生活困窮層に対して自立支援相談をしている。法文にいう「生活困窮層」に対してワークフェアを実践している。このことを踏まえて、同センターの就労率は高く、受託団体の中高年事業団やまて企業組合や民間企業が、事業の質を保証している点は見逃せない。

ただし、「出口」は就労だけでない。生活全般を考えれば、対象者にとって地域コミュニティにどのような支援体制が整っているのか、また相談できる人がいるのか。地域コミュニティにおける支援ネットワークの中核機能を、自立相談支援機関が担うことも重要である。各分野の専門職や民生委員の協力を得て、地域での寄り添い型の支援体系を構築していくことが望まれる。

外部委託の課題もある。例えば、支援団体やNPOが居場所の機能を含んだ「中間的就労」の場をつくるケースがあるが、一般企業も含めて、営利・非営利の民間支援組織に補助金などのインセンティブを与える仕組みが必要だろう。

最後に、成果測定の方法論であるが、社会的効果の把握は難しい課題である。長期的な社会的効果は測りにくく、生活困窮の原因を明らかにでき、そのソリューションのための資源開発を進めるべきである。自治体が、どれだけ把握しているか。それを除去、解消する支援にどのように取り組んでいるかが問われるべきである。経済給付を拡充し、多様な生活困窮の原因を除くために、専門のコーディネータを恒久的なスタッフとして配置することが求められる。

注

1 エンプロイアビリティは、employ(雇用する)とability(能力)を組み合わせた言葉で、個人の"雇用される能力"を意味し、(1)専門能力(豊富な知識、経験、創造性、論理性、問題解決スキルなど)、(2)コミュニケーション能力(プレゼンテーションスキル、傾聴スキル、概念化スキルなど)、(3)対人関係構築能力(多様性に対する適応性、動機付けスキル、協調性など)から成るとされている。
2 2017年8月7日に、川崎市のヒアリング調査を行った。対応者は、川崎市保健福祉局生活保護・自立支援室担当課 禰宜正太郎氏などで、丁寧な説明があった。

第8章

貧困対策と地域福祉計画

岩満賢次
（岡山県立大学准教授）

はじめに

　本章では、貧困対策における地域福祉の役割を検討していく。生活困窮者自立支援制度は、制度の議論の段階から地域づくりの重要性が強調されており、現金給付がほぼない制度である。本章で見ていくように、生活困窮者自立支援制度の体制整備は、市町村が作成する地域福祉計画のなかで一体的に整備していくことが求められているのである。

　地域福祉とは、まだ確立された定義のない段階であるが、制度・政策を軸とする地域福祉論の代表的論者である右田によると、「生活権と生活圏を基盤とする一定の地域社会において、経済社会条件に規定されて地域住民が担わされて来た生活問題を、生活原則・権利原則・住民主体原則に立脚して軽減・除去し、または発生を予防し、労働者・地域住民の主体的生活全般にかかわる水準を保障し、より高めるための社会的施策と方法の総体であって、具体的には労働者・地域住民の生活権保障と、個としての社会的自己実現を目的とする公私の制度・サービス体系と、地域福祉計画・地域組織化・住民運動を基礎要件とする」（右田　2005：64）ものである[1]。伝統的な社会福祉行政は、本書で描かれている生活保護制度のように、国家中心型の縦割り行政に組み込まれた制度であった。しかしながら地域福祉のア

プローチは、このような縦割りで社会福祉を考えるのではなく、生活者の視点から、地域を面として捉え、そこでの生活を考えていくものである。その具体的な実践が地域福祉計画であるといえる。

本章では、生活困窮者自立支援制度が、このような地域福祉とどのように関わろうとしているのか、地域福祉計画を軸にみていきたい。

1 地域福祉計画とは何か

(1) 地域福祉計画の台頭

地域福祉計画とは、2000年に施行された社会福祉法に根拠を持ち、行政が策定する計画となっている。

このような行政による地域福祉計画のさきがけは、大阪府の「地域福祉推進計画」(1983年)、神戸市の「新こうべの市民福祉計画」(1983年)、神奈川県の「かながわ福祉プラン」(1987年)などがあり、都市の問題を中心に地域福祉計画の手法が導入されていた。

他方で、全国社会福祉協議会が、1984年に報告書『地域福祉計画：理論と方法』を発行している。上記のような先駆的な行政の地域福祉計画があったものの、当報告書の地域福祉計画は、市町村社会福祉協議会が住民とともに地域福祉計画を策定することを想定していた。住民が地域の課題を主体的に把握し、その解決のための方策を検討し、解決を目指すことが求められていたのである。

このような状況のなか、東京都地域福祉計画等検討委員会が「東京都における地域福祉推進計画の基本的在り方について」(1989年)を発行し、東京都が策定する「地域福祉推進計画」、市区町村が策定する「地域福祉計画」、社会福祉協議会等の民間団体や地域住民が策定する「地域福祉活動計画(住民活動計画)」という「三相計画」を提示し、地域福祉計画の主体を、都、市区町村、住民に分け、整理している。

このような三相計画が台頭するなかで、全国社会福祉協議会が『新・社会福祉協議会基本要綱』(1992年)を発行し、市町村社会福祉協議会の策定する計画を地域福祉活動計画[2]とし、いわゆる地域福祉計画は市区町村の策定する計画として位置づけられるようになった。

2000年には社会福祉法が施行され、市町村地域福祉計画(107条)、都道府県地域福祉支援計画(108条)に明記され、行政が策定する地域福祉計画が公式に開始されている。

近年では、「『我が事・丸ごと』の地域づくり」構想が進むなかで、2018年より社会福祉法が改正され、より一層地域福祉計画の重要性は高まっている(社会福祉法の規定は表1参照)。

(2) 地域福祉計画と社会福祉基礎構造改革

地域福祉計画台頭の背景には、1990年代に進められた社会福祉基礎構造改革がある。社会福祉基礎構造改革とは、文字通り、社会福祉の基礎構造を改革することである。社会福祉の基礎構造とは、「社会福祉を目的とする事業の全分野における共通事項」(社会福祉法第1条)とされ、社会福祉全般を支える理念や基本的な考え方などを含めた土台を意味する。日本の社会福祉六法体制は1960年代に確立されたが、社会福祉を取り巻く状況は大きく変化しており、改革を余儀なくされていたのである。例えば、伝統的に生活を支えてきた家族や地域、企業、国家などの役割の変化、他方で少子高齢化や経済体制の変化、グローバルな人や経済の移動などにより、社会福祉のサービス需要の急激な増加がみられている。また、少子高齢化による財政負担割合の不均衡化が起こるなど、新しい社会福祉の体制が求められていたのである。

社会福祉基礎構造改革の柱は2点ある。すなわち、「利用(契約)方式の導入」と「地域福祉の推進」(武川　2005：20-21)であるが、「利用」方式の導入が大きなインパクトを持っていた。社会福祉基礎構造改革では、「措置から利用(契約)へ」というスローガンの下、長年日本の社会福祉の基盤であ

表 1　社会福祉法における地域福祉計画の規定（2018 年改正）

(市町村地域福祉計画)
第 107 条　市町村は、地域福祉の推進に関する事項として次に掲げる事項を一体的に定める計画（以下「市町村地域福祉計画」という。）を策定するよう努めるものとする。
　一　地域における高齢者の福祉、障害者の福祉、児童の福祉その他の福祉に関し、共通して取り組むべき事項
　二　地域における福祉サービスの適切な利用の推進に関する事項
　三　地域における社会福祉を目的とする事業の健全な発達に関する事項
　四　地域福祉に関する活動への住民の参加の促進に関する事項
　五　前条第一項各号に掲げる事業を実施する場合には、同項各号に掲げる事業に関する事項
2　市町村は、市町村地域福祉計画を策定し、又は変更しようとするときは、あらかじめ、地域住民等の意見を反映させるよう努めるとともに、その内容を公表するよう努めるものとする。
3　市町村は、定期的に、その策定した市町村地域福祉計画について、調査、分析及び評価を行うよう努めるとともに、必要があると認めるときは、当該市町村地域福祉計画を変更するものとする。

(都道府県地域福祉支援計画)
第 108 条　都道府県は、市町村地域福祉計画の達成に資するために、各市町村を通ずる広域的な見地から、市町村の地域福祉の支援に関する事項として次に掲げる事項を一体的に定める計画（以下「都道府県地域福祉支援計画」という。）を策定するよう努めるものとする。
　一　地域における高齢者の福祉、障害者の福祉、児童の福祉その他の福祉に関し、共通して取り組むべき事項
　二　市町村の地域福祉の推進を支援するための基本的方針に関する事項
　三　社会福祉を目的とする事業に従事する者の確保又は資質の向上に関する事項
　四　福祉サービスの適切な利用の推進及び社会福祉を目的とする事業の健全な発達のための基盤整備に関する事項
　五　市町村による第百六条の三第一項各号に掲げる事業の実施の支援に関する事項
2　都道府県は、都道府県地域福祉支援計画を策定し、又は変更しようとするときは、あらかじめ、公聴会の開催等住民その他の者の意見を反映させるよう努めるとともに、その内容を公表するよう努めるものとする。
3　都道府県は、定期的に、その策定した都道府県地域福祉支援計画について、調査、分析及び評価を行うよう努めるとともに、必要があると認めるときは、当該都道府県地域福祉支援計画を変更するものとする。

出典：社会福祉法より抜粋

り続けた「措置制度」を「利用制度」へ転換するものであった。すなわち、「行政」と「被措置者」の関係を「市場」と「顧客」の関係に変化させるものであった。介護保険制度に代表されるように、利用者の選択、事業者の競争といった市場の原理が、福祉サービスに導入されたのである。この結果、利用者の権利意識の向上、介護サービスの急激な増加、質の向上が図られるなど一定の良い成果があった一方で、介護保険財政の急激な増加や福祉サービスの地域間格差、経済格差による利用サービスの格差や地域での孤立が進んでいるのも事実である。また、家族扶養の低下や地域の疎遠化、市町村合併による行政の広域化などによっても、地域で孤立する人たちが増加している。

このような市場の原理が導入されたことにより、行政の役割も大きく変化した。利用制度において行政は、措置制度時代のような福祉サービスの主たる提供者ではなく、民間にサービス提供を解放した結果、利用者が利用制度下においてサービスを十分に受けられるような「調整」が大きな業務となってきているのである（表2）。

表2　措置制度と利用制度の相違

	措置制度	利用制度
サービスの決定	行政処分	契約・選択
権利の捉え方	反射的利益を受けるのみ	サービスを受ける権利の主体
サービスの質	ナショナル・ミニマム（最低限度の生活）	質の高いサービス
利用者保護	言及しない	権利擁護、苦情解決
サービスの提供主体	行政（およびその委託団体）	多元的なサービス提供主体
行政の役割	措置の判定およびサービスの提供	利用制度全体の運営のマネジメント

出典：筆者作成

社会福祉基礎構造改革の第二の柱は「地域福祉の推進」である。この柱は、「地域における福祉の推進」をスローガンとして国家が主導してきた福祉を、地域単位での福祉に変革していくものであった。すなわち、行政と市民の関係を公民協働の関係へと変化させることであった。地域における様々な孤立や排除、摩擦の問題が生まれ、そのことを解決することが地域福祉の推進の大きな目的となっているのである。2015年に開始された生活困窮者自立支援制度は地域福祉と関連したものとなっており、地域福祉計画に生活困窮者自立支援制度の内容が盛り込まれることとなっている。生活困窮者の支援は、単に所得の問題だけではなく、地域での孤立や排除の問題を包含していることを考えると、生活困窮者自立支援制度の内容は、地域福祉計画に追加されるのではなく、そのこと自体が地域福祉計画の目的といえよう。そのことから、生活困窮者自立支援制度における地域福祉計画の位置は、その中心といえるかもしれない。

　あわせて、この「地域福祉の推進」には、計画的な福祉サービスの整備も求められている。社会福祉法第6条に、福祉サービスの提供体制の確保等に関する国及び地方公共団体の責務が定められ、第1項「国及び地方公共団体は、社会福祉を目的とする事業を経営する者と協力して、社会福祉を目的とする事業の広範かつ計画的な実施が図られるよう、福祉サービスを提供する体制の確保に関する施策、福祉サービスの適切な利用の推進に関する施策その他の必要な各般の措置を講じなければならない。」とされ、行政への計画的な福祉サービスの整備が求められている。そのため、地域福祉計画をはじめとした福祉計画は、各自治体における計画的な福祉サービスの整備を行う手段として求められているといえる。

　他方で、社会福祉基礎構造改革の2つの柱は相互に関連しているといえる。表1で見たように、市町村の地域福祉計画に盛り込むべき事項とは、「地域における高齢者の福祉、障害者の福祉、児童の福祉その他の福祉に関し、共通して取り組むべき事項」「地域における福祉サービスの適切な利用の推進に関する事項」「地域における社会福祉を目的とする事業の健全な発達に関する事項」「地域福祉に関する活動への住民の参加の促進に関する事

項」「前条第1項各号に掲げる事業を実施する場合には、同項各号に掲げる事業に関する事項」となっている。すなわち、福祉サービスの利用制度化により福祉サービスを利用できなくなる人が出てくることを想定したうえで、サービスを利用できていない人に「適切な利用の推進」を促したり、事業者が発展するよう「事業の健全な発達」を整備したり、そして地域で孤立する人たちへの住民の相互扶助を促す「住民参加」を盛り込むようになっているのである。また、2018年度の社会福祉法改正において、「地域における高齢者の福祉、障害者の福祉、児童の福祉その他の福祉に関し、共通して取り組むべき事項」が新しく盛り込まれている。

しかしながら、これらのみを地域福祉計画と捉えると、福祉サービスの市場化を補完するのが地域福祉計画であると誤解される恐れがある。なぜならば、地域福祉計画の策定主体は市町村になっているものの、社会福祉法第4条「地域福祉の推進」の項目には、「地域住民、社会福祉を目的とする事業を経営する者及び社会福祉に関する活動を行う者は、相互に協力し、福祉サービスを必要とする地域住民が地域社会を構成する一員として日常生活を営み、社会、経済、文化その他あらゆる分野の活動に参加する機会が確保されるように、地域福祉の推進に努めなければならない。」とされており、地域福祉の推進主体に行政が含まれていないためである。地域福祉計画が単に福祉サービスの市場化を補完するのではなく、行政の公的責任のもと、住民と地域をつくりあげていく計画であることが求められる。なぜならば、生活困窮という課題は構造的な課題であり、国家責任が伴うためである。その解決を民間や個人のみに委ねることはできないのである。

(3) 福祉計画における地域福祉計画の位置

福祉計画は、1990年代に発達している。1990年には、老人福祉法等の一部を改正する法律（いわゆる、福祉関係八法改正）が制定され、法定の福祉計画の先駆けである老人保健福祉計画が開始される。その後、高齢者福祉領域のみならず、障害福祉、児童福祉など様々な分野で法定の計画が策定

され始め、幾度かの改定を経て、現在は表3のようになっており、国、都道府県、市町村の役割が明確に規定されている。

　児童、高齢、障害の3領域の福祉3プランは、いずれの計画も義務化され、その内容は、各法に基づくサービス整備が中心である。そのガバナンス構造は法律上に明確に規定されており、表4のように、国、都道府県、そして住民や当事者の参加が明確に規定されている。

表3　福祉計画の種類

分野	根拠法	市町村	都道府県	国	期間	圏域	義務
高齢者	老人福祉法	市町村老人福祉計画	都道府県老人福祉計画	—	—	老人保健福祉圏域	○
高齢者	介護保険法	市町村介護保険事業計画	都道府県介護保険事業支援計画	基本指針	3年	日常生活圏域	○
障害者	障害者基本法	市町村障害者計画	都道府県障害者計画	障害者基本計画	—	—	○
障害者	障害者総合支援法	市町村障害福祉計画	都道府県障害福祉計画	基本指針	3年	障害保健福祉圏域	○
児童	次世代育成支援対策推進法	市町村行動計画	都道府県行動計画	行動計画策定指針	5年	—	○
児童	子ども・子育て支援法	市町村子ども・子育て支援事業計画	都道府県子ども・子育て支援事業支援計画	基本指針	5年	教育・保育提供区域	○
地域	社会福祉法	市町村地域福祉計画	都道府県地域福祉支援計画	—	概ね5年	福祉区	×

※高齢者分野の老人福祉計画と介護保険事業計画は一体的に策定するとされている。
※全ての計画は調和のとれたものでなければならない。
※地域福祉計画の期間や圏域は社会福祉法ではなく、社会保障審議会福祉部会「市町村地域福祉計画及び都道府県地域福祉支援計画策定指針の在り方について（一人ひとりの地域住民への訴え）」（平成14年1月28日）に定められている。
出典：筆者作成

表4 福祉計画の政府間関係および住民参加の規定

計画の種類	国の関与	都道府県の関与	住民参加
市町村地域福祉計画	—	—	・あらかじめ、地域住民等の意見を反映させるよう努めるとともに、その内容を公表するよう努めるものとする
市町村老人福祉計画	・厚生労働大臣は、市町村が第2項の目標(養護老人ホーム、軽費老人ホーム、老人福祉センター及び老人介護支援センターに係るものに限る。)を定めるに当たって参酌すべき標準を定めるものとする	・市町村老人福祉計画(第2項に規定する事項に係る部分に限る。)を定め、又は変更しようとするときは、あらかじめ、都道府県の意見を聴かなければならない ・市町村は、市町村老人福祉計画を定め、又は変更したときは、遅滞なく、これを都道府県知事に提出しなければならない	—
市町村介護保険事業計画	・基本指針に即す ・介護給付等対象サービスの種類ごとの量の見込みを定めるに当たって参酌すべき標準その他当該市町村介護保険事業計画及び第118条第1項に規定する都道府県介護保険事業支援計画の作成に関する事項を定める	・計画を定め、又は変更しようとするときは、あらかじめ、都道府県の意見を聴かなければならない ・計画を定め、又は変更したときは、遅滞なく、これを都道府県知事に提出しなければならない	・市町村介護保険事業計画を定め、又は変更しようとするときは、あらかじめ、被保険者の意見を反映させるために必要な措置を講ずるものとする
次世代育成支援市町村行動計画	・行動計画策定指針に即すること ・保育の実施の事業、放課後児童健全育成事業その他主務省令で定める次世代育成支援対策に係る次条第2項各号に掲げる事項を定めるに当たって参酌すべき標準を定める	・計画を策定し、又は変更したときは、遅滞なく、都道府県に提出しなければならない	・市町村行動計画を策定し、又は変更しようとするときは、あらかじめ、住民の意見を反映させるために必要な措置を講ずる ・市町村は、市町村行動計画を策定し、又は変更しようとするときは、あらかじめ、事業主、労働者その他の関係者の意見を反映させるために必要な措置を講ずるよう努めなければならない
市町村子ども・子育て支援事業計画	・指針に即すること	・計画を定め、又は変更しようとするときは、あらかじめ、都道府県に協議しなければならない ・計画を定め、又は変更したときは、遅滞なく、これを都道府県知事に提出しなければならない	・計画を定め、又は変更しようとするときは、あらかじめ、第77条第1項の審議会その他の合議制の機関を設置している場合にあってはその意見を、その他の場合にあっては子どもの保護者その他子ども・子育て支援に係る当事者の意見を聴かなければならない ・計画を定め、又は変更しようとするときは、あらかじめ、インターネットの利用その他の内閣府令で定める方法により広く住民の意見を求めることその他の住民の意見を反映させるために必要な措置を講ずるよう努めるものとする
市町村障害者計画	・障害者基本計画を基本とする	・都道府県障害者計画を基本とする	・審議会その他の合議制の機関を設置している場合にあってはその意見を、その他の場合にあっては障害者その他の関係者の意見を聴かなければならない
市町村障害福祉計画	・基本指針に即する	・計画を定め、又は変更しようとするときは、あらかじめ、都道府県の意見を聴かなければならない ・計画を定め、又は変更したときは、遅滞なく、これを都道府県知事に提出しなければならない	・計画を定め、又は変更しようとするときは、あらかじめ、住民の意見を反映させるために必要な措置を講ずる ・自立支援協議会を設置したときは、計画を定め、又は変更しようとする場合において、あらかじめ、自立支援協議会の意見を聴くよう努めなければならない ・合議制の機関を設置する市町村は、市町村障害福祉計画を定め、又は変更しようとするときは、あらかじめ、当該機関の意見を聴かなければならない

出典：岩満(2012：26)をもとに一部修正

地域福祉計画は、これら個別分野の計画を横断し、地域（地方自治体）単位でそこから孤立する人たちを生まないようにすることが主たる目的である。また、これらの行政の策定する福祉計画は、地方自治体の上位計画である総合計画や、他分野（教育、医療、保健、雇用など）や民間団体の作成する福祉計画（例：社会福祉協議会の策定する地域福祉活動計画）と連携しながら進めていく必要がある（図1）。

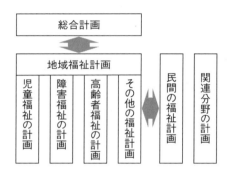

図1　福祉計画の全体像
出典：筆者作成

　また、2018年社会福祉法改正において、地域福祉計画の規定が改正され、市町村の地域福祉計画策定を努力義務化する規定が設けられた。さらには、盛り込むべき事項に「地域における高齢者の福祉、障害者の福祉、児童の福祉その他の福祉に関し、共通して取り組むべき事項」が規定されたことにより、他の福祉計画の上位計画として位置づけが明確になっている（都道府県が策定する地域福祉支援計画についても同様）。

　地域福祉計画は、アセスメントから始まる協議の過程が重要であり、単に計画書のことを指しているものではない。PDCAサイクル（Plan（計画策定）、Do（実行）、Check（評価）、Act（改善））によるサイクル全体を指しており、すべての過程において、住民との協議が必要なのである。そのため、「地域福祉計画は地方自治体における地域福祉施策をシステム化するデザインであり、地域福祉システムを恒常的に持続化させるメインテナンスの方法でもある」（牧里　2016：3）ともいえる。そのため、貧困問題の解決に

は、地域でのアセスメントが重要となり、福祉計画という手法が意味を成すのである。

　しかしながら、地域福祉計画は、他の福祉三プランとは大きな違いがある。それは、策定が義務づけられていないことである（表3）。また、他の計画のように、ローカルガバナンスにおいて重要な国、都道府県といった政府間関係の規定がないこと、また参加すべき住民も明確ではないことがあり（表4）、第2節でみるように、その計画策定や改定が十分には進んでいないのである。

　このような状況の中、「『我が事・丸ごと』の地域づくり」構想により、社会福祉法の地域福祉計画の規定が改正されたが、地域福祉の推進主体に行政が入っていないことは変わらない（社会福祉法第4条第1項）。さらには、社会福祉法第4条第2項に、「地域住民等は、地域福祉の推進に当たっては、福祉サービスを必要とする地域住民及びその世帯が抱える福祉、介護、介護予防（要介護状態若しくは要支援状態となることの予防又は要介護状態若しくは要支援状態の軽減若しくは悪化の防止をいう。）、保健医療、住まい、就労及び教育に関する課題、福祉サービスを必要とする地域住民の地域社会からの孤立その他の福祉サービスを必要とする地域住民が日常生活を営み、あらゆる分野の活動に参加する機会が確保される上での各般の課題（地域生活課題）を把握し、地域生活課題の解決に資する支援を行う関係機関（支援関係機関）との連携等によりその解決を図るよう特に留意するものとする。」と、より一層の地域住民等への期待を高めている。

　一方で行政については、社会福祉法第6条第2項が新設され、「国及び地方公共団体は、地域住民等が地域生活課題を把握し、支援関係機関との連携等によりその解決を図ることを促進する施策その他地域福祉の推進のために必要な各般の措置を講ずるよう努めなければならない。」とあるように、地域住民の後方支援を行うこととなっており、公的責任との関係が不安視される。地域福祉計画の生活困窮者自立支援制度との関係が重要視されるなか、より一層地域福祉計画を充実させていくことが重要である。

2 地域福祉計画と生活困窮者自立支援制度の接点

前節では、地域福祉計画の位置づけについてみてきた。本節では、貧困と地域性について検討する。

(1) 貧困と地域性

貧困と地域性を考える際に、2つの視点から考えてみたい。1つは、貧困が地域に集中する事態である。日本にも、生活保護受給世帯の多い地域やホームレス状態にある人の多い地域は少なからず存在する。この特定地域への低所得者の集中には、それに伴い様々な課題が生まれる。

テイラーは、居住地の選択肢のないことを、単なる住宅のみの問題ではなく、地域での様々な他の課題に繋がっていくことを述べている。すなわち、就労の制限と収入の制限が住宅市場の選択肢の欠如へとつながり、それにより特定地域へ低所得者が集中する。その結果として、政治的「影響力」の欠如、良質の商品やサービスを招く市場の欠如、公共サービスの過剰拡大、自尊心の低下、住宅構造への投資の欠如による健康の悪化、劣悪な環境による犯罪の増加、ステレオタイプによる孤立の増強と、仕事や資本獲得の欠如へつながっていく。そして、その地域に住む人たちが「排除のサイクル」(特定地域の住宅が最後の頼みの綱の住宅となる、住民は自信を失い、失敗者としての認識を受け入れる、地域外の人たちがその住宅地域に悪いイメージを与え、住民たちは失敗者としての認識を強める、能力のある人たちは去り、ほとんど選択肢のない人たちが新しく入居する)、を循環し、貧困地域が固定していくのである (Taylor 2011：89-96)。

しかしながら、上記の視点のみで貧困と地域を見ると、貧困集中地域にのみ低所得者がいるという誤解を生む可能性がある。低所得者は、都市や地方といった区分を問わず世界中に存在し、また裕福な生活をしている人がある日突然貧困に苛まれることがあることも事実である。そのため、貧困と地域性を考える際のもう1つの視点は、生活困窮のように、貧困を関係

性の問題として見る視点である。リスターが論じるように、貧困には物質的な側面（容認できない困窮）と非物質的な側面（関係的・象徴的な側面）があり、どちらも「それぞれを形成しているのは社会的・文化的な関係」である。リスターはこれを貧困の車輪と呼び、中心部には物質的な核（容認できない困窮）と外輪部（関係的・象徴的な側面）があり、「中心部にある物質的な必要（ニード）は社会的・文化的に定義され、関係的・象徴的な外輪部に取り次がれ、解釈される。そしてその外輪部自体も、社会的・文化的な領域で回転している」（Lister　2004 = 2011、22-23）。すなわち、貧困にはいわゆる低所得の課題とともに、当事者と地域との関係性や地域社会の在り方にも、取り組まなければならない側面があるのである。

　このように、貧困と地域性には関連がある。日本の生活困窮者自立支援制度においても、「生活困窮者の生活支援の在り方に関する特別部会」報告書（2013）には、「本人と本人を取り巻く地域の力を抜きにしては課題への対応は難しいことから、新たな相談支援事業の運営機関が中心となって地域づくりを行っていくことが必要」（16頁）、「自治体においても地域づくり、まちづくりの視点から、関係部局が連携して総合的に取り組むことが期待される」（10頁）と地域づくりの必要性を論じている。また、2015年の厚生労働省社会・援護局地域福祉課長発の文書「生活困窮者自立支援制度と地域福祉施策との連携について」（平成27年3月27日）においても、下記のように記されている。

　　新制度（生活困窮者自立支援制度）は、地域福祉を拡充し、まちづくりを進めていくうえでも重要な施策であることから、地域福祉計画の中に位置づけつつ、計画的に取り組むことが効果的である。こうした観点から、「市町村地域福祉計画及び都道府県地域福祉支援計画の策定について」（平成26年3月27日付け社援発0327第13号厚生労働省社会・援護局長通知）を踏まえ、市町村地域福祉計画及び都道府県地域福祉支援計画に、積極的に生活困窮者自立支援方策を盛り込むことが重要である。

さらには、「『我が事・丸ごと』の地域づくり」構想のなかで、社会福祉法が改正され、「包括的な支援体制の整備」の規定が追加された（表5）。そのなかに、「生活困窮者自立支援法第2条第2項に規定する生活困窮者自立相談支援事業を行う者その他の支援関係機関が、地域生活課題を解決するために、相互の有機的な連携の下、その解決に資する支援を一体的かつ計画的に行う体制の整備に関する事業」が導入され、生活困窮者自立支援制度が位置づけられた。このように政策的にも、地域福祉と生活困窮者自立支援制度は、関連づけることが求められているといえる。

しかしながら、日本の公的扶助（生活保護）政策は戦後に確立して以降、地域福祉とは分離され、政策が進められてきた。野田によると、その背景に

表5 社会福祉法における包括的な支援体制の整備の規定（2018年追加）

（包括的な支援体制の整備）
第106条の3　市町村は、次に掲げる事業の実施その他の各般の措置を通じ、地域住民等及び支援関係機関による、地域福祉の推進のための相互の協力が円滑に行われ、地域生活課題の解決に資する支援が包括的に提供される体制を整備するよう努めるものとする。
　一　地域福祉に関する活動への地域住民の参加を促す活動を行う者に対する支援、地域住民等が相互に交流を図ることができる拠点の整備、地域住民等に対する研修の実施その他の地域住民等が地域福祉を推進するために必要な環境の整備に関する事業
　二　地域住民等が自ら他の地域住民が抱える地域生活課題に関する相談に応じ、必要な情報の提供及び助言を行い、必要に応じて、支援関係機関に対し、協力を求めることができる体制の整備に関する事業
　三　生活困窮者自立支援法第二条第二項に規定する生活困窮者自立相談支援事業を行う者その他の支援関係機関が、地域生活課題を解決するために、相互の有機的な連携の下、その解決に資する支援を一体的かつ計画的に行う体制の整備に関する事業
　2　厚生労働大臣は、前項各号に掲げる事業に関して、その適切かつ有効な実施を図るため必要な指針を公表するものとする。

出典：社会福祉法より抜粋

は、生活保護制度の反代替性が影響してきたが、「公的扶助の始点となる対象は貧困の物質的側面であり、その移行先に貧困の関係的・象徴的側面がある。また、地域福祉の始点となる対象は貧困の関係的・象徴的側面であり、その移行先に貧困の物質的側面がある。つまり、始点としての対象は異なるが、その範囲は同じものになる。」(野田 2012：19)とし、その両者の連携の必要性を述べている。生活困窮者自立支援制度は、生活保護法と相まって、両者の連動を試みたものではないであろうか。

　生活困窮の解決に、国家責任は大きい。社会経済体制の複合的・構造的課題が、貧困を生み出しているためである。しかしながら、上述したように、貧困には地域性がある。そのことから、生活困窮と自治との関連性を見るべきであるという指摘がある(木下 2016：104)。その点を考えると、生活困窮者支援と地域福祉の連動性は解明されなければならない課題である。

　貧困を地域で取り組んできた事例として、イギリスのブレア労働党政権(1997年から2007年)での地域再生政策があり、この取り組みのなかでも福祉計画が重要視されていた。とりわけ、パートナーシップ組織を重視し、住民参加や公私多元的な組織間の共同体による意思決定、すなわち、ガバナンスが重視されていた点は、日本でも多くの研究がある(山本 2009など)。本論ではイギリスの取り組みについては割愛するが、日本の生活困窮者自立支援制度における様々な要素をイギリスから学んでいることも重要である。とりわけ貧困と地域との関連性については、前例としてのイギリスを検討すべきであろう。

(2) 地域福祉計画の実態

　本節では、厚生労働省資料である「市町村地域福祉計画策定状況等の調査結果概要(平成29年4月1日時点)」より、地域福祉計画の策定状況を整理する。同調査によると、「策定済み」市町村が1,289(74.0％)と、約7割の市町村が地域福祉計画を策定している。

　2018年の社会福祉法改正において、市町村地域福祉計画は、「市町村は、

定期的に、その策定した市町村地域福祉計画について、調査、分析及び評価を行うよう努めるとともに、必要があると認めるときは、当該市町村地域福祉計画を変更するものとする。」と改定の努力義務化が明記されたものの、市町村に策定・改定の義務がないことから、すべての市町村が改定を積極的に行っているわけではない。策定済みの市町村のうち、「改定済み」は890市町村(69.0％)である。

本論との関連では、生活困窮者自立支援制度施行後、地域福祉計画に生活困窮者自立支援制度を位置づけているのかという点については、生活困窮者自立支援方策を「地域福祉計画に盛り込んだ」と回答したのは、全1,741市町村のうち680市町村(39.1％)である。「別の単独計画として策定した」16市町(0.9％)、「作業中である」154市町村(8.8％)となっており、法施行から2年経過したのみであることを踏まえても、その作業は十分に進んでいるとは言い難い。

(3) 未策定自治体の分析

同結果概要では、未策定自治体の策定方針を問うている。未策定自治体のうち、「従来から策定する方針はあるが、いつから取りかかるかは未定」と回答したのは92市町村(25.5％)、「努力義務化されたことを踏まえ策定する方針はあるが、いつから取りかかるかは未定」は154市町村(42.7％)、「努力義務化されたが策定する方針はない」は109 (30.2％)、無回答が6 (1.7％)であった。

地域福祉計画そのものの策定未定(361市町村)の理由としては、「計画策定に係る人材やノウハウ等が不足していたため」と回答したのは269市町村(74.5％)、「策定が必須ではない（改正後も努力義務に留まる）ため」は145市町村(40.2％)、「策定の必要性が感じられないため」は43市町村(11.9％)、「他の計画で地域福祉計画と同様の内容を定めている（または対応予定の）ため」は58市町村(16.1％)、「その他」は40市町村(11.1％)となっている。

また、生活困窮者自立支援方策を市町村地域福祉計画へ盛り込まなかっ

た理由について、同結果概要には明記されなかったが、その前年度の同じく厚生労働省資料である「市町村地域福祉計画策定状況等の調査結果概要（平成28年3月31日時点）」にその理由が明記されている。地域福祉計画へ生活困窮者自立支援方策の盛り込み予定がない、あるいは未定である（602市町村）理由として、「計画策定に係る人材や財源の確保が困難だから」が324市町村（53.8％）、「他の業務を優先しているから」が189市町村（31.4％）、「策定が義務付けられていないから」が148市町村（24.6％）、「他の行政計画で対応予定だから」が62市町村（10.3％）などと続いている。

いずれにしても、地域福祉計画が策定されないことや、地域福祉計画への生活困窮者自立支援方策が盛り込まれないことも、同様の理由である傾向があり、計画策定が進まない理由としては、自治体の資源不足や業務の多忙などがあると考えられる。

(4) 地域福祉計画における生活困窮者自立支援制度の限界

上述したように、生活困窮者自立支援制度には、地域福祉計画を通じた地域づくりが注目されているものの、地域福祉計画への生活困窮者自立支援施策を盛り込む動きは未だ十分ではない。その背景には何があるのであろうか。

まずは、生活困窮者支援を計画的に行うという考え方が根付いていないことが挙げられる。生活保護制度においても計画的な運用はされてこなかった。また各自治体において、生活困窮という課題の実態を十分に把握できていないことが挙げられる。これは、生活困窮というものの定義づけや実態把握を、これまで十分に行ってこなかった日本の在り方が反映されているのかもしれない。

さらに、生活困窮という課題を市町村単位で解決することの困難さがある。生活困窮という課題は、市町村内で完結する課題ではない。とりわけ社会的資源の乏しい小規模自治体ではその傾向は強い。地域での貧困対策を展開してきたイギリスにおいても、地域を限定した貧困対策の課題は指

摘されている (Lister　2011：107-111、Taylor　2011：42-43)。

　しかしながら、生活困窮者支援を地域福祉計画と分離することは推奨できない。リスター (2011) が主張するように、生活困窮者には、貧困から抜け出そうとする主体的行為 (エージェンシー) が存在する。しかしながら、いかに本人が主体的に貧困から抜け出そうとしても、社会構造によりそれを妨げられることもあることから、その主体的行為を促すとしても、抜け出せるだけの環境を整備する必要がある。その環境整備が地域福祉計画ではないであろうか。

　地域福祉計画の利点は、住民と協働で作成することにより、地域のガバナンスを深化させるという利点がある。またローカルガバナンスは、横のつながりのみではなく、行政間の縦のつながり、すなわち、国や広域自治体である都道府県とのつながりが重要である。市町村地域福祉計画とは別に、都道府県地域福祉支援計画も存在する。この都道府県地域福祉支援計画の役割は、市町村の支援である。市町村単位では解決の困難な生活困窮者支援という課題については、都道府県の役割が大きいのではないかと考える。

　次節で紹介する大阪府は、積極的に市町村の支援を行い、全市町村が地域福祉計画を策定している数少ない自治体である。(「市町村地域福祉計画策定状況等の調査結果概要 (平成29年3月31日時点)」によると、策定率100％となっているのは8府県)。そのため、次節では、大阪府の事例を取り上げながら、地域福祉計画における生活困窮者自立支援制度の位置を検討していく。

3 都道府県における地域福祉支援計画の役割

(1) 都道府県の地域福祉プログラムの実態

　榊原らは、都道府県行政の地域福祉推進の政策主体としての役割を重視しながら、「都道府県行政は市町村を俯瞰することができる位置にあり、全体的な取り組みの底上げとともに、それぞれの県の地域特性を踏まえた新たなシステム提案といった、重要な独自の役割がある」としている（榊原ら2016：69）。榊原らの調査によると、2010年の時点で、都道府県による地域福祉関連単独事業数は129件、交付金事業が38件となっている（ibid：71）。そのなかで、本章の生活困窮者自立支援と関連するプログラムである「社会的排除に対応する包摂（ソーシャルインクルージョン）型プログラム」を実施しているのは、都道府県の単独補助事業として行っているのが2団体、国の交付金を活用して実施しているのが13団体としている（2010年度）（ibid：86）。

　このように、都道府県の地域福祉プログラムにおける生活困窮者の自立支援プログラムは、生活困窮者自立支援制度開始以前から萌芽がみられた。2015年に生活困窮者自立支援制度が開始されたことに伴い、そのプログラムは拡大している。

(2) 大阪府における地域福祉計画策定支援の実際

　ここで、地域福祉支援計画に生活困窮者自立支援制度を盛り込んでいる大阪府の事例を検討したい。大阪府は、伝統的に貧困対策を積極的に取り組んできた自治体である。とりわけ、社会福祉法人が積極的に活動してきた伝統が根付いている。

①大阪府地域福祉支援計画と生活困窮者自立支援制度

　大阪府では、「第3期大阪府地域福祉支援計画」（2015年度から2019年度）

において、生活困窮者の自立支援等の新たな施策推進を盛り込むようになっている。もちろん大阪府では、伝統的な取り組みが根付いており、計画策定に突然盛り込まれたわけではない。大阪府の独自施策としては、1999年度から行政の福祉化（大阪府全庁で障害者や母子家庭の母、高齢者などの雇用、就労機会を創出し、自立を支援する取り組み）、2002年度からは地域就労支援事業、2004度からコミュニティソーシャルワーカーの配置や生活困窮者への総合生活相談事業等の開始、2011年度から2012年度のおおさかパーソナル・サポートプロジェクトといった様々な取り組みを行ってきている。

　2008年のリーマン・ショックによる経済情勢の悪化に伴い、失業者や非正規労働者、就職困難者が増加し、失業率の上昇や非正規雇用者の増加等が顕著にみられるようになった。また大阪府の生活保護率は、全国平均より突出して高く、特に稼働年齢層の受給が増加傾向にあり、近い将来、生活保護に陥る可能性のある人も相当数に上ると予測される。加えて、子どもの貧困、高校中退の増加や不登校の高止まりなど、複合的な課題を抱える状況となっている。

　このような状況のなか、「社会福祉法人の『さらなる地域貢献』とこれからの生活困窮者自立支援のあり方検討部会」が設置され、2014年9月に報告書を提出している。当報告書が地域福祉支援計画の礎となっている。

　大阪府の地域福祉支援計画において、"自立相談支援から職業的自立まで一気通貫"に取り組む「生活困窮者自立支援システム」の構築を目指すという「大阪方式」の生活困窮者自立支援システムの構築を盛り込んでいる。また、大阪府地域福祉支援計画の特徴は、生活困窮者の定義を生活困窮者自立支援法に基づく定義（表6）に限定せず、幅広く孤立の問題を捉えている。これは、リスターの言うところの車輪の外側まで含めた定義である。

　大阪府は、大阪府内において、表7の通り、生活困窮者自立支援の体制整備を図っている。府内の福祉事務所設置自治体において、地域の実情に応じた支援メニューの充実を図ることができるよう支援している。具体的には、2019年度までにすべての福祉事務所設置自治体において任意事業が実施

表6 大阪府地域福祉支援計画における生活困窮者の定義

①	現に経済的に困窮し、最低限度の生活を維持することができなくなるおそれのある人（＝生活困窮者自立支援法第2条第1項）
②	経済的な問題をはじめ、社会的孤立や家族の問題など複合的な問題を抱えており、これまでの対象者や分野ごとの仕組みだけでは対応が困難な状況にある人
③	生活困窮状態に陥るおそれのある人、又は、陥っている人（高校中退者、ニート、引きこもり、非正規労働者、生活福祉資金利用者、ホームレス、生活保護受給者等）

出典：第3期大阪府地域福祉支援計画、19頁

表7 生活困窮者自立支援制度における各主体による取組み状況

◎新規、〇拡充、△継続、◆その他

		社会福祉法人	市町村(*1)	市町村社協	府社協	非営利法人	民間企業	大阪府(*2)
1	自立相談支援関連	〇総合相談窓口等[H27.4]	◎自立相談支援[H27.4]	△各種相談	△地域福祉コーディネーター研修[H16～]	△各種相談	◆支援プラン作成等	〇自立相談事業[H27.4]
2	住居確保支援関連	〇住宅確保支援[H27.4]	〇住居確保給付金[H27.4]	—	—	—	—	〇住居確保給付金[H27.4]
3	就労準備支援関連	〇就職活動支援[H27.4]	◎就労準備支援[H27.4]	◎就労自立支援[H27.4]	◎就労準備支援[H27.4]	△自立生活支援等	◆就労準備支援	〇就労準備支援[H27.4]
4	一時生活支援関連	〇経済的援助	△一時生活支援[H27.4]	◎各種貸付制度受付窓口（一時生活支援関連）	△生活福祉資金貸付制度（一時生活支援関連）[S30～]	△各種シェルターの設置	◆空き部屋等を開放（一時宿泊、シェルター）	〇一時生活支援
5	家計相談支援関連	〇家計相談支援[H27.4]	◎家計相談支援[H27.4]	◎各種貸付制度受付窓口（4以外）◎家計指導相談[H27.4]	△生活福祉資金貸付（4以外）[S30～]◎家計相談支援[H27.4]	△生活再生貸付事業	◆金融教育等	〇家計相談支援[H27.4]
6	学習支援関連	〇就学・学習支援[H27.4]	〇学習支援[H27.4]	△無料学習の支援	〇学習支援	△学習支援（家庭教師派遣等）	◆学習支援（自社教材の活用等）	〇学習支援[H27.4]
7	就労訓練関連	〇就労訓練[H27.4]	◎就労訓練[H27.4]△地域就労支援C等	〇就労訓練[H27.4]	〇就労訓練	△就労訓練	◆就労訓練（コミュニティカフェ等）	〇中間的就労認定等
8	職業的自立	〇直接雇用等[H27.4]	△地域就労支援C等	◎直接雇用等[H27.4]	◎直接雇用等[H27.4]	△各種講座等実施等	◆各種講座実施、直接雇用等	〇要支援者と企業マッチング等[H27.4]

＊1：生活困窮者自立支援法に基づく実施主体は福祉事務所設置自治体。
府域の福祉事務所設置自治体は43市町村のうち、34市町及び大阪府。
＊2：府は福祉事務所未設置自治体における事業実施主体としての役割をはじめ、各主体の取組み等のサポート役を担う。

出典：第3期大阪府地域福祉支援計画、20頁

表8　生活困窮者自立支援制度に関わる数値目標

	具体的な数値目標	現在の取組状況	平成29年度目標	31年度目標
②	任意事業実施自治体数（＊） （全35福祉事務所設置自治体）	—	30	35

（＊）7つの法定事業のうち、2必須事業及び就労訓練事業の認定を除く計4事業全てを実施する自治体数を記載。
出典：第3期大阪府地域福祉支援計画、21頁

できるよう、目標値を掲げている（表8）。将来的には、大阪府内の様々な地域福祉のセーフティネット・福祉協働を目指すことをイメージしている（図2）。

　大阪府は、「社会福祉法人の『さらなる地域貢献』とこれからの生活困窮者自立支援のあり方検討部会」を通じて、積極的に社会福祉法人などの現場から意見を取り入れ、民間の団体が積極的に現場の声を上げ、実情を計画に盛り込まれるよう働きかけている。行政が単独で作成する計画ではなく、社会福祉法人などの民間の歴史的な活動からの発信がこの計画に位置づいているのである。

②大阪府地域福祉支援計画における市町村改定支援

　大阪府は、市町村地域福祉計画等の策定・改定支援も行っている。大阪府内の市町村は、43市町村すべてが改定を行っており、全国平均の69.0％と比べると、改定率が極めて高い。大阪府では、市町村地域福祉担当課長会議を開催し、市町村への情報提供や意見交換、連絡調整等による計画策定の支援を行っている。

　大阪府が2004年度に地域福祉支援計画を策定後、各市町村を訪問し、策定の支援を行った。そして現在も地域福祉計画の改定などの相談には応じている。さらに、生活困窮者自立支援の内容を各市町村の地域福祉計画にも盛り組めるよう相談に応じている。また、2014年度から市町村担当者の意見交換会を実施している（大阪府内を4地区に分け、実施している）。このような市町村担当者間の意見交換は、事業を進めていくうえで情報を得ることができ、有益である。

第 8 章 貧困対策と地域福祉計画 205

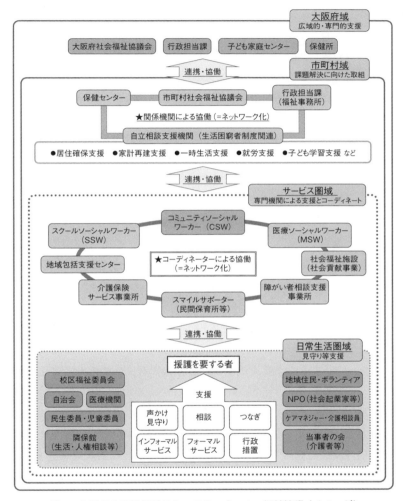

図 2 大阪府の地域福祉のセーフティネット・福祉協働（イメージ）
出典：第 3 期大阪府地域福祉支援計画、12 頁

また、2009年度より、大阪府地域福祉・子育て支援交付金を創設し、政令指定都市・中核市を除く市町村を対象として、「市町村が策定する地域福祉計画に掲げる目標達成に資する地域福祉推進事業」「市町村が策定する次世代育成支援行動計画に掲げる目標達成に資する子育て推進事業」「市町村が策定する高齢者保健福祉計画及び介護保険事業計画に掲げる目標達成に資する事業」に交付金を交付している。この交付金は、ニーズ調査やシンポジウムの経費など、各市町村の地域福祉計画改定の費用に充てることもできる（2017年度当初予算額：1,990,856,000円）。大阪府地域福祉・子育て支援交付金の2015年度事業実績によると、本交付金を地域福祉計画の改定のために使用したのは、岸和田市（市民意識や福祉ニーズ等のアンケート調査の実施、1,576,000円）、門真市（市民意向調査、担い手意向調査、社会福祉法人調査などをアンケートにより実施、3,196,800円）、藤井寺市（市民等へのアンケート調査、福祉関係者等の懇談会などにより実施、12,127,480円）、能勢町（計画策定に関わる費用、1,468,600円）の4自治体であった。

　さらに2015年度より、新子育て支援交付金を創設している。大阪府内全市町村（政令指定都市・中核市を含む）を対象とし、大阪府として推進してほしい事業をモデルメニューとして提示後、メニューに沿った事業を市町村が実施する「優先配分枠」（1,700,000,000円）と、市町村が「大阪府子ども総合計画」に資する事業を実施することで大阪府民への子育て支援充実につながる「成果配分枠」（500,000,000円）とがある（2017年度当初予算額：2,200,000,000円）。これらの予算のなかで、子どもの貧困対策として、学習支援事業や子ども食堂などの事業を地域で実践している。2015年度の大阪府地域福祉支援計画の進捗状況をみると、子どもの貧困対策事業（日常生活支援事業）は5自治体、子どもの貧困対策事業（学習支援）は5自治体、ファミリーサポートセンター利用支援事業は2自治体、寡婦控除（みなし）適用措置推進事業は5自治体、ひとり親家庭等生活向上事業の学習支援ボランティア事業は2自治体で取り組まれていた。

　榊原らによると、2010年度時点での調査では、「ソーシャルインクルージョン関連の都道府県の取り組みをみてきたが、必ずしも小地域福祉プロ

グラムとの連動は明確ではなかった」(榊原ら 2016：88)とされていた。しかしながら、生活困窮者自立支援制度施行後の地域福祉支援計画では、生活困窮者のための小地域ネットワーク活動への取り組みが始まりつつあることが明らかとなった。

山本が指摘するように、市町村の財政力格差が地域福祉の推進に影響をもたらしている(山本 2015：63)。各市町村において、格差が大きくならないようバックアップすることが広域自治体の役割であり、そのことは、生活困窮者自立支援制度における地域づくりにもいえることである。

(3) 市町村地域福祉計画における 生活困窮者自立支援制度の取り組みの実際

上記で、都道府県の地域福祉支援計画についてみてきた。ここでは、生活困窮者自立支援制度を地域福祉計画に盛り込む市町村の事例をみていきたい。そのなかで、大阪府の寝屋川市を取り上げたい。

寝屋川市では、第三次寝屋川市地域福祉計画「みんながつながる地域福祉プラン」を2016年度より開始し、生活困窮者自立支援制度を盛り込んでいる。

2011年からの5年間、「ワガヤネヤガワちいきふくしプラン(第二次寝屋川市地域福祉計画)」を策定したが、寝屋川市の地域福祉を取り巻く状況は変化し、生活に困窮するリスクの高い人の増加、虐待、孤立死等の深刻な事象が増えている。

寝屋川市では、地域や福祉事業者の連携による一人暮らし高齢者の緊急時安否確認(かぎ預かり)事業を社会福祉協議会が先駆的に実施するとともに、2015年度からは生活困窮者自立支援法に基づく生活困窮者自立支援事業を実施している。

そのようななか、第三次寝屋川市地域福祉計画のなかで「生活困窮からの自立に向けた包括的な支援の充実」を挙げ、表9のように記載している。生活困窮者自立支援制度を地域福祉計画に位置づけている一例としてみることができよう。

表9 寝屋川市地域福祉計画における
生活困窮からの自立に向けた包括的な支援の充実

【背景と目的】
　雇用環境の多様化、家族・地域でのつながりの希薄化等により、生活に困窮するリスクの高い人が増加する中、生活保護受給者以外の生活に困窮する人への支援を拡充する「第二のセーフティネット」として、平成27年4月から生活困窮者自立支援制度が開始され、本市では生活に困窮する人に対する自立相談支援等を行っています。
　こうした取組をニーズに応じて充実させながら、様々な"困りごと"を抱える人の早期の把握と包括的な支援を行うため、多様なつながりづくりをいかした取組を進めるとともに、地域資源をいかし、住居、社会参加、就労の場などの確保を推進します。

【重点的に取り組む事項】
（1）ニーズの早期発見と支援へのつなぎ
　市民、団体、事業者等のつながりを強化しながら、積極的に地域に出向く「アウトリーチ」などを通じ、生活に困窮する人のニーズを早期発見する取組を推進します。
　また、自立性を高めながら、一人一人のニーズに応じた支援を行うため、相談機能、寄り添って支援する体制などを一層充実します。
（2）様々な資源をいかした自立支援の推進
　事業者、地域組織等と連携し、中間的就労等も含めた、働く場、社会参加の場を増やします。
　また、困難の内容に応じて、衣食住の提供、子どもの学習に関する支援などを行う体制づくりを推進します。
（3）住まいの確保への支援の充実
　生活に困窮している人の住居確保のための給付とともに、高齢者、障害者などが安心して生活できる住まいの確保を支援するため、地域の理解、関係者の連携等を図ります。

【推進目標】
〇生活困窮者自立支援のための子どもの学習支援：実施
〇障害者の地域生活支援拠点等の整備：実施

出典：第三次寝屋川市地域福祉計画、30頁

4 ガバナンスから見た地域福祉計画と生活困窮者自立支援制度

　本章では、これまで貧困対策と地域福祉との連動性を確認したうえで、地域福祉計画における生活困窮者自立支援が十分に進んできていないこと、そのうえで、都道府県における地域福祉支援計画の広域自治体としての位置づけについて検討した。ここでは、ガバナンスの視点から、地域福祉計画と生活困窮者自立支援制度を分析したい。

(1) 地域福祉計画と政府間関係

　まず、両制度の国と地方との関係についてまとめたい。両制度の国、都道府県、市町村それぞれの役割をまとめると、表10の通りになる。地域福祉計画は、市町村が策定する地域福祉計画が中心となる。他方で、生活困窮者自立支援制度の実施主体は、福祉事務所設置自治体（都道府県と市に設置義務有り、町村は任意設置）となっている。また、就労訓練事業の認定は都道府県、政令指定都市、中核市となっている。地域福祉計画と生活困窮者自立支援制度の実施主体が必ずしも一致していないことは課題である。そのため、都道府県と市町村の一体的な取り組みが求められる。

表10　地域福祉計画と生活困窮者自立支援制度における国と地方の関係

	地域福祉計画	生活困窮者自立支援制度
根拠法	社会福祉法	生活困窮者自立支援法
国	・社会福祉法、策定指針の策定 ・全国的な動向の調査	・生活困窮者自立支援制度の策定 ・全国的な動向の調査 ・各事業の国庫負担財源
都道府県	・地域福祉支援計画 ・市町村地域福祉計画の支援	・各事業の都道府県負担財源 ・福祉事務所設置自治体としての各事業の整備 ・就労訓練事業の認定
市町村	・地域福祉計画	・各事業の市町村負担財源 ・福祉事務所設置自治体としての各事業の整備 ・（政令指定都市・中核市）就労訓練事業の認定

出典：筆者作成

生活困窮者自立支援制度において、福祉事務所設置自治体（市や都道府県）は、必須事業のみの推進義務を担っているが、全体をマネジメントする責任主体が曖昧である。そのことから、地域福祉計画等に位置づけて市町村の方向性として推進するシステムを構築し、それを広域自治体である都道府県がバックアップすることが必要である。

　生活困窮者支援という国家責任の強いものと、地域福祉計画という自治体が主体的に取り組む必要のあるものとが混在している同制度において、どのような役割を相互に果たすべきであろうか。「従来、中央地方関係は主に『集権と分権』という枠組みで捉えられてきたが、政府間の相互依存関係が強まるなかで、調整と統制のメカニズムが複雑となり、『分離と融合』という新たな現象を生み出している」（山本　2003：9）。こういった状況のなかで、このような中央、地方といった各部門の明確な位置づけができない新しい業務の形が生み出されてきたといえる。今後の地域福祉計画には、中央と地方といった縦の連携をより強化していくことが求められよう。

　しかしながら近年の行政内の成果主義の傾向から、地域福祉計画においても数値目標にて成果を示すことが求められる傾向がある。他方で、地域福祉は、地域内の孤立の解消や住民参加、まちづくりといった数値目標には馴染みにくい課題も多い。このような成果指標と財源確保とのバランスは常に緊張関係にある。とりわけ自主財源が十分ではない自治体においてはその傾向が強い。今回取り上げた大阪府においても、政権交代により財源の流れは大きく変わったことは事実である。政府間関係には財源の緊張関係があることを念頭に置かなければならない。

　さらには、上述の事例の自治体の成果目標が法定サービスの整備にとどまっているように、目に見える成果に偏ってしまう傾向がある。福祉計画の評価にあたっては、次のようなタスクゴール、プロセスゴール、リレーションシップゴールという評価の視点がある（上野谷　2006：52-53）。

　　タスクゴール：計画の策定とその過程で明らかになった課題の解決を目
　　　指す／住民生活を充実させる支援など具体的な目標はどの程度達成さ

れたか等

プロセスゴール：計画策定過程を重視し、調査や住民参加などで、合理的かつ周到に計画策定の手続きを踏む手法そのものを重視する

リレーションシップゴール：計画の策定作業を通じて、行政と市民・住民の関係の構築を目標とする／地域の民主化は進展したか、当事者の人権・権利は擁護されたか等

　現在、タスクゴールが重視されつつあるが、地域福祉の視点に立てば、それのみではなく、プロセスゴールやリレーションシップゴールをどのように図っていくのかも検討しなければならない。拾井に従えば、「結局は、計画評価をどのように実施していくかについては、『何のための評価であるか』に立ち返って議論し、それを定め、構成員の合意のうえで進めていくことが必要」（拾井　2011：173-174）なのである。財政主導ではなく、構成員の合意に基づいて（その合意には財政の配分方法を含む）地域福祉計画を進めていくことが、重要となるであろう。

（2）地域福祉計画と住民参加

　上記で、政府間関係の重要性を述べた。他方で、福祉計画では住民参加が重要である。地方自治体による福祉計画は、1990年代初頭の老人保健福祉計画より本格的に開始され、先進的な自治体においては、その頃より、市町村による地域福祉計画が策定され始めていた（例：1989年の東京都の三相計画など）。行政計画としての地域福祉計画では、当初より住民参加は強調されてきており（例：牧里　1992）、2000年の社会福祉法に規定された地域福祉計画のなかで初めて、住民参加の必要性が法律のなかに明記されている。その後、住民参加があらゆる福祉計画に各法に明記されるようになっている。しかしながら、生活困窮者支援について検討する場合、生活困窮者自身が声を上げていくことは難しいのではないか。大阪府では、社会福祉法人が伝統的に生活困窮者を支援してきた流れのなかで、社会福祉法人が

中心となり、生活困窮者支援の計画を作り上げている点は興味深い。

　地域福祉計画においては、行政から下りてくる計画ではなく、住民自身が計画策定に参画し、行政と住民がともに策定し、地域を作り上げていくことが求められる。このことは、ローカルガバナンスが目指す民主的な社会と合致する。地域民主主義とは、自治体の代表制民主主義を軸として、住民参加を通じて少数派の意見を吸収する参加型民主主義のシステムである。このことが、生活困窮者のような少数派の意見を取り組んでいくために必要なものとなるのである。

　そのためには、地域住民が地域福祉計画に主体的に参加できるように、エンパワメントしていくことが求められる。そこで、第一に求められるのが住民の生活の安定である。生活困窮者を地域で支えていくためには逆説的に地域住民の生活の安定が重要となる。

　また、アーンステインが住民参加の梯子（「ごまかし」から「市民コントロール」まで8段階に分類）と呼んでいるように、住民参加は画一的なものではなく、段階を踏まえたもので、その段階に応じたエンパワメントが必要となる。最終的には、住民自身が地域福祉の意思決定をコントロールできるようになることが望ましい（Arnstein　1971：3）。

　しかし、これらの分類は静的なもので、1つの事例に対する住民参加を画一的なものとして分類したものであり、1つの事例に対して住民参加が多様に存在することを捉えていない。ジャクソンが指摘するように、住民は画一的ではない。福祉に精通しているような人であれば、専門の委員会に参加することもできるが、全く知識のない人たちはまず課題の気づきから始めなければならない（Jackson　2001：139）。住民参加のためのエンパワメントは多様でなければならないし、テイラー（Taylor　2011：153）が指摘するように、参加する構成員間の権力関係も注視しなければならない。すなわち、各構成員は決して対等ではなく、権力を移譲するような多様な取り組みが必要となる。

　このように考えると、住民参加の議論は、右田の「地域の福祉」と「地域福祉」の相違の考え方が重要となる。「地域を外から操作対象化し、施策化し

ているかぎりにおいては「地域の福祉」であり、「地域福祉」とは区別して考えるべきであろう。「地域福祉」は、あらたな質の地域社会を形成していく内発性（内発的な力の意味であり、地域社会形成力、主体力、さらに、共同性、連帯性、自治性をふくむ）を基本要件とするところに、「地域の福祉」との差がある」（右田　2005：17）とする[4]。既存の場や事業に加わることのみではなく、事業の企画立案段階から加わり、共に地域を作り上げていくような関わりが必要となるであろう。

現在、多くの自治体で、福祉計画の策定に、コンサルティング会社が関わるようになってきている。むろんコンサルティング会社の活用そのものを否定するものではなく、ニーズ調査の専門性などは有効であるといえるが、その策定がコンサルティング会社にお任せになり、住民の主体的な参画が十分に見られない事例もあることが危惧される。やはり、「地域の福祉」ではなく、「地域福祉」を実現していく地域福祉計画こそが大事であろう。

他方で、行政の側の改革が必要となる。住民参加を可能とするのは、行政の縦割り解消および強いアカウンタビリティである。地域福祉とは、地域という面で生活の場を作っていくことである。しかしながら、多くの場合、行政は縦割りになっており、地域という単位で施策を打つことがしばしば困難である。

また、住民が公的な情報にアクセスすることができなければ、住民はその決定に参加することはできない。行政は自らの情報に対して強いアカウンタビリティを持つ必要があろう。これからは、住民参加を可能とする仕組みづくりを行っていかなければならない。

(3) 地域福祉計画が目指す共生社会と公共性

地域福祉計画は、排除、摩擦、孤立などに立ち向かい、福祉の視点から地域を作り上げていくことが求められる。その目指す方向性は、多様な人々の共生する社会であるといえる。共生社会の考え方は、障害福祉の領域から発展したものであるが、現在では全領域にわたり適用される考え方であ

るといえる。今回取り上げた生活困窮者も、この共生社会に含まれる。共生とは、言葉通り、共に生きることである。地域社会から排除されやすい生活困窮者や障害者、高齢者など、多様な人たちが私たちの社会のなかに存在することに気づくことから始まり、共に生活をしていくことを目指さなければならない。それは、単に同じ地域に居住するということにとどまるものではなく、経済、社会、文化などあらゆる活動への制限がなく、また自分たちの暮らす地域を共に形成する主体として参画することが求められるのである。すなわち、福祉計画に共同で参画する機会が共にあることが前提となるのである。

　このような共生社会を目指す場合、公共性の概念が重要である。なぜ住民とともに地域福祉計画を策定しなければならないのか。それは、地域福祉が公共性を帯びたものだからである。右田は、「旧い公共」と「新しい公共」を区分している（右田　2005：13）。旧い公共とは、公共事業など「個の利益よりも全体の利益が優先するという考え方」（ibid：14）であり、全体の利益の名のもと、個々人の生活が犠牲にされてきた歴史的背景を持つ。他方で、新しい公共とは、「ともに生きる原理そのものである」（ibid：15）としている。すなわち、全体の利益ではなく、生活主体者である住民自身の利益を最優先に考えるものであるからこそ、「福祉コミュニティは、まさに、あらたな公共のベース」（ibid：16）であり、「地域福祉実践は、生活主体（私・個・家族）の側に立脚したところの公共的営為に他ならない」（ibid：17）とされる。

　公共とは、財源、時間、労力をどのようなところにかけていくのか、という価値判断を伴っている。地域福祉とは、「個人のもの」ではなく「公共」のものであるからこそ、ローカルガバナンスが重要となるのである。

　とかく生活困窮者は、自己責任論が強く、社会から排除されやすい。地域福祉計画は、社会福祉基礎構造改革の福祉サービスの市場化の補完的要素が強い地域福祉として誕生していることから、地域福祉計画における生活困窮者支援が市場化に対応できない人の補完的な役割に陥る危険性がある。真に共生社会を目指し、公共性の高いものとして地域福祉計画を作り

上げていくことが、望まれるのである。

むすび

　本稿では、貧困対策と地域福祉との連動性を確認したうえで、地域福祉計画における生活困窮者自立支援制度が十分に進んできていないこと、広域自治体として都道府県の地域福祉支援計画の位置づけについて検討したうえで、ガバナンスの視点から、地域福祉計画と生活困窮者自立支援制度を分析した。生活困窮者自立支援という構造的な課題に立ち向かうためには、地域での取り組みが重要である。そして、それを支える、国、都道府県、市町村、さらに、小地域での活動をつないでいくような行政の取り組みが重要であることから、ガバナンスの視点が欠かせない。本章では、大阪府の事例をもとに、都道府県の市町村の支援、市町村の取り組み、そして小地域ネットワーク活動への補助事業などの実態を見ることができた。今後は、地域福祉計画において、どのようにガバナンスを深化させていくのかをさらに深めていきたい。

注

1　当文献の初出は、1973年である。
2　全国社会福祉協議会『新・社会福祉協議会基本要綱』（1992年）には、「地域福祉活動計画は、住民および社会福祉事業関係者等民間による地域福祉活動の実施および推進の計画である。この計画には、公私分担をふまえた財政計画、行政への提言、ソーシャルアクションを含む。」とされている。
3　例えば、介護保険事業計画は3年に1回、障害福祉計画も3年に1回などと個別分野の計画には改定の義務がある（表3参照）。
4　当文献の初出は、1993年である。

参考文献

Arnstein, S, (1971) A ladder of citizen participation, in Journal of the Royal Town Planning Institute
Jackson, L, S, (2001) Contemporary Public Involvement : toward a strategic approach, in Local Environment, 6 (2), pp135-147
Lister, Ruth (2004) "Poverty" Polity (＝松本伊智朗監訳 (2011)『貧困とはなにか：概念・言説・ポリティクス』明石書店)
Taylor, Marilyn (2011)『Public Policy in the Community (Public Policy and Politics)』Palgrave MacMillan
岩満賢次 (2012)「社会福祉計画の類型化に関する研究――ローカルガバナンスの視点から」『人間文化研究所紀要』17号、19-31頁
上野谷加代子 (2006)「福祉コミュニティの創設に向けて」上野谷加代子・杉崎千洋・松端克文編著『松江市の地域福祉計画――住民の主体形成とコミュニティソーシャルワークの展開』ミネルヴァ書房、40-72頁
右田紀久恵 (2005)『自治型地域福祉の理論』ミネルヴァ書房
木下武徳 (2016)「地域福祉の問題情況：貧困を基底として」井岡勉・賀戸一郎監修『地域福祉のオルタナティブ：〈いのちの尊厳〉と〈草の根民主主義〉からの再構築』法律文化社、94-106頁
榊原美樹・奥田佑子・平野隆之 (2016)「都道府県行政による地域福祉のデザイン」牧里毎治・川島ゆり子編著 ibid、69-94頁
社会保障審議会 (2013)「生活困窮者の生活支援の在り方に関する特別部会」報告書 (平成25年1月25日)
武川正吾 (2005)『地域福祉計画：ガバナンス時代の社会福祉計画』有斐閣
野田博也 (2012)「貧困解決を目指す公的扶助と地域福祉の関係：〈反代替性〉と〈相補性〉に着目して」『社会福祉研究（愛知県立大学）』14、11-21頁
拾井雅人 (2011)「社会福祉計画の評価」神野直彦ら編著『社会福祉行財政計画論』法律文化社、170-182頁
牧里毎治 (1992)「市町村地域福祉計画と住民参加」古川孝順編『社会福祉供給システムのパラダイム転換』誠信書房、30-44頁
牧里毎治 (2016)「持続可能な地域福祉のデザインとは何か」牧里毎治・川島ゆり子『持続可能な地域福祉のデザイン：循環型地域社会の創造』ミネルヴァ書房、1-7頁
山本隆 (2003)『イギリスの福祉行財政』法律文化社
山本隆 (2009)『ローカルガバナンス：福祉政策と協治の戦略』ミネルヴァ書房
山本隆 (2015)「財政問題に直面する地方自治体と地域福祉計画の課題（特集：市民生活における「新たな支え合い」の検証：地域福祉の機能を問う）」『社会福祉研究』123、54-64頁

※本研究は JSPS 科研費 15K17214 の助成を受けたものである。

終章

貧困ガバナンス

山本　隆
（関西学院大学教授）

1　公共ガバナンス論について

　ガバナンスといえば、「コーポレートガバナンス（corporate governance）」「グローバルガバナンス（global governance）」などの言葉を想起する。大学運営においてもガバナンスは使われる。ここで取り上げるのは、「公共ガバナンス（public governance）」であり、貧困対策におけるガバナンスという意味での「貧困ガバナンス（poverty governance）」である。

　「公共ガバナンス」が社会で流布するのは、英国での状況を出発点としており、1980年代以降のことである。「公共ガバナンス」は、公共政策または公共行政において、民営化の進展、特にニュー・パブリック・マネジメント（NPM）の登場、そして市民社会組織の台頭など多元的なアクター（主体）の登場を背景にして、新しい管理主義、特に非国家的、多元的な「市民社会アクターの参画」というニュアンスが強調されたことから注目された。

　国家に一元化されない、分散した権力による支配、目には見えないが巧妙な統治の技術を重要視している。

　ニュー・パブリック・マネジメントは、民間企業の経営理念、手法、成功事例などを公共部門に適用し、そのマネジメント能力を高めて、効率的で質の高い行政サービスの提供を目指すという考え方である。3つの基本原

則として、競争原理の導入、業績主義、政策の企画立案と実施執行の分離（権限委譲）がある。

　ガバナンスは「協治」と呼ばれることもあるが、それは単に「統治」という概念ではおさまらない。それは分権化、新たな公私関係、ネットワーク、コンセンサス志向、市民社会志向、自己組織的といった要素から構成される。特にガバナンスでは、政府、市場、民間企業や社会的企業などを含む民間諸機関によるネットワークが成立している点が重視される。さらには、民間のアクターにはインフォーマルな地域組織までも加わっていく。

　ガバナンスは、制度の創造、強化を目指して、さまざまなアクターの間の新たな相互作用と意思決定のプロセスが展開するという意味で、政治プロセスの課題である。本書でも触れたR.A.W.ローズは、「自己組織的」「組織を横断するネットワーク」をキータームとしてガバナンスを説明している。ベヴィアは民主的ガバナンス論を強調し、アクターの多元化のなかで、個人の権利を保障する主体に着目しつつ、すべてのステークホルダーが課題解決に参加する民主的ガバナンスを重視している。

　まずガバナンスは、フォーマルな機関の間で機能する。最もフォーマルなものは政府であり、税財源を掌握し、法律を制定することによって、拘束力のある決定を下す権限を持つ。また政府は国民から民主主義の役割を求められ、どのような公益を達成するかを決め、その具体的な目的を追求する。そしてガバナンスはプロセス志向の統治を目指して、官民パートナーシップ（PPP）や地域団体の協力を含むネットワークを構築していく。そこで見出せる特徴は、市場メカニズムを活用しての資源の配分で、政府規制の下で市場原理を働かせようとする。

　ガバナンス全体としては、政府と国家官僚によるトップダウンが幅をきかせるが、他方で、「参加型ガバナンス」も作用していく。「参加型ガバナンス」は市民を政治的に参加させることで、意思決定に民主的関与を強めようとするものである。

　ガバナンスの編制においては、ネットワーク組織は意思決定力を持つわけではなく、外部アクターとして統治のプロセスに影響を及ぼす可能性が

ある。したがって、ガバナンスの統治的要素からは、「支配（rule）」「合理化（rationalities）」「抵抗（resistance）」といった要素が働くことになる（Bevir and Rhodes 2010：103-155)[1]。

このような議論に加えて、「メタガバナンス（metagovernance）」という概念の重要性が高まっている。「メタガバナンス」とは、「ガバナンスのガバナンス」を意味する。メタガバナンス論の特徴は、国家の戦略的役割を重視するところにあり、国家の役割が縮小しているとする見方に懐疑的である。マクロ的な視野からは、メタガバナンスは不完全ではあるものの、社会的な複雑さに対応する政府の政治手法とみている。

また、その理論的アプローチには、「相互依存理論」「ガバナビリティ理論」「規範的統合化理論」「ガバメンタリティ理論」の4つがあるといわれる。ガバナンス論のなかには、ミシェル・フーコーを引用しながら権力と反権力の対立と融和を説く研究者もいる。フーコーの「ガバメンタリティ（Gouvermentalite, 統治性）」の概念は、権力の所在の不明確さを指すものである。

さらには「ネットワーク・ガバナンス」もある。それは、政策や資源の調整、民主的な参加システム、社会統制を重視する。そこから、自己調整的な相互作用型ガバナンスの過程を促進するための熟議の試みを生み出していく。そもそも統治の行為は、公共機関から、民間営利および非営利へと広がり、それに伴って権限の委譲が進んでいる。ガバメントからネットワーク・ガバナンスへの移行の始まりである[2]。

2　貧困ガバナンスのアナロジー
──統制・合理化・抵抗の理論

ガバナンスは国家と非国家との関係性を重視し、制度の創造と再生に向けて、ネットワークから新たな政治的編制を導くものである。貧困削減の政策におけるガバナンスにみられるのが、先にも触れた「（制御としての）

統制」「合理化」「抵抗」の3つの要素である。

　ここで提起する「貧困ガバナンス」とは、ベビアとローズのガバナンス論のアナロジーである。ここでは、貧困対策における「統制」「合理化」「抵抗」の実相を検証してみたい。もちろん貧困ガバナンスの形態は、福祉レジーム（政治事情）の相違を反映して、日本、英国、米国、スウェーデンの社会扶助体制でも差異がみられる。

　第一は、「統制」である。統制自体は、集権化の過程から、その意味や意義を確認することができる。例えば日本では、財務省の主導、つまり厳格な予算管理の下で、経済政策や社会政策が発動される。日本の最大の課題である少子高齢社会への対策において持続可能な経済成長が不可欠であるが、膨大な国家債務を解消することも国の至上命令である。したがって、国の財政管理と持続可能な経済成長は、国家の統制と責任の下で進められることになる。

　集権体制から分権化へと政府間関係が変化するなかで、中央省庁による通知行政、補助金操作による「統制された分権」は定着している（新藤1996）。施策の実施の場面において地方自治体の裁量を認めつつ、補助金・監査で統制が行われている。

　一方、英国に目を向けると、未曽有の緊縮財政が断行されており、しかも地方自治体に対して統治可能（governable）な情勢で、社会保障・社会福祉の抑制が進んでいる。緊縮財政の下で、補助金は削減され、その影響は地方自治体や民間団体を直撃している。このように統制は国家機能の中枢であり、正統化のための重要な機能になっている。[3]

　第二は、「合理化」である。公共サービスの改革において、運営実施面で「合理化」が起こり得る。その手法は、政策効果をあげるために、様々な政策主体が工夫を施すことである。

　「合理化」は管理技術を重視する。それは欧米では"マネジリアリズム（managerialism, 経営管理技術法）"と呼ばれ、事業の目標値を設定し、業績を測定することで、政策評価に繋がっている。社会福祉においても、マネジリアリズムの下では、優先順位づけ、目標値の指数化、コストの抑制、外部

委託、料金制、サービスの販売等が行われる（山本隆 2003：194-198）。

　注目されるのは、新自由主義的な運営管理の下で、国が徹底して合理性を追求していることである。事業の成果測定などの技術が開発されているが、特に規制レジームは、監査などにおいて地方自治体の活動成果を評価している。マネジリアリズムが単なる技術論とはいえ、予算獲得の根拠として政治的な重要性を持つことはいうまでもない。

　日本の場合、医療福祉では重要なアクターであるマネジャー・クラスが経営管理に当たっており、生活保護制度では福祉事務所の幹部が濫給・漏給の動向を注視している。同様に、英国でも、プライマリケア・トラスト（Primary Care Trust）、介護事業のケアマネジャーなどが合理化を支えている。現場レベルにおいて、「統制」と「合理化」が相互に作用している。[4]

　第三は、「抵抗」である。国家権力の不法な行使がある場合に、市民の利益を守ることを目的として、抵抗の活動が生じる。かつてガルブレイスがある行為に対する反作用を「社会的拮抗力（counter veiling power）」と名づけた。「市民的不服従（civil disobedience）」も、権力による支配に立ち向かう行為である。ヘンリー・ソローは、税の支払いを拒否することで権力に抵抗した。社会扶助の政策に変更を迫る手段としては、批判的キャンペーン、不服申し立て、行政裁判、オンブズマンがある。

　抵抗とは何かを突きつめてみると、フーコーの国家論を把握しておく必要がある。彼の唱えた「ガバメンタリティ」によれば、権力は必ずしも国家に一元化されず、社会には分散した支配が存在する。フーコーは「権力の関係」と「支配の状態」を峻別しており、「権力の関係」では抵抗の可能性があり、「支配の状態」は抵抗がないような状態としている。いずれにしても、貧困ガバナンス下の統制に対する市民からの抵抗は民主主義の発露であり、市民の権利を守るための行動となる。

3　貧困ガバナンスに関する事例

(1) 日本　生活保護制度における統制・合理化・抵抗

①生活保護制度の統制——保護基準の決定方式

　生活保護制度の運用における統制と、それに伴う保護基準の設定を取りあげてみたい。生活保護制度は、国民の生存権に対して国家の責任を具現化したもので、生存権という積極的理念を表現している。ただし、基準の設定においても統制機能が働いている。

　日本国憲法第25条は「すべて国民は、健康で文化的な最低限度の生活を営む権利を有する」とうたっており、これにあわせて、生活保護法第1条は「日本国憲法第25条の規定する理念に基き、国が生活に困窮するすべての国民に対し、その困窮の程度に応じ、必要な保護を行い、その最低限度の生活を保障するとともに、その自立を助長することを目的とする」と規定されている。

　生活保護基準の法的位置づけは、同法第3条において、「健康で文化的な最低生活保障の原理」に見出すことができ、同法により保障される最低限度の生活は、健康で文化的な生活水準を維持することができるものでなければならない。

　では、生活保護基準の根幹をなす生活扶助基準はどのようにして決定されているのだろうか。その改定方式は、国民に開かれた形で検討されているのだろうか。

　現在の水準均衡方式（1984年から現在まで）は、当該年度に把握される一般国民の消費動向を踏まえ、前年度までの一般国民の消費実態との調整を図ることにより、一般国民の消費水準の動向に即して保護基準を改定するものとされている。

　ただし最近になり、保護基準の見直しが図られて、生活保護費の引き下げが続いている。政府は、低所得世帯の消費実態との不均衡を是正すると

して、生活費の削減を断行している。財政削減の流れのなかで、2007年から、生活保護を受けていない低所得世帯の消費実態との均衡を政策的に図っている。ここに、緊縮財政に向けた生活保護制度の統制がみられる。

生活保護の基準の決定で問題となるのは、低所得世帯との比較方式である。国や専門家委員会は統計データを用いて、保護世帯の生活扶助額について、保護を受けていない低所得世帯の消費支出額と釣り合っているかを比較検討している。ここでの低所得世帯とは、全世帯のうち年収が下位から10％以内の世帯である。

下位10％以内の低所得の総世帯の年収は、この10年間で減少してきた。社会階層の視点から、貧困低所得層の暮らしが非常に厳しくなっている。所得下位10％の一般世帯には、生活保護の申請資格があるにもかかわらず、利用を躊躇している生活困難層が含まれている。生活保護制度の潜在的な対象者である「下位10％の一般世帯」と比較した場合、デフレ経済のなかで、保護基準の低下は下降スパイラルを追ってしまうことになる。にもかかわらず、2018年の生活扶助基準の改定では、26％で増額が決められたものの、全体の67％で生活扶助額が減額された。この扶助基準の切り下げは2018年10月から3年かけて行われ、国費ベースで160億円、全体の1.8％の予算が削減される見込みである。

加算をめぐる国の統制

加算とは、特別の需要のある者だけが必要とする生活費である。ここでは、母子加算と廃止された老齢加算をみてみたい。ここでも、統制の作用がみられるのである。

母子加算とは、配偶者が欠けた状態にある者に対して、児童養育にかかる負担に配慮するものである。母子加算は、一般母子世帯との公平性や就労等自立促進を促す理由で、2009年3月末に廃止された。ところが母子加算は、民主党政権の下で、2010年12月に「母子世帯の窮状」「子どもの貧困解消」を理由にして復活している。母子加算の廃止と復活は、まさに統制とその政治性を示している。

母子加算の廃止と復活が提起したことは、「最低生活の保障とは何か」という基本問題である。廃止の理由は、加算のない保護基準でも最低生活を下回るものではないという論拠に基づいていた。これに対し、復活の理由は、加算を復活した保護基準もまた最低生活を保障するものというものである。まさに相反する見解である。最低生活の保障が政治的に決められた事例であろう。

　次に、老齢加算をみてみたい。老齢加算の導入時は、高齢者には特殊な需要が存在する根拠が認められていた。しかし、2003年に専門委員会から、「特別需要は存在しない」との提言があり、2004年度から3年間で段階的に廃止されている。

　老齢加算の廃止をめぐって全国で処分取り消しを求める訴訟が行われた。最高裁は原告敗訴を言い渡している。なぜ老齢加算は復活しなかったのだろうか。

　老齢加算の廃止には、老齢基礎年金との比較や、高齢者の特別な利益享受に対する反感があったと考えられる。国の市民感情を利用した形での老齢加算の廃止措置であった。

通知を通した生活保護事務の統制

　生活保護関係の通知は、機関委任事務時代から国の包括的な指揮監督に活かされてきた。生活保護法の改正を行わずに、厚生労働省通知によって統制型の運用を可能にしてきた。この通知行政は、幾度となく保護の適正化を導いてきた。

　第1次適正化は、1954年の通知に端を発し、医療費扶助削減と在日外国人の適用除外を企図としたものであった。第2次適正化は、稼働年齢層に対する自立助長を促進した。そして第3次適正化（いわゆる「123号通知」によるもの）は不正受給防止の強化をねらったもので、ケースワーカーの労働過程を変える大きな影響を及ぼすものであった。

　昭和56年11月17日社保第123号「生活保護の適正実施の推進について」は、収入状況等の調査の徹底、関係先調査のための同意書の徴取、調査拒否

があった場合の法28条による申請却下の検討、指導指示違反があった場合の法28条に基づく保護の停廃止、法78条による保護費の徴収、同法85条による告発という内容で、申請書・同意書・調査書の3点セットといわれた。

「123号通知」は生活保護事務の適正化推進を主な目的とし、地方自治体にとっては義務同然と捉えられた。濫給で問題が生じた場合には、監査指摘事項として是正が厳しく求められた。重要なのは、この適正化が福祉事務所の業務と雰囲気を一変させ、ケースワーカーからスキルを後退させる（deskilling）ものとなり、調査等事務量の増大、申請者への事務的対応をもたらした。[5]

公行政における事務の性格は、「地方分権一括法」の下で、従来の機関委任事務から法定受託事務と自治事務へと変更された。「統制された分権」と新たな支配構造の始まりである。生活保護行政では、地方自治法第2条9項一（第1号法定受託事務）に基づいて、生活保護法第1条が規定する最低限度の生活の保障は法定受託事務となった。これに対して、自立の助長は自治事務となり、「技術的助言（法的な拘束なし）」を行うとされた。

統制は別の顔も持つ。リーマン・ショック以降の生活保護行政では弾力的な運用がなされている。平成21年3月18日社援保第0318001号「職や住まいを失った方々への支援の徹底について」、同年10月30日社援保1030第4号『「緊急雇用対策」における貧困・生活保護制度の運用改善について』、そして同年12月25日社保援1225第1号「失業等により生活に困窮する方々への支援の留意事項について」がそれである。これらの通知の内容は、住民に寄り添った対応を指示するものになっている。生活保護制度の制限的な運用に対する変化が生じている。

②合理化──生活保護の財源保障

生活保護の財政では、その経費は、国が4分の3を負担し、地方自治体が4分の1を負担する。生活保護制度は国の責任において実施するが、その経費負担は地方自治体にも発生する。地方自治体の負担は地方交付税の基準財政需要額に算入することで、最終的には国がすべて財源保障をするとさ

れている。

　地方交付税の仕組みについて考えてみたい。一般に、行政経費に関して地方自治体の税収75％だけで賄えない場合、普通交付税が交付される。しかし、生活保護費の地方負担分は、そのまま地方交付税で補填されるわけではない。

　地方交付税の基準財政需要額にはルールがある。基準財政需要額が過少となった場合、財源はすべて保障されないのである。基準財政需要額で賄えない部分が生じた場合には、地方自治体に地方負担と地方交付税との「乖離」が生まれる。

　兵庫県尼崎市を例にすると、同市ではかつて地方交付税による措置率は80％に届かず、金額ベースで10億円以上の財源不足が生じていた。ただし、近年ではこうした状況は改善されつつある。地方交付税の算入の措置については、中央と地方との"相互の話し合い・対話"が欠かせないのである。

　地方交付税の問題は、ケースワーカーの配置基準とも関係してくる。ケースワーカーの人件費は国庫負担としては含まれていない。必要なケースワーカーの数は、地方交付税に反映される仕組みになっているのである。

　福祉事務所ケースワーカーの不足は以前から深刻な問題であった。近年では不足数はさらに拡大している。この原因の一つは、2000年4月に実施された「三位一体の改革」と、その流れをくんだ地方分権一括法である。地方分権一括法の施行を契機として、ケースワーカー配置の位置づけが微妙に変わったのである。ケースワーカーの配置は、義務的な「法定数」から「標準数」に変わっている。「標準数」という位置づけは曖昧である。地方自治体の財政改革と連動して、地方公務員の数が削減され、ケースワーカーの配置数は絶対的な不足を生んでいる。例えば大都市では、1人のケースワーカーが100世帯を超えるケースを担当しており、非正規職員を臨時採用することで、人手不足をしのいでいる。

③抵抗──福祉権の擁護活動

　全国生活と健康を守る会は、1954年11月20日に結成され、長年にわたる

生存権保障の運動を展開している。この団体の活動目的は、生活困難者の相談や生活保護申請の際にサポートすることである。このような福祉権の運動を進めており、生活保護費の引き下げの違憲・違法を訴える訴訟などを行っている。これまで、生活保護基準切り下げに反対する「生存権裁判」を全国的に展開してきた。秋田の加藤訴訟、京都の柳園訴訟では、1993年に全面的に勝訴した。また1994年9月には、国に生活保護でのクーラー保有を認めさせている。

(2) 英国「困難家族プログラム (Troubled Families Programme)」における統制・合理化・抵抗

①政策統制──困難家族への国家介入

　統制・合理化・抵抗は、「困難家族プログラム」に見出せる。1997年から2010年の英国の社会経済的状況をみてみると、1997年に、ニューレイバー率いる労働党政権が社会的排除対策室を設立し、失業、スキルの不足、低収入、劣悪な住居、犯罪、不健康、家庭崩壊に対応するとした (ODPM 2004：2)。
　1998年には、シュアスタート (Sure Start) センターを開設し、5歳未満の児童を抱えた家族の子育てや保育、エンプロイアビリティ（雇用される能力）を支援するとした。さらに2005年には、児童の労働能力開発協議会 (Children's Workforce Development Council) を設立し、子どもや家族を支援する専門家たちの質を向上させることを企図した。
　2010年に、政権交代があり、政策も大きく変更された。2010年から2012年には、世界経済の不況と国の財政赤字が最悪の事態に到達していた。2011年8月には、国中で大暴動が発生する。警察官によるマーク・ダガン (Mark Duggan) 氏の射殺を契機にして、ロンドン、マンチェスター、バーミンガムといった大都市で暴動が発生し、大きな社会問題に発展した。暴動の原因は若者たちの反社会的姿勢に帰せられたが、その要因は複雑で、関与した者は多様なコミュニティからの人間であった。その対策に迫られ

た政府は、2012年〜2015年に「困難家族プログラム」を打ち出すことになる。

　最近の統計では、2016年3月末までの1年間で、32,900人の若者たちが警告あるいは有罪判決を受けている（YJB 2016）。児童と若者の28％が、貧困状態にあり、16歳から24歳までの11.5％、つまり800,000人がニートである（2017年1月から3月）（ONS 2017）。さらには、2012年から2013年にかけて、10歳から15歳の児童の8人に1人が精神衛生上の問題が報告されている（ONS 2015）。児童の生活に対する満足度では、英国は15か国の中で第14位（Children's Society, 2015）という報告もある。[6]

治安対策として国家の生活介入プログラム

　政府の貧困対策のなかで重視されているのが、この「困難家族プログラム」で、先にみた通り、国家治安対策として統制の色彩が強い。それは犯罪、反社会的行動、精神衛生上の問題、家庭内暴力や失業といった複合的な困難家族を対象とした介入プログラムである。

　同プログラムは、コミュニティ地方自治省によって施行されており、イングランドのみで実施されている事業である。地方自治体は各地域に存在する「困難家族」を認定し、単一窓口としてキーワーカーを配置している。

「困難家族」の定義

　「困難家族」と認定される条件は、以下に挙げられた問題のうち2つが該当する場合である。
　①親または子どもが犯罪行為、または反社会的行為にかかわっていること。
　②子どもが不登校になっていること。
　③子どもに他の特別な配慮が必要であること。
　④成人が失業の状態、または金銭的排除のリスクにさらされているか、または若者が不就労のリスクにさらされていること。
　⑤家庭内暴力があること。
　⑥親または子どもに様々な健康問題があること。[7]

事業評価の仕組み

　第1フェーズ（段階）における第三者評価によれば、地方自治体の自由裁量によって設けられた基準のうち最も多く挙げられたのは、家庭内暴力、児童保護、薬物・アルコール乱用やメンタルヘルスの問題であった。
　同プログラムの目的は、このような世帯の生活状況を改善させることであった。この目的が達成されたかは、以下の基準のいずれかが満たされた場合に判断された。
　　——教育、並びに犯罪・反社会的行動に関する基準の3項目全てが達成された場合
　　——世帯内の各児童が、過去3学期間中の停学回数が3回以下で、かつ無断欠席が15％以下になった場合、かつ、
　　——過去6か月以内に世帯内の反社会的行動が60％減少した場合、かつ、
　　——世帯内の未成年者による犯罪率が過去6か月の間に最低33％減少した場合、または、世帯内の最低1名が、6か月間、失業手当を打ち切り、継続的な雇用状態にある場合
　中央政府は各家族の状況が改善された場合に、地方自治体に資金を給付している。2012年から2015年まで実施された同プログラムの第1フェーズでは、4億4,800万ポンドの資金が割り当てられた。地方自治体は約12万の家族に対し支援を実施し、そのうち99％の家族の状況が改善されたという。[8]
　この成果により、「困難家族プログラム」の第2フェーズが2015年に開始され、さらに40万世帯を支援するために、9億2,000万ポンドが割り当てられた。この第2フェーズは2020年まで実施される予定である。[9]
　同プログラムは、国の複数の省からの支援が必要な家族に対する公的支出を節減する方法として、ある程度は支持された。しかしこのプログラムが実施されることにより、全体として、どれほどのコストが削減されたかについての公的な分析は未だ正式に発表されていない。
　以上の結果につながった場合、「出来高払い（payment by result, PbR）」システムの下で、地方自治体に資金が給付された。就労プログラムを達成

できた場合においても、資金が給付されたが、この規定は家族の生活状況を改善させたかどうかを測る指標にはならなかった。

②合理化——「出来高払い」システムの導入

コミュニティ自治省は、困難家族1世帯に対し、集中的な介入を実施した場合に要する費用として、約1万ポンドを想定している。困難家族プログラムによって、1世帯の状況が改善した場合、「出来高払い」モデルによれば、1万ポンドの費用のうち、40％（4,000ポンド）が支給される。

コミュニティ地方自治省による以下のような分析結果が公表されている。困難家族プログラムではなく、既存のプログラムを実施しても、支援対象6世帯のうち1世帯の状況は改善する。つまり、支援対象の6世帯のうち5世帯に対して支出した費用のみ、40％の資金が支給されるという計算になる。4,000ポンドの一部は着手金の報酬として前払いされ、残りの金額は該当家族の状況が改善したと認められた場合に支払われる。

前払いの割合は年々減少されているが、それは初期の準備金が高くなっていることを表している。2012年から2013年までは支払総額のうちの80％を前払い金が占めていたが、2013年から2014年までは60％に減少し、2014年から2015年までには40％に至ったということである。

給付を受ける際、地方自治体の困難家族支援チームによる自己申告制となっている。しかし、コミュニティ地方自治省は報告が正確になされているかを確認するため、抜き打ち監査を実施している。事業の結果は、コミュニティ地方自治省のデータでは、支援対象世帯の99％が、生活状況が改善したと記録されている。

政府は当初、プログラム実施により、10億2,000ポンドのコストが削減されると見込んでいた。困難家族についての第三者評価によると、当該プログラムには、当初設定した重要な目標とする顕著な影響力は認められず、コスト削減の予測値も算出されていなかったという。

③抵抗――各方面からの疑義

 国の事業は成果をあげていないという反証がある。特に目標のひとつ「不就労」は改善されなかった。『インパクト・レポート (Impact Report)』は「学校への出席率や就労への行動には明確な効果は見られず、顕著な影響はなかった」と指摘している。公共統計委員会 (Public Accounts Committee) から、事業の見積額が現実的なものではなく、事業から得られる成果が誇張されていたという批判もある。

 地方自治体側からも疑義が出ている。出来高払いは成果に対して国が全額支払うが、達成しない場合は地方自治体が先に支払った費用を回収できないという事態が生まれる。そのため地域の機関は仕事を受けたがらない。

 家族側からも不満が出ている。困難家族の問題は、支援対象となった家族が否定的な目で見られることで、問題家族としてレッテルを貼られる。困難家族が就労による収入を得ても出費が増えてしまう。6か月という短期間の支援も問題になっている。成果が出ると支援が打ち切られ、6か月では複雑な問題を解決できないケースもある。

抵抗の第2のストーリー
チャリティの立場からの抵抗
―― CPAG (Child Poverty Action Group, 児童貧困行動グループ)

 英国のCPAGは、抵抗を喚起する組織で、「福祉権 (welfare right)」を実現させる活動を行っている。それは主に親のサポートを行っており、社会扶助や手当の申請を手伝う活動をしている。福祉の給付に関する知識や情報などを提供し、場合によっては、政策を変更するために、行政に対して訴訟をすることもある。当然政府はこのような法的な行動を好まず、CPAGもチャリティとして政府との関係を保つことに苦慮している。それでも、CPAGの貧困調査を中心とした活動や福祉権を促進する活動は、政府や世論を動かしており、広く研究者や市民から支持されている。

 ここで、CPAGの誕生秘話とラインズとホッジの二人の活動家を紹介し

ておきたい。創設者は、ロンドン政経学院（LSE）のブライアン・エイベル-スミスとピーター・タウンゼンド、そして研究仲間のトニー・ラインズである。ラインズは当時の社会保障担当大臣のアドバイザーであり、1966年8月にCPAGの選任書記に就任して、同年に月刊ジャーナル『貧困（*Poverty*)』の刊行を始めた。

　ラインズは、ロンドンのメリルボーン・ロードに最初の事務所を置いた。家族問題に対応する機関「家族サービス・ユニット」の本部内での間借であった。1967年には長期的な展望を見据えて、マクリン・ストリートにあるささやかな部屋に移設した。それは小さなみすぼらしい部屋であった。1966年当初に、CPAGは13人の購読者からスタートした。努力の甲斐あって、年末にはその数は450人となり、1968年4月には約1,200人にまで増えた。

　「抵抗」はキャンペーンという手法で、その内容は、中央政府にロビー活動をしかけ、圧力をかけることである。ラインズはメディア広報を利用する戦略をとることにした。彼自身、次のように説明している。「私は国会議事堂に向かって自転車で駆けつけ、午後には国会討論を聞いた。その後は事務所に戻り、プレス・リリースを草案した。私はフリート・ストリートまで自転車で行き、それを配布した。それが私たちの求められる仕事だったのである。」

　CPAGの運営資金は不足していた。ボランティアを除いて、数年間は職員数も少なかった。そこで資金調達として、社会保障の手引き書を販売することになる。このようなエピソードもある。ディケンズの小説を映画化した「オリバー」のプレミアがレスタースクウェアで行われることを知り、そこでカンパを募る企画をしたのである。残念ながら映画館は断ってきた。それでもCPAG支部は、地域の映画館で、カンパ活動を試行した。社会的企業の立ち上げ期の苦労そのものである。

　当時のCPAGは、活動目的として「家族手当」の引き上げを掲げていた。そのために、労働党政府に圧力をかける作戦を立てていた。作戦は成功し、政府は1965年7月に、わずかながら家族手当の引き上げに応じた。その後

も1967年および1968年に、家族手当の引き上げが続いた。CPAGが期待したほどの増額ではなかったが、それでも政府はCPAGの要求に応じたのである。

その後も、政府は低所得の人々のために、ミーンズテスト付きの家賃払い戻し（means-tested rent rebates）を導入し、また無料の学校給食、無料の福祉ミルクを実施した。

しかしながら、政治には揺り戻しがある。1968年には、NHS（National Health Service）の処方箋の料金化が再導入され、歯科治療や学校給食の料金も引き上げられた。さらには、中等学校の無料ミルクも廃止された。この時期、福祉と財政の問題は非情であった。

「抵抗」として、CPAGの重要なキャンペーン活動は、市民に分かりやすく、利用しやすい給付資格の情報を提供することであった。ただし、何人が貧困な状態にあるのかが分からない。あまりに多くの人たちが自分の受給資格を知らず、申請に踏み切らない状況があった。そこでCPAGは、受給資格を説明するリーフレットを作成することにした。

1969年になると、CPAGはアピール（法的訴え）を手伝うために、パートタイムの弁護士を採用した。ソリシター（弁護士）であったヘンリー・ホッジが法律相談の活動に加わった。彼は、低所得の人たちが法律のシステムを利用できるように尽力した。

ホッジはCPAGで精力的に活動し、5年間CPAGの副所長を務めた。その後は政治家に転身し、1974年から1978年に、イズリントンの労働党議員となった。筆者は、1989年にイズリントンのカウンシルを訪問したが、当時は'Going Local'という地域民主主義の戦略を展開していた。地域分権の資料には、Hodgeという名前が記載されていた。彼は、貧しい人たちのために、CPAGでの活動、そして政治家として、影響力を行使しようとした。彼は、高等裁判所の裁判官、ソリシターとして活躍し、その功績を認められ、2009年に人生の幕を閉じている。

資料：Pat Thane and Ruth Davidson（2015）The Child Poverty Action Group 1965 TO 2015, The Child Poverty Action Group

むすび

　ガバナンスは、対話型のうねりのなかで、いかに社会が統治されるかを理解するうえで重要である。対話型ガバナンスは自生的に現れるようなものではなく、市民が対話型の政策形成にある種の方向性を導き出す必要がある。したがって、ある種の市民運動が重要な要素となる。貧困ガバナンスについては、紛争の要素を含めて、統治者と非統治者との間で二律背反的な要素を分析することが必要である。

　本章で述べた「統制・合理化・抵抗」の根底には、資本主義の構造と社会福祉政策との対立がある。かつてアラン・ウォーカーは、『ソーシャルプランニング』のなかで、二つの対局する計画モデルとして、「官僚主義的増分主義」と「構造的増分主義」を指摘した。「官僚主義的増分主義」は、現状維持を目的として、制度のマイナーな変更を志向する。したがって制度的な根幹を変えようとはしない。現行の構造との連続性を保つことに腐心するため、代案の範囲は制限されたものとなる。一方、「構造的増分主義」は、現代社会の規範的概念に基づくものである。これは、制度の「転換」をもたらす意図を有し、あらゆる集団の資源、地位、権力の分配においてラディカルな変革を企図する。

　ベビアとローズのいう「支配」「合理化」「抵抗」を乗り越えるのは、やはり民主主義である。住民自身が公共サービスを統制できるように「参加」を実践し、民主主義的なシステムの構築を展望する必要がある。その意味で、ガバナンスはソフトな政策編制ではなく、対立も要素として備えている。貧困ガバナンスでは、市民的抵抗が閉塞状況を打開するものであり、不利な立場にある人々との連帯が求められるのである。

　社会の共通の利益として、貧困なき社会が本当は暮らしやすい社会であるとの認識に立ち、新しい社会運動としての理論と方法論が問われている。

注

1　ベビアとローズが指摘した「支配」「合理化」「抵抗」の3つの要素について、彼らは厳密な定義や実証的な分析を行っているわけではない。
2　ネットワーク・ガバナンス論については、ソレンセンとトーフィン（Sørensen, Eva and Jacob Torfing）が代表的論者である。著書に、Theories Democratic Network Governance, (2007) Palgrave Macmillan がある。
3　緊縮財政ガバナンス（austerity governance）を主張しているのは、デュモンフォート大学ジョナサン・デービス教授である。
4　プライマリケア・トラストとは、地域住民にサービスを提供し、調達することを義務付けられた地域保健機関で、10の地域戦略的保健当局によって監督されている。プライマリケア・トラストの数は、他の社会サービス機関の地域エリアに合わせて2006年に152に削減された。地域エリアに登録されたGP（一般医）のグループを基礎にして、プライマリケア、入院、地域健康増進、歯科医療、および健康促進を担当している。参考資料：https://www.sciencedirect.com/topics/nursing-and-health-professions/nhs-primary-care-trust
5　労働過程の分析で著名な研究書は、ハリー・ブレイヴァマン（富沢賢治訳）(1978)『労働と独占資本』岩波書店である。
6　2017年6月23日、ノーサンプトン大学上級講師ウェンディ・バナーマン氏による講演会「イングランドにおける家族支援：困難を抱える家族プログラムと連携した介入」を開催し、多くの知見を得た。
7　①第1フェーズでの対象家庭は次の通りであった。犯罪または反社会的行動に関与し、過去12か月以内に法律違反をした18歳以下の児童が1名以上いる世帯、かつ／または反社会的行動禁止命令、反社会的行動禁止契約を受けたものが1名以上いるか、または過去12か月以内に反社会的行動の介入措置の対象となっている世帯。②不登校状態の子どもがおり、停学処分となっているか、連続して3学期間、3回以上停学措置を受けているか、または以前に停学処分を受けたか、または学籍がないため、児童委託施設またはその代替施設にいるか、かつ／または連続して3学期間、無断で学校を全体の15％以上欠席していること。③成人の家族構成員が失業手当を受けていること。④問題解決のために多額の公的支出を多く使っているケース、地方の自由裁量により、他の特徴も条件として追加することができること。出典は、Bate 2016：5-6。
8　Bate, ibid, 3, 10
9　Bate, ibid, 8-9

参考文献

Bate, A. (2016) Briefing Paper The Troubled Families programme (England), House of Commons Library, Number CBP 07585
　　www.parliament.uk/commons-library | intranet.parliament.uk/commons-

library | papers @ parliament.uk | @ commonslibrary
Bevir, M. and Rhodes, R.A.W.（2010）The State of Cultural Practice, Oxford
Davies, J.（2011）*Challenging Governance Theory from networks to hegemony*, the Policy Press
Davies, K.（ed.）（2015）*Social Work with Troubled Families a critical introduction*, Jessica Kingsley Publishers
Jordan, B.（ed.）（1984）*Invitation to Social Work*, Basil Blackwell　邦訳・山本隆監訳（1992）『英国の福祉──ソーシャルワークにおけるジレンマの克服と展望』啓文社
ODPM（2004）Housing, Planning, Local Government and the Regions Committee, House of Commons
    https://publications.parliament.uk/pa/cm200405/cmselect/cmodpm/58/58.pdf
ONS（2015）Population Estimates for UK, England and Wales, Scotland and Northern Ireland：mid-2015
    https://www.ons.gov.uk/peoplepopulationandcommunity/populationandmigration/populationestimates/bulletins/annualmidyearpopulationestimates/latest Accessed 30.5.2017
Piven, F.F. and Cloward, R.（1971）*Regulating the Poor the functions of public welfare*, Vintage Books
Thane, P. and Davidson, R.（2015）The Child Poverty Action Group 1965 to 2015, The Child Poverty Action Group
Walker A.（1984）*Social Planning*, Basil Blackwell　邦訳・青木郁夫・山本隆共訳（1995）
Youth Justice annual statistics（2015/2016）Ministry of Justice
    https://assets.publishing.service.gov.uk/government/uploads/system/uploads/attachment_data/file/585897/youth-justice-statistics-2015-2016.pdf
アラン・ウォーカー、青木郁夫・山本隆共訳（1995）『ソーシャルプランニング　福祉改革の代替戦略』光生館
大友信勝（2001）『公的扶助の展開　公的扶助研究活動と生活保護行政の歩み』旬報社
新藤宗幸（1996）『福祉行政と官僚制』岩波書店
寺島俊穂（2004）『市民的不服従』風行社
ミシェル・フーコー、小林康夫ほか編訳（1978-9=2006）『生政治・統治』ちくま学芸文庫
山本隆（2002）『福祉行財政論　国と地方からみた福祉の制度・政策』中央法規
────（2003）『イギリスの福祉行財政　政府間関係の視点』法律文化社
────（2017）「地域福祉とメタ・ガバナンス──日英の貧困戦略の比較研究」牧里毎治・川島ゆり子・加山弾編著『地域再生と地域福祉　機能と構造のクロスオーバーを求めて』相川書房
山本哲士（2016）『フーコー国家論：統治性と権力・真理』、文化科学高等研究院

おわりに

　日本において、格差社会が深刻な影を落としている。豊かな国日本と言われて久しく、他の国から羨ましがられる暮らしぶりである。はたして内実はどうなのか。統計をみても、確実に格差社会が広がっている。

　私的な話になるが、編者は、若い頃に読んだ書物を書棚から取り出し、懐かしく再読することがある。例えば、大学院生時代に読んだ "*Pauper the Making of New Claiming Class*" が面白い。この書は、英国の社会政策の研究者 Bill Jordan が著したもので、直訳すれば『現代の救恤民　新しい扶助層の形成』である。

　ジョーダンは、救貧法の歴史に立ち返って、スピーナムランド制度に注目した。現代社会においても新しい下層社会が形成されており、経済の繁栄を分かち合えない人々が常に存在するという。現代の社会扶助制度のリブランドに対して、彼は「スピーナムランド・カムズバック」というフレーズを表紙に添えている。スピーナムランドは、当時の賃金補助の役割を果たした救貧法の転換をもたらした制度である。

　彼はさらに続ける。貧困は成長経済学に組み込まれ、技術的問題として扱われるようになった。貧困を取り扱う技術的専門家が使うツールは貧困統計だという。しかし、貧困の統計調査からは、貧困が貧しい者たちに何をもたらすのか、貧しい者たちが自分たちのことや近隣の自分より暮らし向きの良い人たち、自分たちの雇用者のことをどう思っているのかは何もわからない。貧困の持つ政治的意味合いは、統計からでは推察できないのである。なかなか辛辣なジョーダンの言葉である。

　興味深いのがジョーダンの主体形成論である。人々が自身の貧困を理解する方法は、社会における自己をどう理解しているかによる。貧困の統計的アプローチは、研究を客観的かつ中立的にするものの、人々は自分なり

に貧困である状態を理解し、その解釈が彼らの行動を決定するという。貧困の深化と格差社会の進行に歯どめをかける政治的主体はどこにあるのか。この問いかけをする同書は、今も心に響く。

　本書では、神野先生、平野先生の貧困に対する想いが行間にあふれている。そこには、人としての生活権の奥の深さと、人権目線の気持ちをくみ取ることができる。お二人の先生にここで執筆に参加していただいたことへの感謝の意を表したい。

　ここで読者の皆様にお伝えしたいことがある。編者が長年お世話になったノーマン・ジョンソン名誉教授が、2017年9月28日に逝去された。ルース夫人から私に連絡があり、悲嘆にくれた。第3章はまさに遺稿となった。最後の結論部分が未執筆であったため、ご友人のマーティン・パウエル教授が補足してくださった。夫人はこの書の完成を心待ちにされている。本書が届き次第、ノーマン・ジョンソン先生の書棚に添えられる。本書はノーマン・ジョンソン先生に捧げるものである。

　最後に、本研究は、科学研究費助成事業基盤研究 (C)「英国の多問題家族と自治体・社会的企業の共同支援プログラムに関する研究」（課題番号：16K04227）の助成を受けたもので、その成果の一部である。

　末尾になって恐縮であるが、本書の出版を快く引き受けていただいた関西学院大学出版会の田中直哉氏に心からお礼を申し上げる。

Jordan, B. (1973) *Pauper the Making of New Claiming Class*, Routledge and Kegan Paul

山本　隆

索　引

あ　行

R.A.W. ローズ　218
アクティベーション　31, 41, 42, 51
アプレンティスシップ　76, 81
アマルティア・セン　2, 20
アレシナとグリーサー　28
アングロ・サクソンモデル　28
EAPN　70, 71, 72
EU　61, 62, 63, 64, 65, 66, 68, 69, 70, 71, 72, 76, 82
閾値　34
一時生活支援事業　156
一般監査　117
移転所得　10
インサーション　31
英国　61, 62, 63, 65, 66, 71, 73, 74, 77, 80, 82
エスピン・アンデルセン　32
エンプロイアビリティ　41, 166, 168, 177
欧州貧困対策ネットワーク　70
大きな社会　74

か　行

学習支援事業　156
家計相談支援事業　156
加算　223
課長通知　112
ガバナンス　217, 218, 219, 234
ガバメンタリティ　221
ガルブレイス　221
川崎市　166, 172
監査指導体制　115
機関委任事務　94, 95, 101
機関委任事務制度　108
寄宿手当　148
基準財政需要額　127
羈束裁量　91
キャメロン　73, 74
求職者基礎保障　57
求職者支援制度　146

給付つき税額控除　29
教育　72
共生社会　213
共有された社会　74
局長通知　112
緊急人材育成支援制度　145
勤労税額控除　75
経済的分権化　53
ケイパビリティ　21, 22
現業員　122
権限移譲　52, 53, 54, 55, 59
権限統制　91
公共性　214
厚生労働省告示　112
合理化　219, 220, 221, 222, 225, 227, 230, 234
国庫支出金　126
子どもの貧困　75, 79
子どもの貧困行動グループ（CPAG）　65
子どもへの投資　72
小山進次郎　89
困難家族プログラム　79, 227, 228, 230

さ　行

財政統制　91
最低賃金　77
査察指導員　122
三相計画　184
三位一体の改革　226
CPAG　75, 78, 231, 232, 233
市場社会　4, 5
自治事務　97
失業　63, 68, 70, 71, 73, 79
児童税額控除　75
ジニ係数　23, 25, 26
支配　219, 234
事務次官通知　112
社会サービス法　35
社会的セーフティネット　15, 27, 28, 29, 32, 48, 103, 165

社会的投資　82
社会的排除　62, 64, 65, 66, 68, 69, 70, 71, 72, 82
社会的包摂（ソーシャルインクルージョン）　62
社会的保護　27, 28, 29, 30
社会的流動委員会　80
社会福祉基礎構造改革　185
社会福祉主事　125
社会扶助　17, 27, 30, 31, 32, 33, 34, 35, 36, 37, 41, 53, 54, 55, 57
社会扶助制度　27
社会保険　27, 31, 33, 36
シャンツ＝ヘイグ＝サイモンズ概念　8
シュアスタート　227
住居確保給付金　151
住宅　63, 64, 67, 69, 78, 82
住民参加　211
住民参加の梯子　212
就労　31, 33, 34, 35, 36, 38, 41, 42, 51, 53, 54, 59, 71, 73, 75, 76, 77
就労給付付き税額控除　34
就労訓練事業　158
就労支援　33, 35, 36, 37, 42, 43, 44, 47, 49, 50, 57, 170, 171, 175, 176, 177, 178, 179
就労支援員　42, 43, 168, 175
就労支援事業　42, 43, 44, 45, 47
就労準備支援事業　156, 168
主体的行為（エージェンシー）　200
職業訓練受講給付金　148
職業訓練受講手当　148
ジョセフ・ラウントリー財団　63
所得移転　50
所得貧困　3, 4, 5, 6, 9, 11
ジョブセンター・プラス　33, 34, 50, 51
所有欲求　12, 13
自立支援プログラム基本方針　42
自立相談支援事業　151
新・社会福祉協議会基本要綱　185
水準均衡方式　222
スティグマ　31
ステグリッツ　2
生活困窮者　165
生活困窮者自立支援事業　166, 167, 178
生活困窮者自立支援法　165, 166, 167, 178

生活賃金　77
生活保護制度　221, 222, 223, 225
生活保護適用闘争　109
政治的分権化　53
生存権　107
積極的連帯収入（RSA）　34
絶対的貧困　18
0時間契約　77
セン　21, 22
相互扶助　9, 11, 19
相対的貧困　18, 19, 22, 23, 62
ソーシャルインクルージョン　70
組織統制　91
措置から利用（契約）へ　185
存在欲求　12, 13

た　行

第一号法定受託事務　107
第1次適正化　224
第3次適正化　224
だいJOBセンター　166, 168, 170, 171, 172, 174, 175, 176, 177, 180
第2次適正化　224
タウンゼンド　20, 21, 62
タスクゴール　210
段階補正　128
TANF　54, 55, 56
地域職業訓練実施計画　147
「地域の福祉」と「地域福祉」　212
地域福祉活動計画　185
地域福祉計画　184
地域福祉の推進　185
チーム・アプローチ　168, 175
地方交付税　126, 225, 226
地方税　126
地方分権　53
地方分権一括法　225, 226
通知　224
抵抗　219, 220, 221, 222, 226, 227, 231, 232, 233, 234
適正化　109
出来高払い　51, 229, 230
デプリベーション　20

テレサ・メイ　73
等価可処分所得　19
統制　219, 220, 221, 222, 223, 224, 225, 227, 228, 234
統制された分権　220
特別監査　117

な　行

ニュー・パブリック・マネジメント　217
人間貧困　3, 5, 6, 9
人間福祉　13
人間福祉研究　1, 8
ネットワーク・ガバナンス　219

は　行

剥奪　20
働くための福祉　52, 53, 76
ハローワーク　42, 44, 46, 47, 48, 49, 168, 175
ピーター・タウンゼント（Townsend, P.）　20, 62
ビスマルク　5
ひとり親　65, 66
123号通知　110, 116, 224, 225
標準数　95, 226
貧困　1, 3, 4, 5, 6, 10, 11, 12, 15, 17, 18, 19, 20, 21, 22, 23, 28, 32, 38, 57, 62, 63, 64, 65, 66, 67, 68, 69, 70, 71, 72, 73, 75, 76, 77, 78, 82, 225
貧困家庭一時扶助（TANF）　31, 37, 54, 62
貧困ガバナンス　217, 219, 220, 221, 222, 234
貧困線　19, 22, 55
貧困の車輪　195
貧困の動態的なサイクル　19
フーコー　221
福祉三プラン　190
福祉事務所　95, 98, 101
福祉事務所長　122
普通態容補正　128
不平等　25
不服申立前置主義　120
プロセスゴール　210
分権化　53, 58
ベヴィア　218
ベビア　220, 234

ヘンリー・ソロー　221
法定受託事務　95
保護実施要項　112
母子加算　223, 224
補足的保障所得（SSI）　37
ポランニー　4

ま　行

マネジリアリズム　220, 221
ミーンズテスト　27, 33
ミシェル・フーコー　219
無知のベール　21
メイ　74, 78, 80, 81
メタガバナンス　219

や　行

ユニバーサル・クレジット　33, 34, 51, 75
要看護ケース　116, 163
要素市場　4, 5, 6, 7, 9
ヨーロッパ社会基金　69, 71
ヨーロッパ大陸モデル　28

ら　行

ライフチャンス計画　73, 74
リスボン戦略　69
リファー　168
利用（契約）方式の導入　185
リレーションシップゴール　210
労働年金省　50, 79
老齢加算　224
ローズ　220, 234
ロールズ　21

わ　行

ワークフェア　30, 37, 41, 42, 48, 51, 53, 54
「『我が事・丸ごと』の地域づくり」構想　185, 193, 196
若者　65, 66, 71, 72, 74, 75, 77, 79
ワグナー　5

執筆者紹介（執筆順）

神野直彦（じんの・なおひこ）　序章
　日本社会事業大学学長

山本惠子（やまもと・けいこ）　第1章、第3章：訳
　神奈川県立保健福祉大学保健福祉学部教授

山本　隆（やまもと・たかし）　第2章、第7章、終章
　関西学院大学人間福祉学部教授

ノーマン・ジョンソン　第3章
　ポーツマス大学名誉教授

マーティン・パウエル　第3章
　バーミンガム大学教授

辻田奈保子（つじた・なおこ）　第3章：訳
　元関西学院大学人間福祉学部実践教育支援室助手

平野方紹（ひらの・まさあき）　第4章
　立教大学コミュニティ福祉学部教授

岩満賢次（いわみつ・けんじ）　第5章、第6章、第8章
　岡山県立大学保健福祉学部准教授

編者略歴

神野直彦（じんの・なおひこ）

日本社会事業大学学長、東京大学名誉教授（財政学・地方財政論）

『システム改革の政治経済学』（岩波書店、1998年、1999年度エコノミスト賞受賞）、『地域再生の経済学』（中央公論新社、2002年、2003年度石橋湛山賞受賞）、『「分かち合い」の経済学』（岩波書店、2010年）、『「人間国家」への改革　参加保障型の福祉社会をつくる』（NHK出版、2015年）、『経済学は悲しみを分かち合うために——私の原点』（岩波書店、2018年）

1946年、東京大学大学院経済学研究科博士課程単位取得満期退学

山本　隆（やまもと・たかし）

関西学院大学人間福祉学部教授（福祉行財政論、ガバナンス論）

『イギリスの福祉行財政　政府間関係の視点』（法律文化社、2003年）、『ローカル・ガバナンス　福祉政策と協治の戦略』（ミネルヴァ書房、2009年）、編著『社会的企業論　もうひとつの経済』（法律文化社、2014年）、共編著『社会起業を学ぶ　社会を変革するしごと』（関西学院大学出版会、2018年）

1953年、岡山大学大学院文化科学研究科博士課程修了（学術博士）

山本惠子（やまもと・けいこ）

神奈川県立保健福祉大学保健福祉学部教授（高齢者福祉論、英国社会福祉政策論）

『行財政からみた高齢者福祉』（法律文化社、2002年）、『英国高齢者福祉政策研究　福祉の市場化を乗り越えて』（法律文化社、2016年）、「英国の貧困・社会的孤立の問題——日本のSNEP（孤立無業者）との関連で」『ヒューマン・サービス研究』No.5（神奈川県立保健福祉大学ヒューマンサービス研究会、2016年）、「英国の多問題家族と自立支援制度——予備的考察」『賃金と社会保障』Vol.1652、（旬報社、2016年）

1958年、立命館大学大学院社会学研究科博士課程修了（社会学博士）

貧困プログラム
――行財政計画の視点から

2019 年 3 月 31 日初版第一刷発行

編　著	神野直彦・山本　隆・山本惠子
発行者	田村和彦
発行所	関西学院大学出版会
所在地	〒662-0891
	兵庫県西宮市上ケ原一番町 1-155
電　話	0798-53-7002
印　刷	株式会社クイックス

©2019 Naohiko Jinno・Takashi Yamamoto・Keiko Yamamoto
Printed in Japan by Kwansei Gakuin University Press
ISBN 978-4-86283-274-0
乱丁・落丁本はお取り替えいたします。
本書の全部または一部を無断で複写・複製することを禁じます。